全国职业教育"十三五"规划教材·城市轨道交通系列
高等职业院校提升办学水平项目建设成果系列教材
城市轨道交通工程技术专业项目化精品推荐教材
全国行业紧缺人才、关键岗位从业人员培训推荐教材

地铁工程监测

主编 梁 晨

主审 杨胜凯

刮开涂层，首次扫描二维码安装加阅 App，安装成功并注册后，点击"扫一扫加入我的书架"，即可获取本书更丰富的资源。

北京交通大学出版社

·北京·

内容简介

本书主要介绍地铁工程监测的基本理论和方法。全书共分为 5 个项目，包括：工程监测的基本技术要求与管理；地下工程监测项目及其控制基准；地下工程监测项目的实施方法；地下工程的无损检测技术；地下工程现场监测的组织与实施。

本书是为城市轨道交通工程技术专业高职学生编写的专业教学用书，也可供地下工程监测和检测的专业技术人员参考。

图书在版编目（CIP）数据

地铁工程监测／梁晨主编. —北京：北京交通大学出版社，2017.8
ISBN 978 - 7 - 5121 - 3252 - 8

Ⅰ.①地… Ⅱ.①梁… Ⅲ.①地下铁道 – 施工监理 Ⅳ.①U231

中国版本图书馆 CIP 数据核字（2017）第 137014 号

地铁工程监测

DITIE GONGCHENG JIANCE

策划编辑：刘　辉　　　责任编辑：刘　辉　　　助理编辑：李荣娜
出版发行：北京交通大学出版社　　　电话：010 - 51686414　　　http：//www. bjtup. com. cn
地　　址：北京市海淀区高梁桥斜街 44 号　　　邮编：100044
印 刷 者：北京鑫海金澳胶印有限公司
经　　销：全国新华书店
开　　本：185 mm × 260 mm　　　印张：11.5　　　字数：287 千字
版　　次：2017 年 8 月第 1 版　　2017 年 8 月第 1 次印刷
书　　号：ISBN 978 - 7 - 5121 - 3252 - 8/U · 265
印　　数：1 ~ 1 500 册　　　定价：29.00 元

前　言

当前我国地铁工程正处于蓬勃发展时期，急需大量从事地铁工程监测工作的专业技术人员。地铁工程监测涵盖了测量学、试验力学、土力学、岩体力学、结构力学、钢筋混凝土力学、计算机科学、土木工程设计及施工的理论和方法等，并以仪器仪表、传感器、测试技术等学科为技术支撑，同时融合了地铁工程施工工艺和积累的工程实践经验，因此地铁工程监测是一门综合性和实践性很强的学科。

为满足城市轨道交通工程技术专业的教学需要，培养既具有地铁工程监测基础理论又具有工程监测实践能力的专门技术人才，特编写了本教材。一方面，有助于新从事地铁工程工作的人员尽快掌握必要的专业知识和工作方法，提高质量安全意识，达到工作岗位要求；另一方面，有助于具有一定地铁工程经验的人员进一步学习和巩固专业知识，借鉴相关案例，综合提升工作能力。

本教材由天津铁道职业技术学院梁晨主编，天津地铁集团公司杨胜凯主审，具体编写分工如下：梁晨编写项目1、项目4，程慧燕编写项目2，刘小燕编写项目3，付小燕编写项目5。

本教材编写工作得到了天津地铁工程维护单位及许多专家的大力支持和热情帮助，在此表示衷心的感谢。

由于时间仓促，教材中难免存在一些不完善、不准确、不恰当的地方，真诚希望读者提出宝贵意见。

编　者
2016 年 9 月

目　　录

项目1 工程监测的基本技术要求与管理

【项目描述】

由于基坑开挖会导致基坑内外的压力平衡被改变，致使围护结构及土体发生变形。围护结构的内力和变形中，任何一量值超过容许的范围，将造成基坑的失稳破坏或对周围环境造成不利影响。本项目主要介绍工程监测的基本技术要求及工程监测管理的要求与方法。通过本项目的学习，要求掌握工程监测的一般规定、基本监测项目的监测方法及工程监测管理的要求与管理程序。

【拟实现的教学目标】

1. 能力目标
(1) 能够对地铁工程基坑施工的监测对象、监测项目进行准确划分。
(2) 能够熟练使用监测仪器。
2. 知识目标
(1) 掌握地铁工程基坑施工监测内容的划分及测点的布置原则。
(2) 掌握监测仪器的用法。
3. 素质目标
(1) 养成严谨务实的工作作风。
(2) 具备团队合作精神。
(3) 具备一定的协调、组织能力。

相关案例

杭州地铁1号线湘湖站北二基坑坍塌事故

2008年11月15日15时15分，杭州地铁1号线湘湖站北二基坑西侧风情大道路面下沉，致使基坑基底失稳，导致西侧连续墙断裂，基坑坍塌，倒塌长度约75 m。东侧河水及西侧风情大道下的污水管、自来水管破裂，大量流水立即涌进基坑，积水深达 9 m。事发当日，3 人死亡，18 人失踪，24 人受伤。事故发生后，项目部立即启动应急预案，组织人员、机械将基坑内的施工人员用吊车和运料吊篮紧急吊运出基坑，同时拨打 119、120 等急救电话，将伤员急送医院救治，并立即调两台挖掘机和施工人员，用编织袋装土对东侧流入基坑的河水进行封堵，协助交警对塌陷路段外的人员、车辆进行疏散，对风情大道两端进行封闭。同时，逐级向企业上级和杭州地铁集团公司领导上报事故。各级领导接报后，带领相关部门人员分别于 15 日 22 时至 24 时赶到事故现场，组织事故抢险工作。至 2009 年 4 月 8 日，湘湖站坍塌事故的最后 4 名失踪者遗体已全部找到，经公安部门 DNA 鉴定确认遇难者的身份后，杭州市地铁 1 号线湘湖站北二基坑坍塌事故现场施救指挥部宣布坍塌事故现场施救工作结束。

造成事故的原因包括：监测内容及测点数量不满足规范要求，部分监测内容的测试方法存在严重缺陷，提供伪造的监测数据或对内对外采用两套数据。该案例说明地铁基坑工程施工监测十分重要。

典型工作任务 1.1　工程监测的基本技术要求

1.1.1　一般规定

（1）监测方法应根据监测对象和监测项目特点、工程监测等级、设计要求、精度要求、场地条件、当地工程经验等因素综合确定，监测方法应合理、易行。

（2）变形监测网的监测基准点、工作基点布设应符合下列要求：

① 基准点应设置在施工影响范围以外的稳定区域，每个监测工程的竖向位移观测的基准点不少于 3 个，水平位移观测的基准点不少于 4 个；

② 工作基点应选在工程影响范围以外的相对稳定和方便使用的位置，在通视条件良好、距离较近、监测项目较少的情况下，可直接将基准点作为工作基点；

③ 基准点和工作基点应在施工影响前埋设，在冻土地区应考虑冻土深度影响，经观测确定其稳定后方可使用；

④ 监测期间，应定期联测基准点和工作基点的稳定性，并采取有效措施确保其正常使用；

⑤ 基准点的埋设形式应符合相关的规范要求。

（3）监测仪器、设备和元器件应符合下列规定：

① 监测仪器、设备和元器件应满足监测精度和量程的要求，具有良好的稳定性和可靠性；

② 监测仪器和设备应定期进行检定或比对；

③ 元器件应在使用前进行标定，标定记录应齐全；

④ 监测过程中应定期进行监测仪器的核查、校准，设备的维护、保养，以及元器件的检查。

（4）监测传感器除应满足观测精度与量程的要求外，还应满足下列要求：

① 与量测的介质特性相匹配，以减小测量误差；

② 灵敏度高、线性好、重复性好；

③ 性能稳定可靠，漂移、滞后误差小；

④ 防水性好，抗干扰能力强。

（5）对同一监测项目，现场监测作业宜符合下列要求：

① 采用相同的监测方法、监测路线；

② 使用同一监测仪器和设备；

③ 固定监测人员；

④ 在基本相同的时段和环境条件下工作。

（6）工程支护结构监测点应在支护结构施工过程中及时布设，工程周边环境与周围岩土体监测点应在施工之前埋设；监测点埋设并稳定后，应至少连续独立进行 3 次观测，取其平均值作为初始值。

（7）监测精度应反映监测对象的变化量，应根据监测项目、控制值大小、工程要求、相关标准规定综合确定（变形监测中误差不宜大于控制值的 5%）。

（8）对于下穿既有轨道交通、重要建（构）筑物的工程，宜采用远程自动化监测方法。

（9）监测过程中，应做好元器件和监测点的保护工作，测斜管、水位观测孔、分层沉降管等管口应砌筑窨井，并加盖保护；爆破振动、应力应变等监测传感器应防止信号线断开或损坏。

1.1.2　水平位移监测

（1）水平位移监测方法适用于基坑围护桩（墙）或边坡顶部、盾构管片结构、周边建（构）筑物、地下管线、桥梁墩台和既有线隧道结构等水平位移监测项目。

（2）测定特定方向的水平位移宜采用大地测量法和传感器监测法。其中，大地测量法包括小角法、投点法、激光准直法、方向线偏移法等。大地测量法应符合下列要求：

① 采用投点法和小角法时，应对经纬仪或全站仪的垂直轴倾斜误差进行检验，当垂直角超出 ±3° 范围时，应进行垂直轴倾斜改正；

② 采用激光准直法时，必须在使用前对激光仪器进行检校；

③ 采用方向线偏移法时，对主要监测点，可以该点为测站，测出对应基准线端点的边长与角度，求得偏差值；对其他监测点，可选适宜的主要监测点为测站，测出对应其他监测点的距离与方向值，按坐标法求得偏差值。

（3）测定任意方向的水平位移可视监测点的分布情况，采用交会、导线测量、极坐标等方法。

（4）当监测点与基准点无法通视或距离较远时，可采用 GPS 测量法或三角、三边、边角测量与基准线法相结合的综合测量方法。

（5）水平位移监测基准点的埋设宜设置有强制对中的观测墩，或宜采用精密的光学对中装置，对中误差不宜大于 ±0.5 mm。

（6）水平位移监测点宜设置固定的观测标志。

(7) 水平位移监测网宜采用假设坐标系统，并进行一次布网。每次变形监测前，应对水平位移基准点进行稳定性复测，并以稳定点作为起算点。

(8) 测角、测边水平位移监测网宜布设为近似等边三角形网。其三角形内角不应小于30°，当受场地或其他条件限制时，个别角可放宽，但不应小于25°。边角网具有测角和测边精度的互补特性，可不受网形影响，须合理配置测角和测边的精度。

(9) 水平位移监测控制网主要技术要求应符合现行国家标准《城市轨道交通工程测量规范》（GB 50308—2008）的规定。

(10) 监测仪器的选择应满足水平位移监测点坐标中误差和水平位移控制值的要求，并符合表1-1的规定。

表1-1 水平位移监测精度要求

工程监测等级		一级	二级	三级
水平位移控制值	累计变化值 D'/mm	$D' < 20$	$20 \leq D' < 40$	$D' \geq 40$
	变化速率 v_d/(mm/d)	$v_d < 3$	$3 \leq v_d < 4$	$v_d \geq 4$
监测点坐标中误差/mm		≤ 0.6	≤ 0.8	≤ 1.2

1.1.3 垂直（竖向）位移监测

(1) 垂直位移监测方法适用于基坑围护桩（墙）、边坡顶部、坑底，盾构管片结构，矿山法初期支护结构拱顶、底板、中柱，地表、周边建（构）筑物，地下管线，桥梁墩台，既有线隧道结构和轨道结构等垂直位移监测项目。

(2) 垂直位移监测可采用几何水准测量方法（又称水准测量方法）、电磁波测距三角高程测量方法、静力水准测量方法等。

(3) 垂直位移监测应符合下列规定：

① 监测精度应与相应等级的垂直位移监测网观测一致；

② 各监测点应与水准基准点或场地水准点（工作基点）组成闭合线路，或符合水准线路，亦可作为支点观测；

③ 采用的水准仪的 i 角（水准仪视准轴与水准管轴的夹角）误差不应大于10″（一级监测等级）、15″（二级监测等级）、20″（三级监测等级），i 角检校应符合《国家一、二等水准测量规范》（GB/T 12897—2006）的有关规定；

④ 采用成孔埋设电感应式分层沉降和坑底隆起（回弹）监测标志时，孔口高程宜用几何水准测量方法测量，高程中误差为 ±1.0 mm；

⑤ 采用静力水准测量方法进行垂直位移自动监测时，应根据变形测量的精度等级确定所用设备的性能，作业中应定期对所用设备进行校验，可按《建筑变形测量规范》（JGJ 8—2016）的规定实施；

⑥ 采用电磁波测距三角高程测量方法进行垂直位移监测时，宜采用 0.5″~1″级全站仪和特质觇牌，并使用中间设站、不量仪器高的前后视观测方法，可按《建筑变形测量规范》（JGJ 8—2016）的规定实施。

（4）垂直位移监测网的布设应符合下列要求：

① 垂直位移监测网宜与地铁工程高程系统一致，或采用假定高程系统。

② 采用几何水准测量、电磁波测距三角高程测量方法时，监测网应布设成闭合线路、符合水准线路或结点网。采用闭合线路时，每次应联测 2 个以上的基准点。

③ 垂直位移监测网高程控制点不应少于 3 个，在监测中应定期对高程控制点进行检测，发现不稳定的水准基准点应另行补设。

（5）垂直位移监测控制网主要技术要求应符合《城市轨道交通工程测量规范》（GB 50308—2008）的规定。

（6）垂直位移监测点宜设置固定的观测标志。

（7）监测仪器的选择应满足垂直位移监测点测站高差中误差和垂直位移控制值的要求，并符合表 1 – 2 的规定。

表 1 – 2　垂直位移监测精度要求

工程监测等级		一级	二级	三级
垂直位移控制值	累计变化量 S/mm	$S < 25$	$25 \leqslant S < 40$	$S \geqslant 40$
	变化速率 v_s/(mm/d)	$v_s < 3$	$3 \leqslant v_s < 4$	$v_s \geqslant 4$
监测点测站高差中误差/mm		$\leqslant 0.6$	$\leqslant 1.2$	$\leqslant 1.5$

（8）坑底隆起（回弹）宜通过设置回弹监测标，采用几何水准并配合传递高程的金属杆或钢尺等辅助设备进行监测。

（9）坑底隆起（回弹）监测精度应符合表 1 – 3 的要求。

表 1 – 3　坑底隆起（回弹）监测精度要求

工程监测等级	一级	二级	三级
坑底隆起（回弹）控制值/mm	$\leqslant 40$	$40 \sim 60$	$60 \sim 80$
监测精度/mm	$\leqslant 1.0$	$\leqslant 2.0$	$\leqslant 3.0$

1.1.4　其他监测

1. 深层水平位移监测

（1）深层水平位移监测方法适用于基坑围护桩（墙）和土体深层水平位移监测项目，宜采用在桩（墙）体或土体中预埋测斜管，通过测斜仪观测各深度处的水平位移。

（2）测斜仪系统精度不宜低于 0.25 mm/m，分辨率不宜低于 0.02 mm/500 mm，电缆长度必须大于最深的测斜孔深度。

（3）测斜管宜采用聚氯乙烯（PVC）工程塑料或铝合金材料制成，直径宜为 45 ~ 90 mm，管内须有两组相互垂直的纵向导槽。

（4）土体深层水平位移监测的测斜管长度一般不宜小于基坑开挖深度的 1.5 倍。

（5）测斜管埋设可采用与钢筋笼绑扎一起下放的方法，也可采用钻孔法；采用钻孔法时，测斜管与钻孔孔壁之间应回填密实，测斜管埋设深度不宜小于钢筋笼长度或成孔深度。

（6）测斜管埋设应符合下列要求：

① 土体深层水平位移监测的测斜管应在基坑或隧道围（支）护结构施工 1 周前埋设，以保证与土体固结稳定；

② 埋设前应检查测斜管质量，测斜管连接时应保证上、下管段的导槽相互对准、顺畅，各段接头及管底应保证密封；

③ 测斜管埋设时应保持固定、竖直，防止发生上浮、破裂、断裂、扭转，测斜管管壁的一对导槽的方向应与所需测量的位移方向保持一致。

（7）监测前宜用清水将测斜管内冲刷干净，并采用模拟探头进行试孔检查后再使用。监测时，将测斜仪探头放入测斜管底，恒温一段时间后以测斜仪探头上、下轮间距为 0.5 m 或 1.0 m 的间隔逐段量测，每监测点均应进行正、反两次读数，取其平均值为最终值。

（8）土体深层水平位移计算时应确定固定起算点，固定起算点可设在测斜管的顶部或底部；当测斜管底部未进入稳定岩土体时，固定起算点应设置在测斜管的顶部，并采用测量仪器测定管顶水平坐标进行水平位移修正。

2. 净空收敛监测

（1）净空收敛监测方法适用于矿山法初期支护结构和盾构管片结构的净空收敛监测项目，可采用收敛计或全站仪进行监测，收敛计监测精度宜为 0.06 mm。

（2）采用收敛计监测时，监测点采用焊接或钻孔手段预埋；采用全站仪监测时，监测点应采用膜片式回复反射器作为测点靶标，靶标黏附在预埋件上。监测方法包括自由设站和固定设站两种。

（3）收敛计根据连接材料的特点和连接方式的不同而分为带式、丝式和杆式三类。

（4）带式收敛计使用应符合下列要求：

① 在指定位置埋设好一对测座；

② 将仪器的后挂钩与其中一个测座相连，再将定长铟钢丝的接头与钢尺头部相接；

③ 将定长铟钢丝的挂钩与另一个测座相连；

④ 在钢尺上选择合适的小孔并将之固定在夹尺器上；

⑤ 借助于电动螺旋张紧机构，对钢尺和定长铟钢丝施加恒力，并在读数窗口读数。

（5）丝式收敛计使用应符合下列要求：

① 先选测点并用胶或砂浆固定配套的固定螺栓；

② 根据两测点间的距离截取长度合适的经特殊装置进行拉直处理的铟钢丝；

③ 把靠测力计的一端通过旋转接头与已安装在其中一个测点固定螺栓上的测座相连；

④ 分别通过卡头和旋转接头把铟钢丝与另一端和另一个已固定在固定螺栓上的测座相接，通过拉紧装置拉紧铟钢丝，并把测力计调到相同的位置，以保持铟钢丝的受力不变；

⑤ 从位移计测读数据，两次读数之差就是在这两次监测时段内发生的相对位移。

（6）杆式收敛计百分表测杆安装应符合下列要求：

① 做铅垂向监测时，测杆的上、下两圆锥面测座要埋设在顶板和底板的岩土体中，为保证它们基本上能处于同一铅直线上，宜先埋设上测座，再采用吊锤法定出下测座的

位置，钻孔完成安装孔，并用水泥砂浆将下测座埋设于底板岩土体中；

② 初读数的接杆编号应记录清楚，接杆的螺纹每次要拧紧，以免松动而引起人为误差；

③ 测座内锥面在每次监测时都要把泥沙、灰尘擦干净；

④ 监测时先将下端的球形测脚放入下测座的圆锥内，再通过细杆压紧弹簧，并使上端球形测脚放入上测座的圆锥内，再压紧弹簧，压紧弹簧的动作宜慢、稳，每次压紧方法应尽量一致。

（7）每次监测时应使收敛计与监测点的连接方向、连接方式一致，读数时视线垂直测表，读取 3 次不超过精度范围的数值，取其平均值为监测值。

（8）监测时，应测量现场温度，对监测结果进行温度修正。

3. 土体分层垂直位移监测

（1）土体分层垂直位移可通过埋设磁环式分层沉降标，采用分层沉降仪进行量测；或者通过埋设深层沉降标，采用水准测量方法进行量测。土体分层垂直位移监测方法适用于监测施工影响范围内不同深度处土层的沉降量、沉降速率。

（2）分层沉降量测系统由地下监测器件、地面测试仪器及管口水准测量系统三部分构成。

（3）土体分层沉降管可采用钻孔埋设方法，在沉降管设计深度位置安装磁环式分层沉降标，磁环式分层沉降标安装到位后，应与土层固结稳定。

（4）土体分层沉降管埋设后应连续观测 1 周，至磁环式分层沉降标位置稳定后，测定孔口高程并计算各磁环式分层沉降标高程。采用分层沉降仪量测时，应以 3 次测量平均值作为测量结果，读数较差不大于 1.5 mm，分层沉降仪系统精度不宜低于 1.5 mm。

（5）采用磁环式分层沉降标监测时，每次监测均应测定土体分层沉降管管口高程的变化，然后换算出土体分层沉降管内各监测点的高程。分层沉降标（磁环）位置应以绝对高程表示。

4. 倾斜监测

（1）高大、高耸建（构）筑物、桥梁墩柱、挡墙的倾斜监测应根据现场观测条件和要求，选用投点法、垂准法、倾斜仪法和差异沉降法等方法，并符合下列要求：

① 投点法应采用全站仪瞄准上部观测点，在下部观测点安置水平读数尺直接读取偏移量，正、倒镜各观测一次取平均值，并根据上、下部观测点高度计算倾斜度。

② 垂准法应在下部观测点安装光学垂准仪或激光垂准仪，在上部观测点安置接收靶，在靶上读取或量取水平位移量与位移方向。可根据精度要求，观测时按 180°、120°或 90°夹角旋转垂准仪进行下部观测点对中，分别以读取 2 次、3 次或 4 次算一个测回。

③ 倾斜仪法可采用水管式、水平摆、气泡或电子倾斜仪等进行观测，倾斜仪应具备连续读数、自动记录和数字传输功能。

④ 差异沉降法采用水准测量方法测量沉降差，经换算求得倾斜度和倾斜方向。

（2）当采用全站仪或经纬仪观测时，仪器设置位置与监测点的距离宜为上、下部观测点高差的 1.5~2.0 倍。

（3）倾斜观测精度应符合《工程测量规范》（GB 50026—2007）及《建筑变形测量规范》（JGJ 8—2016）的有关规定。

5. 裂缝监测

（1）建（构）筑物、桥梁、既有隧道结构等裂缝监测内容应包括裂缝位置、走向、长度、宽度，必要时尚应监测裂缝深度。

（2）裂缝监测可采用以下方法：

① 裂缝宽度监测宜采用裂缝观测仪进行测读，或在裂缝两侧贴、埋标志，用千分尺或游标卡尺等直接量测，或用裂缝计、粘贴安装千分表及摄影量测等方法监测裂缝宽度变化；

② 裂缝长度监测宜采用直接量测法；

③ 裂缝深度监测宜采用超声波法、凿出法等；

④ 比较重要和细微的裂缝，宜采用裂缝观测仪进行测读。

（3）工程施工前应记录监测对象已有裂缝的分布位置和数量，对监测裂缝进行统一编号，记录各裂缝的位置、走向、长度、宽度、深度和初测日期等情况。

（4）裂缝监测标志应便于量测，长期观测可采用镶嵌或埋入墙面的金属标志、金属杆标志或楔形板标志；需要测出裂缝纵横向变化值时，可采用坐标方格网板标志。

（5）裂缝宽度量测精度不宜低于 0.1 mm，裂缝长度和深度量测精度不宜低于 1.0 mm。

（6）当采用测缝传感器自动测计时，应与人工监测数据比对，确保数据观测、传输、保存可靠后才能实施。

6. 爆破振动监测

（1）爆破振动监测可采用振速传感器或加速度传感器，以及相应的数据采集设备。

（2）爆破振动监测传感器应固定在预埋件上，通过爆破振动监测仪自动记录爆破振动速度和加速度，分析振动波形和振动衰减规律。

（3）每组测点应分别在径向、切向与垂直方向设置传感器，应布置在建（构）筑物的基础和承重墙（柱）上。传感器与预理件应牢固固定在测点处，传感器布置不宜离测量面太远，以防产生相对运动，影响监测精度。

（4）钻孔埋设结构监测点时，应在孔中预埋传感器并填充水泥砂浆，使传感器轴线垂直于测量表面。传感器电缆必须连接可靠、放置平稳，电缆接头的绝缘、屏蔽效果要好。

（5）仪器安装和连接后，需进行监测系统的测试工作，监测期内整个监测系统必须处于良好的工作状态。

（6）在岩土性质发生改变、地形条件复杂、监测对象有特殊保护要求、爆破设计参数变化较大时，应进行专门的爆破试验和监测，掌握爆破振动的影响情况，以指导施工。

（7）爆破振动监测仪器量程精度的选择应符合《爆破安全规程》（GB 6722—2014）的有关规定。

7. 孔隙水压力监测

（1）对饱和软土和易产生液化的粉细砂土层，当渗透系数大于 1×10^{-5} cm/s 时，可埋设孔隙水压力计进行地下水压力监测。

（2）孔隙水压力监测可根据工程测试的目的、土层的渗透性和测试期的长短等条件，选用封闭式（电测式、流体压力式）或开口式孔隙水压力计（包括各种开口测量管、水位计）。仪器的精度、灵敏度和量程必须满足测试要求。

（3）孔隙水压力计的量程应满足被测孔隙水压力范围的要求，可取静水压力与超孔隙水压力之和的 2 倍，精度不宜低于 0.5% FS，分辨率不宜低于 0.2% FS。

（4）孔隙水压力计的埋设方法可采用钻孔埋设法、压入埋设法、填埋法等。当在同一测孔中埋设多个孔隙水压力计时，宜采用钻孔埋设法；当在黏性土层中埋设单个孔隙水压力计时，宜采用不设反滤料的压入埋设法；在填方工程中宜采用填埋法。

（5）孔隙水压力计应在施工前埋设，并应符合下列要求：

① 孔隙水压力计应进行稳定性、密封性检验和压力标定，并应确定压力传感器的初始值，检验记录、标定资料齐全；

② 埋设前，传感器透水石应在清水中浸泡饱和，排除透水石中的气泡；

③ 埋设后，记录探头编号，测读初始读数；

④ 传感器的导线长度要大于设计深度，导线中间不宜有接头，引出地面后应放在集线箱内并编号；

⑤ 当孔内埋设多个孔隙水压力计，监测不同含水层的渗透压力时，应做好相邻孔隙水压力计的隔水措施。

（6）采用钻孔埋设法埋设孔隙水压力计时，钻孔应圆直、干净，钻孔直径宜为 110～130 mm，不宜使用泥浆护壁成孔；封口材料宜采用直径 10～20 mm 的干燥膨润土球。

（7）孔隙水压力计埋设后应测量初始值，且宜逐日量测 1 周以上，并取得稳定初始值。

（8）孔隙水压力监测的同时，应测量孔隙水压力计埋设位置附近的地下水位。

8. 地下水位监测

（1）地下水位监测宜通过钻孔设置水位观测管，采用测绳、水位计、渗压计等进行量测。

（2）水位观测管应在工程施工前埋设，滤管长度应满足量测要求；承压水水位监测时，被测含水层与其他含水层之间应采取有效的隔水措施。

（3）水位观测管埋设稳定后应测定孔口高程并计算水位高程。人工观测地下水位的测量精度不宜低于 20 mm，仪器观测精度不宜低于 0.5% FS。

（4）水位观测管的安装应符合下列要求：

① 水位观测管宜采用镀锌钢管或硬塑料管，内径不宜小于 50 mm，管口应高于地面，并加保护装置，防止雨水、地表水进入和人为破坏；

② 水位观测管的透水段长度为 1～2 m，外部包扎足以防止周围土颗粒进入的无纺土工织物，水位观测管与孔壁之间用滤料填满；

③ 水位观测管的导管段应顺直，内壁光滑无阻，接头应采用外箍接头；

④ 观测孔孔底宜设置一定长度封闭的沉淀管；

⑤ 观测孔完成后应进行清洗，保证观测孔内水位与地层水位一致，连通良好。

（5）水位观测管宜在工程开始降水前至少 1 周埋设，且宜逐日连续观测水位，并取得稳定初始值。

9. 岩土压力监测

（1）基坑围护桩（墙）侧向土压力、盾构法隧道地层与管片的接触压力和矿山法隧道围岩压力及支护间接触应力监测宜采用界面土压力计进行监测。

（2）界面土压力计应选择合适的测试量程，可根据预测的压力变化幅度来确定量程，其上限可取设计压力的 2 倍，精度不宜低于 0.5% FS，分辨率不宜低于 0.2% FS。

（3）界面土压力计的埋设可采用埋入式，埋设时应符合下列要求：

① 埋设前应对界面土压力计进行稳定性、密封性检验和压力、温度标定，检验记录、标定资料应齐全；

② 受力面与所监测的压力方向垂直，并通过适当的活性材料紧贴被监测对象；

③ 埋设过程中应有土压力膜保护措施；

④ 采用钻孔法埋设时，回填应均匀密实，且回填材料宜与周围岩土体一致；

⑤ 土压力计导线长度可根据工程监测需要确定，导线中间不应有接头，导线应按一定线路集中于导线箱内，施工期间应注意导线的保护；

⑥ 做好完整的埋设记录。

（4）基坑工程开挖前，应至少经过 1 周时间的监测，并取得稳定初始值；隧道工程土压力计埋设以后应立即进行检查测试，并读取初始值。

10. 锚杆、锚索和土钉拉力监测

（1）锚杆、锚索和土钉拉力监测宜采用专用测力计、钢筋应力计或应变计，当使用钢筋束时宜监测每根钢筋的受力。

（2）专用测力计、钢筋应力计和应变计的量程宜为对应设计值的 2 倍，量测精度不宜低于 0.5% FS，分辨率不宜低于 0.2% FS。

（3）锚杆或土钉施工完成后应对专用应力监测仪器进行拉力测试，并将下一层土方开挖前连续 2d 获得的稳定测试数据的平均值作为其初始值。

11. 结构应力监测

（1）结构应力监测方法适用于基坑围护结构、支撑、立柱、盖挖法的顶板，盾构法的隧道管片结构，矿山法的隧道初期支护、中柱等结构应力监测项目。

（2）混凝土构件可采用钢筋应力计、混凝土应变计、光纤传感器等量测；钢构件可采用轴力计或应变计等量测。

（3）结构应力监测应考虑温度变化等因素的影响，钢筋混凝土结构应考虑混凝土收缩、徐变和裂缝的影响。

（4）结构应力监测传感器埋设前应进行标定和编号，埋设后信号线应引至适宜监测操作处，信号线端部应做好防护措施。

（5）钢筋应力计的安装埋设应符合下列要求：

① 钢筋应力计应尽量焊接在同一直径的受力钢筋上并保持在同一轴线上，焊接时尽可能使其处于不受力状态，特别不应处于受弯状态；

② 钢筋应力计的焊接可采用对焊、坡口焊或熔槽焊，对于直径大于 28 mm 的钢筋，不宜采用对焊焊接；

③ 焊接过程中，仪器测出的温度应低于 60℃，为防止仪器温度过高，可采用间歇焊接法，也可在钢筋应力计部位包上湿棉纱浇水冷却，但不得在焊缝处浇水，以免焊层变脆硬。

（6）混凝土应变计的安装埋设应符合下列要求：

① 将试件上粘贴应变计的部位用丙酮等有机溶剂清除表面的油污；表面粗糙不平时，可用细砂轮或砂纸磨平，再用丙酮等有机溶剂清除表面残留的磨屑；

② 在试件上划制两根光滑、清楚且互相垂直交叉的定位线，使应变计基底上的轴线标记与其对准后再粘贴；

③ 粘贴时在准备好的应变计基底上均匀地涂一层胶黏剂，胶黏剂用量应保证黏结胶层厚度均匀且不影响元器件的工作性能；

④ 用镊子夹住引线，将应变计放到粘贴位置，在粘贴处覆盖一块聚四氟乙烯薄膜，且用手指顺应变计轴向，向引线方向轻轻按压应变计，挤出多余胶液和胶黏剂层中的气泡，用力加压保证胶黏剂凝固。

（7）光纤传感器的安装埋设应符合下列要求：

① 光纤传感器应先埋入与工程材料一致的小型预制件中，再埋入工程结构中，传感器埋入后应确保传感方向与需测受力方向一致；

② 钢筋混凝土结构中，光纤传感器可黏结到钢筋上，以钢筋受力、变形反映结构内部应力、应变状态；

③ 可先用小导管保护光纤传感器，在胶黏剂固化前将导管拔出。

（8）轴力计的安装埋设应符合下列要求：

① 宜采用专用的轴力计安装架，在钢支撑吊装前，将安装架圆形钢筒上设有开槽的一端面与钢支撑固定端的钢板电焊焊接，焊接时安装架中心点应与钢支撑中心轴线对齐，保持各接触面平整，使钢支撑能通过轴力计正常传力；

② 焊接部位冷却后，将轴力计推入安装架圆形钢筒内，用螺丝把轴力计固定在安装架上，并将轴力计的电缆绑在安装架的两翼内侧，防止在吊装过程中损伤电缆；

③ 钢支撑吊装、对准、就位后，在安装架的另一端（空缺端）与围护墙体上的钢板中间加一块加强钢垫板；

④ 轴力计受力后即松开固定螺丝。

（9）在盾构法施工的隧道中，钢筋应力计、混凝土应变计、光纤传感器应在衬砌管片预制时安装。

（10）钢筋应力计或应变计的量程宜为设计内力值的 2 倍，精度不宜低于 0.25% FS。

12. 远程视频监控

（1）远程视频监控系统应包括前端采集、数据传输、显示三部分。

（2）远程视频监控系统设备主要包括PC、操作系统、应用软件、视频采集卡和Web服务器等，可实现监视、录像、回放、备份、报警、控制等多任务并发处理和网络浏览功能。

（3）实况图像用摄像机摄取，宜采用可通过遥控进行变焦和水平/俯仰的摄像头，摄像机（摄像头）、拾音器（话筒）应安装在便于取景的安全处，并应采取充分的保护措施（如防撞、防水等），符合工程现场的安全条件。

（4）视频信号和音频信号可采用无线发送设备或通过网络传送到管理部门的监视器中，同时应采用硬盘机或其他大容量的媒介记录图像和声音，以供存档和必要时回放。

典型工作任务1.2 工程监测管理

1.2.1 监测单位资质、人员资格及监测仪器、设备要求

1. 监测单位资质

根据《城市轨道交通工程安全质量管理暂行办法》（建质〔2010〕5号），第三方监测单位应具有相应工程勘察资质，并向工程所在地建设主管部门办理备案手续。

2. 监测人员资格

（1）施工监测技术负责人应具有中级（含中级）以上专业技术职称和地铁工程监测工作经验。

（2）第三方监测单位监测项目负责人应当具有相应执业资格和地铁工程监测工作经验。

（3）第三方监测单位、施工监测单位均应配备与工程规模相适应的监测技术人员、作业人员和现场巡视人员。监测技术人员应具备相应的专业技术职称；作业人员应经过技术培训，合格后持证上岗；现场巡视人员应当具有现场实际工程经验。

3. 监测仪器、设备

施工单位、第三方监测单位均应配备与工程规模及监测项目的类别相适应的监测仪器、设备，其精度应满足工程需要。监测仪器、设备应在检定有效期内使用。

1.2.2 监测方案的编制与审查

1. 监测方案的编制

监测方案编制前应充分收集、分析水文气象资料、岩土工程勘察报告、周边环境调查报告、安全风险评估报告、设计文件及施工方案等相关资料，并进行现场踏勘。现场踏勘发现新的或难以实施监测的周边环境对象时，应及时与相关单位沟通。

在收集相关资料和现场踏勘基础上，施工单位应依据上述资料、合同要求，并结合工程实际情况编制监测方案。考虑到绝大多数建设单位采用第三方监测的管理模式，第

三方监测单位作为独立于施工单位和建设单位的专业监测单位，应当编制独立的监测方案，作为监测及监测复核的依据。监测方案应由技术说明和监测图纸两部分组成。

1）技术说明

技术说明的主要内容如下。

（1）工程概况。

（2）建设场地地质条件、周边环境条件及工程风险等级。

（3）监测目的和依据。

（4）监测范围、对象与监测等级。

（5）监测项目和内容。

（6）基准点、测点的布设与保护要求，测点布置图。

（7）监测方法和精度。

（8）监测频率和周期。

（9）监测控制值、预警等级、预警标准及异常情况下的监测措施。

（10）监测信息的采集、分析和处理要求。

（11）监测信息反馈制度。

（12）监测仪器、设备、元器件及人员的配备。

（13）质量管理、安全管理及其他管理制度。

2）监测图纸

监测图纸来源于工点设计单位的施工监测设计图纸，主要包括以下内容。

（1）各监测项目测点布置平面图。

（2）各监测项目测点布置剖面图。

（3）基准点、测点大样图。

对于重大风险工程，施工单位应编制专项施工监测方案，并通过专家论证后方可实施。以下情况需编制专项施工监测方案。

（1）穿越或邻近既有轨道交通设施。

（2）穿越重要的建（构）筑物、高速公路、桥梁、地下管线、地下构筑物、机场跑道等。

（3）穿越或邻近保护性文物及古建筑。

（4）穿越河流、湖泊等地表水体。

（5）穿越岩溶、断裂带、地裂缝等不良地质条件。

（6）其他对工程安全质量有重要影响需要编制专项施工监测方案的工程。

2. 监测方案的审查

施工单位编制的监测方案应经监理单位审查后实施。对于重大风险工程，施工单位应编制专项施工监测方案，并通过专家论证后方可实施。第三方监测单位编制的监测方案应通过建设单位组织的专家论证，并经监测单位主要负责人签字后实施。

监测方案的审查包括以下几方面。

（1）监测方案的编制依据是否实时、准确、适宜。

（2）监测方案的内容体系是否符合招标文件及施工监测设计图纸的要求。

（3）监测方法是否先进、科学、合理。

（4）仪器、仪表精度是否满足相关规范要求。

（5）测点的布置位置、范围、监测频率等是否符合技术标准、设计及施工的要求。

（6）监测数据记录、分析与处理是否及时、准确、恰当。

（7）监测控制指标设置是否符合监测规范、设计文件等要求。

（8）监测报表上报机制和监测信息反馈系统是否可靠、顺畅、到位。

（9）应急响应机制是否快速、完备、高效。

（10）监测组织机构是否完善，监测人员的资格是否符合相关要求。

（11）是否具有相应的质量及安全保障措施等。

1.2.3　现场监测及巡视

1. 现场监测

监测工作应实行项目经理负责制，在其领导下成立监测组，建立完备的管理制度、监测信息反馈制度，责任落实到人，确保信息沟通渠道畅通。

监测实施前，施工监测技术负责人、第三方监测单位监测项目负责人应当将监测方案向监测技术人员、作业人员进行技术交底，并形成交底记录。

（1）基准点布设。工程监测应设置基准点，其数量应满足相关规范的要求。基准点应设置在工程施工影响范围之外的稳定区域，并应定期复测。当基准点与所监测工程相距较远时，可设置工作基点。工作基点应定期与基准点联测，保证监测数据的可靠性。基准点应当按规范要求进行埋设，并清晰标识类别、编号，采取相应保护措施。

（2）监测点布设和保护。监测点应当按规范要求进行埋设，并清晰标识类别、编号，采取相应保护措施。

① 周围岩土体监测需关注监测对象处的位移、内力最大部位。因此，在位移、内力变化最大等反映工程安全状态的重要部位应布设监测点。布设监测点时，应设置反映监测对象或监测项目内在变化规律的监测断面，监测断面位置宜根据工程条件及规模在关键部位进行设置。监测点的布设应便于观测，不应影响和妨碍结构的正常受力和使用，并避免因施工影响而破坏。在实施多项内容测试时，各类监测点的布置在时间和空间上应有机结合，力求使一个监测部位能同时反映不同的物理变化量，找出内在的联系和变化规律。

② 周边环境监测点的布设应根据环境对象类型和特征、环境风险等级、所处工程影响分区、地质条件、监测项目及监测方法等综合确定布设位置和数量，并应满足反映环境对象变化规律和分析环境对象安全状态的要求。

监测点应布设在反映环境对象变形特征的关键部位、受施工影响敏感的部位，以及产权单位要求监测的部位。监测点的布设应便于观测，且不影响或妨碍环境监测对象的结构正常受力、使用功能和美观。爆破振动监测点应布设在建（构）筑物、既有线、桥梁等结构上，并应符合现行国家标准《爆破安全规程》（GB 6722—2014）的有关规定。监测建（构）筑物不同高度的振动时，应从基础到顶部在不同高度上布设。

根据监测方案预先布置好各监测点，以便监测工作开始时，监测元件进入稳定的工作状态。如果监测点在施工过程中遭到破坏，应尽快在原来位置或尽量靠近原来位置处补设监测点，保证该点观测数据的连续性。盾构区间隧道应以洞内、地表、管线和房屋监测为主布点；车站应以地表、管线、房屋和基坑变形监测为主布点。

（3）监测控制值的确定。监测控制值的确定应符合下列要求。

① 支护结构体系监测项目的控制值，应在保证支护结构和周边环境安全的条件下，根据工程监测等级、施工工法、周围岩土体特征、支护结构特点及设计计算结果，并结合当地工程经验综合确定。

② 周边环境监测项目的控制值，应根据监测对象的类型与特点、结构形式、变形特征、已有变形、正常使用要求及相关技术规范要求，并结合当地工程经验和相关单位的要求综合确定。对重要的、特殊的或风险等级较高的环境对象应进行现状调查与检测，通过分析计算或专项评估确定。

③ 周围地表沉降等岩土体变形控制值，应根据支护结构工程安全等级和周边环境安全风险等级综合确定，并为判定支护结构体系和周边环境的安全状态提供依据。

（4）监测频率和周期。监测频率和周期应根据施工工法、施工进度等情况，结合监测对象和监测项目的特点、工程地质及水文地质条件和当地工程经验等综合确定。

监测频率应满足监测信息及时、准确，系统地反映施工工况及关键过程对监测对象的影响、监测对象随时间的变化规律，以及各监测项目或对象之间内在联系的要求，宜采取定时监测方式。

（5）监测数据采集。监测实施工作要妥善安排，协调好施工与布点、监测间的干扰。监测点埋设并稳定后，在施工前应至少连续独立进行3次观测，取其平均值作为初始值。监测数据应当根据施工进度，按照监测方案中的监测频率要求及时采集，保证监测数据真实、连续、准确、完整。

在监测过程中，监测组应与相关单位和人员密切配合，严格按监控量测方案、有关技术标准及监控量测管理要求开展监控量测工作，并应保证监测数据的真实性，测点和仪器的稳定可靠性，数据处理、反馈的及时性，以及监测周期的完整性。

（6）监测的开始和结束。监测应从工程施工前开始，直至工程施工结束，贯穿于工程施工全过程。监测过程中应做好测点的保护工作，并保证监测仪器、设备的精度和可靠性。监测数据及资料必须有完整、清晰的记录，包括图表、曲线、文字报告等，以保证监控量测资料的完整性和连续性。应及时对各种监测数据进行整理分析，判断工程的稳定性，并及时将有关信息反馈到施工中。

结束监测工作应满足以下条件：

（1）基坑回填完成、矿山法隧道进行二次衬砌施工后，可结束支护结构体系的监测工作；

（2）盾构法隧道完成贯通、设备安装施工后，可结束管片结构的监测工作；

（3）支护结构体系监测项目结束监测后，根据周围岩土体监测值的变化情况和工程需要确定是否结束周围岩土体的监测工作；

（4）支护结构体系和周围岩土体各监测项目结束监测，且周边环境变形趋于稳定时，可结束周边环境的监测工作；

（5）已满足设计要求结束监测工作的条件；

（6）监测工作结束前应向有关工程管理部门提交结束监测工作申请，并在获准后结束监测。

2. 现场巡视

现场巡视宜以人工目测为主，对于不同施工方法需选择相应巡视内容，巡视范围根据施工影响和环境情况等因素综合考虑。巡视人员可辅助以量尺、锤、放大镜等简单器具，并以拍照或摄像方式将观测到的有关信息和现象进行详细记录。

施工前应对周边环境进行全面巡视核查并做好记录，施工过程中应及时记录和整理巡视情况，按现场巡视表填写巡视记录，并与当天的仪器监测数据进行综合分析。

工程施工期间，现场巡视宜每天一次，并做好巡视记录，在关键工况、特殊天气等情况下，应适当加密巡视次数。当遇到下列情况时，应适当提高监测或现场巡视频率：

（1）监测数据异常或变化速率较大；

（2）存在勘察未发现的不良地质条件，并影响工程安全；

（3）地表、建（构）筑物等周边环境发生较大沉降、不均匀沉降；

（4）换支撑及拆支撑期间；

（5）盾构机停机检修或更换刀具；

（6）矿山法施工变断面部位、分部施工受力体系转换；

（7）工程出现异常；

（8）事故后重新组织施工；

（9）长时间连续降雨；

（10）出现警情需要报警的情况。

《城市轨道交通工程安全质量管理暂行办法》（建质〔2010〕5号）规定，监理单位应检查施工监测点的布置和保护情况，比对分析施工监测和第三方监测数据及巡视信息。发现异常时，及时向建设单位、施工单位反馈，并督促施工单位采取应对措施。

1.2.4 监测信息处理、分析及反馈

监测信息的处理、分析和反馈是工程监测的重要环节。监测单位应及时处理监测数据和巡视信息，进行分析评价，编制监测报告，反馈给建设单位、监理单位、设计单位及合同约定的其他单位。监测信息是修正设计支护参数、指导施工、调整施工措施的重要依据。

1. 监测信息处理与分析

1）监测信息处理

监测资料处理是信息反馈的重要基础。首先，应对监测数据进行校核，进行可靠性分析，排除仪器、读数等操作过程中的失误，剔除和识别各种粗差、偶然误差和系统误差，避免漏测和错测，切实保证监测数据的可靠性和完整性。其次，要对监测数据进行整理，包括各种物理量的计算、图表制作，如物理量的时间速率曲线和空间分布图的绘制等。

在现场监测过程中，应加强数据的准确性，观测后应在现场及时计算、校核，如果有异常现象，必须重新进行观测、校核，直至取得可靠数据。

2）绘制数据散点图及回归分析

每次观测后应立即对数据进行计算、整理，打印相关监测报表，并根据数据绘制散点图。在这些图表中，应在相应位置标出相应的施工工况，以便分析时间效应和空间效应的影响。

数据散点图包括时间－位移散点图和距离－位移散点图，如图 1－1 所示。

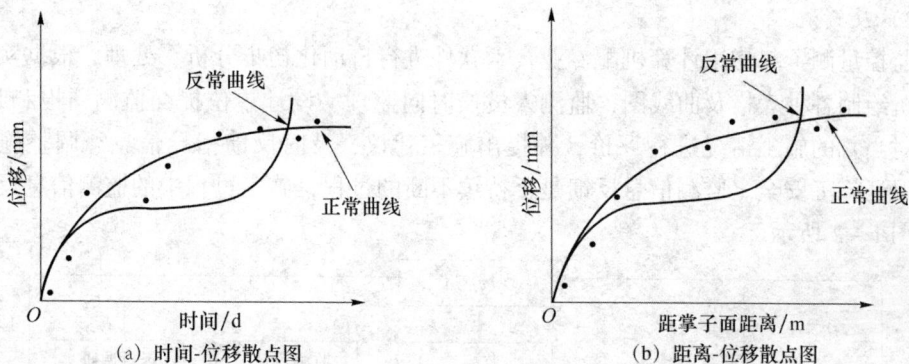

（a）时间-位移散点图   （b）距离-位移散点图

图 1－1 数据散点图

由于偶然误差的影响，监测数据具有离散性，根据实测数据绘制的散点图上下波动，很不规则，难以据此进行分析，可应用数学方法对监测数据进行回归分析，找出位移随时间、距离变化的规律，为优化设计和指导施工提供科学依据。

根据散点图的数据分布状况，应选择合适的函数进行回归分析，对最大值（最终值）进行预测，并与控制基准值进行比较，结合施工工况综合分析围岩和支护结构的工作状态。如果位移曲线正常，说明围岩处于稳定状态，支护结构是有效、可靠的；如果位移出现反常的急剧增长现象（出现反弯点），表明围岩和支护结构已呈现不稳定状态，应立即采取相应的工程措施。

3）监测信息分析

通常采用比较法、作图法和数值计算法等，分析各个所测项目物理量值的大小、变化规律及发展趋势等。当实测数据出现任何一种预警状态时，监测组应立即向施工单位、监理单位、建设单位及设计单位等电话或口头报告，并尽快提交书面预警报告。

2. 监测信息反馈

监测信息反馈是指根据工程监测及其数据处理所得到的结果来指导工程设计和施工，以达到优化工程施工过程的目的。监测信息反馈是工程施工信息化的关键步骤，也是工程监测的重要环节。

1）反馈内容

在工程施工中，需要进行反馈的内容多，信息量大，实际应用时，可根据工程具体要求有选择地进行反馈工作。反馈内容主要包含以下两方面。

（1）对工程设计的反馈。根据对监测信息的处理与分析，修正设计中的围岩物理力学参数；修订应力、渗水压力、围岩压力等基本荷载；修改设计中的变形控制警戒值、安全监测方法和监控判据指标，并采取合理的技术处理措施，即进行工程施工信息化设计。

（2）对工程施工的反馈。根据对监测信息的处理与分析，及时变更施工方案，以加快或减缓工程进度，必要时增加辅助施工措施，采取合理技术措施，确保工程的安全性和经济性，从而达到优化工程施工过程的目的。

2）反馈流程

监控量测资料均用计算机配专业技术软件进行自动化初步分析、处理。根据实测数据分析绘制各种表格及曲线图，监测人员按时向监理、设计单位提交监测周报和月报，同时对当月的施工情况进行评价，并提出施工建议，及时反馈指导信息，调整施工参数，保证施工安全。监测信息反馈是个持续不断的过程，施工过程中的监测信息反馈流程如图 1-2 所示。

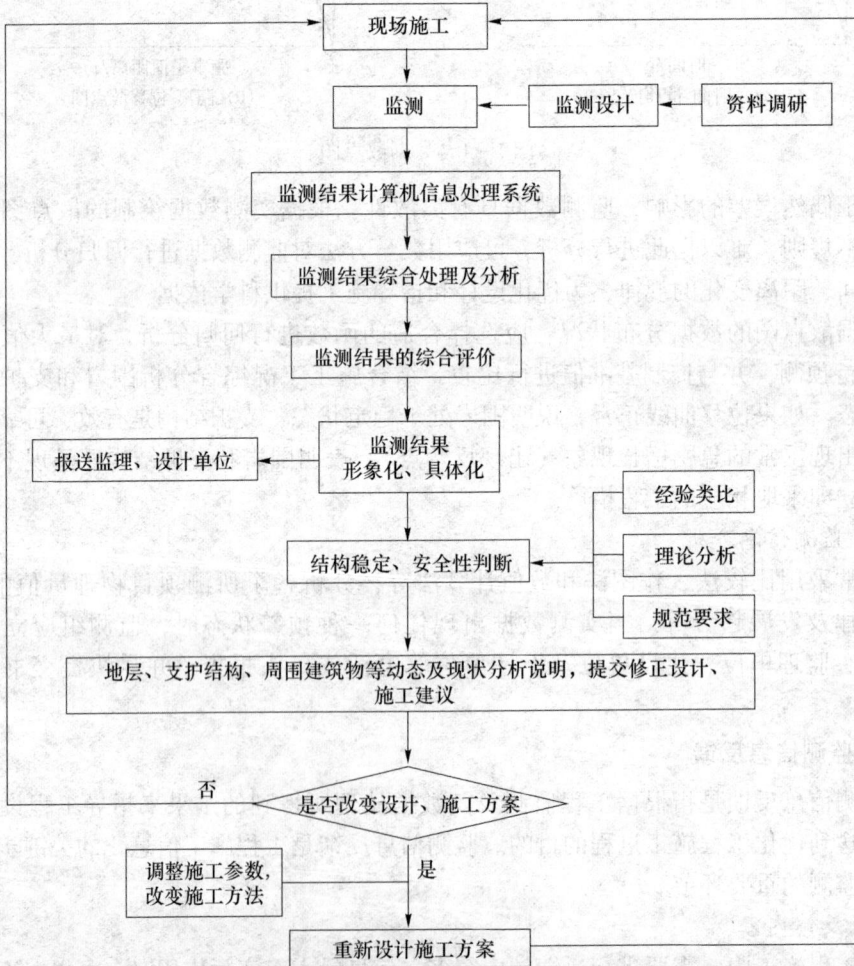

图 1-2　施工过程中的监测信息反馈流程

3）反馈成果

监测单位的监测信息反馈成果包括现场监测资料、计算分析资料、图表、曲线、监测报告等。每次监测计算完成后，立即将计算成果以书面报告形式上报建设单位、监理单位及其他有关部门。监测报告分为日报、周（月）报、警情快报、阶段性报告和总结报告（见表 1-4）。监测报告应以表格、图形等直观形式表达出监测对象与施工过程相关的监测信息，增强可读性。

表 1-4　监测报告

类别	主要内容
日报	工程概况及施工进度；现场巡视信息，包括巡视照片、记录等；各类监测项目日报表，包括仪器型号、监测日期、观测时间、天气情况、累计变化量、变化速率、控制值等；监测数据与现场巡视信息的分析与说明；监测结论与建议
周（月）报	工程概况及施工进度；监测工作简述；监测成果统计及分析；监测结论与建议；监测数据汇总；安全巡视汇总表；变形曲线图；监测测点布置图
警情快报	警情发生的时间、地点、情况描述、严重程度、施工工况等；监测数据及现场巡视信息汇总，包括监测值、累计变化量、变化速率、巡视照片、记录等；警情原因初步分析；处理措施建议等
阶段性报告	工程概况及施工进度；现场巡视信息，包括巡视照片、记录等；监测数据汇总，包括监测值、累计变化量、变化速率、变形曲线、时程曲线、必要的断面曲线、等值线图等；监测数据与现场巡视信息的分析与说明；监测结论与建议
总结报告	工程概况；监测目的、监测项目和技术标准；监测点布设；采用仪器型号、规格和元器件标定资料；监测数据采集和观测方法；现场巡视信息，包括巡视照片、记录等；监测数据汇总，包括监测值、累计变化量、变化速率及变形曲线、时程曲线、必要的断面曲线、等值线图等；监测数据与现场巡视信息的分析与说明；监测结论与建议

1.2.5　监测预警及响应

施工单位、第三方监测单位在分析监测数据和现场巡视信息的基础上，对工程安全状况进行评价，并按照要求报送信息。发现达到预警状态时，应立即上报建设单位、监理单位和设计单位等，并根据需要采取加密监测布点、加大监测频率等响应措施。

1. 预警情况判断分析

对比监测数据与预警标准，并结合现场巡视信息进行以下判断分析。

（1）将监测点阶段变化速率及累计变化量与预警标准进行比较，判断是否达到设定级别的预警状态。

（2）结合现场巡视信息分析施工进度、施工措施情况、支护（围护）结构稳定性、周边环境稳定性状态，以便进行综合判断。

（3）分析确认有异常情况时，应及时通知有关各方采取措施。

2. 预警等级及分级标准

建设单位或施工单位应根据监测项目的控制值，并结合工程监测等级、当地工程经验、工程项目管理能力和应急能力，制定监测项目的预警等级及分级标准。通常将预警等级分为三级，即黄色预警、橙色预警及红色预警，并根据预警等级对预警报送的对象、时间、方式和流程等提出要求。

预警等级见表1-5。

表1-5 预警等级

预警等级	状态描述	应对措施	施工状态
黄色预警	实测位移（或沉降）的绝对值和速率值双控指标均达到极限值的70%～80%时；或双控指标之一达到极限值的80%～100%，而另一个指标未达到该值时	第三方监测单位和施工单位应增加监测频率，加强对地面和建筑物沉降的动态观察，尤其应加强对预警点附近的雨水、污水管和有压管线的检查和处理	可正常施工
橙色预警	实测位移（或沉降）的绝对值和速率值双控指标均达到极限值的80%～100%时；或双控指标之一达到极限值，而另一个指标未达到时；或双控指标均达到极限值而整体工程尚未出现不稳定迹象时	加强观测，分析原因，增加量测频度，检查量测设备。除继续加强上述监测、观察、检查和处理外，施工单位应根据预警状态的特点进一步完善针对该状态的预警方案。应对施工方案、开挖进度、支护参数、工艺方法等进行检查和完善，在获得设计单位、建设单位同意后执行	应加强支护
红色预警	实测位移（或沉降）的绝对值和速率值双控指标均达到极限值；与此同时，还出现下列情况之一时：实测位移（或沉降）速率急剧增长；隧道或基坑支护混凝土表面已出现裂缝，同时，裂缝处已开始出现渗流水	加强现状检查、观察，增加量测频度，增加监测点，立即向有关单位报警，并立即采取补强措施；施工单位应采取特殊措施，并经设计、监理、建设单位分析和认定后，改变施工程序或设计参数，必要时应立即停止开挖，进行施工处理	应采取特殊措施

当出现下列警情之一时，必须立即报警。

（1）基坑、隧道支护结构体系或周边环境监测数据累计变化量或变化速率之一达到控制值。

（2）基坑、隧道周围岩土体出现涌沙（流土、流沙）、管涌、突水、滑移、坍塌，较严重的渗漏，基底隆起，隧道底鼓等。

（3）基坑、隧道支护结构出现过大变形、较大裂缝、断裂、严重渗漏，支撑或锚杆（索）出现松弛、脱落或拔出的迹象。

（4）周边地表出现突然沉降或较严重的突发裂缝、坍塌。

（5）建（构）筑物、桥梁等周边环境出现危害使用功能、结构安全的过大沉降、倾斜、裂缝。

（6）周边地下管线变形突然明显增长或出现裂缝、泄漏等。

（7）根据当地工程经验判断，出现其他必须进行报警的情况。

3. 监测状态变化及其原因分析

1）监测状态及变化趋势分析

（1）监测状态分析：绘制监测断面的位移变化断面图，绘制监测点变化时程曲线。

（2）监测点稳定性分析：通过比较相邻两期监测点的最大变形量与最大测量误差（取两倍中误差）来进行，当最大变形量小于最大测量误差时，可认为该点在这个周期内没有变动或变动不显著；对于多期变形观测成果，当相邻周期变形量小，但多期呈现出明显的变化趋势时，应视为有变动。

（3）变化趋势分析：监测数据的变化趋势分析，应结合施工情况，通过经验比对法、函数模型法（如回归法、有限差分法、有限元法等）等方法进行分析，如建立反映变形量与变形因子关系的数学模型进行变形的建模与预报。

2）变化原因分析

引起基坑围护结构及岩土体变化的原因异常复杂，对其变化原因的分析应根据基坑施工进度，结合围护结构设计参数、施工采取的开挖与控制措施、基坑开挖出现的异常情况、周边荷载变化、地层条件与地下水变化、地下管线变化、区域沉降、外部其他施工等情况综合进行，并与基坑监测的其他变形监测与力学监测项目相互印证。

浅埋暗挖法隧道工程监测数据变化原因的分析应根据施工进度，结合支护结构设计参数、施工采取的开挖与控制措施、开挖出现的异常情况、周边荷载变化、地层条件与地下水变化、地下管线变化、区域沉降、外部其他施工等情况综合分析。

盾构法监测数据变化原因的分析应根据施工进度、盾构施工参数、施工采取的开挖与控制措施、开挖出现的异常情况、周边荷载变化、地层条件与地下水变化、地下管线变化、区域沉降、外部其他施工等情况综合分析。

4. 监测信息响应

1）施工单位

当监测数据或现场巡视信息达到预警状态时，施工单位应依据相关规定立即采取对应的措施或启动应急预案，并及时报告监理单位、建设单位，必要时组织专家对预警情况的发展趋势及处置措施进行会商；认为发生事故的可能性增大时，应当立即向工程所在地建设主管部门报告。

2）第三方监测单位

第三方监测单位发现监测数据或现场巡视信息达到预警状态时，应及时反馈施工单位、监理单位、建设单位及合同约定的其他单位，并根据需要采取加密监测布点、加大监测频率等措施。

3）监理单位

监理单位发现监测数据或现场巡视信息达到预警状态时，或接到预警报告时，应督促施工单位立即采取相应的措施或启动应急预案，并及时报告建设单位。监理单位应监督施工单位的措施落实情况。

4）建设单位

建设单位接到预警报告后，应根据相关规定会同施工单位、监理单位、设计单位、第三方监测单位等，对发生事故的可能性及其可能造成的影响进行评估，必要时邀请有关专家进行会商；认为发生事故的可能性增大时，建设单位应当立即启动应急预案，采取相应的防范措施，并及时向工程所在地建设主管部门报告。

5）工程所在地建设主管部门

工程所在地建设主管部门接到预警报告后，应依据相关规定和程序，针对可能发生的事故特点和可能造成的危害，启动应急预案，采取下列一项或多项措施，并监督措施的落实情况。

（1）要求监测单位加密监测布点，加大监测频率。

（2）组织专家制定应急处置方案。

（3）其他必要的防范性、保护性措施。

1.2.6　监测绩效考核

监测绩效考核是工程监测绩效管理的关键环节，通过绩效考核发现工作中存在的问题，并进行改进，达到降低质量安全风险、保障地铁工程施工及周边环境安全的目的。建设单位应对监测工作进行全面考核，重点考核组织机构、管理制度、人员配备、监测仪器和设备、方案编审及现场监测等几方面，具体可根据项目实际，设置不同权重的考核指标进行打分考核。此外，施工单位或第三方监测单位也可对监测工作进行日常绩效考核，加强自身监测管理。

1. 组织机构及管理制度考核

组织机构的建立和人员的配备是监测工作开展的基础，其直接影响组织的管理水平和工作能力。组织机构及管理制度的考核重点包括监测项目组织机构设立是否恰当、管理制度是否明确、责任制度是否落实等。

2. 人员配备考核

人员配备考核主要包括对人员数量和人员素质的考核。其中，人员素质主要对人员执业资格、职称及工作经验等指标进行考核。人员数量是否满足项目需求、第三方监测单位监测项目负责人是否具有相应执业资格和地铁工程监测工作经验等是影响施工监测工作效率和水平的直接因素，也是绩效考核的重点。

3. 监测仪器和设备考核

监测工作的开展依赖于先进的监测仪器和设备，仪器和设备的类型和精度直接影响监测准度。因此，施工单位进行施工监测时应配备与工程规模及监测项目的类别相适应的监测仪器和设备，并保证其精度满足工程需要。

4. 方案编审考核

施工单位编制的监测方案是监测工作实施的直接依据，方案内容应保证真实可行，其考核指标主要包括方案内容的全面性、针对性和可靠性，编制、审批程序的合规性等。

5. 现场监测考核

现场监测及巡视工作的好坏受监测人员的工作能力水平、监测仪器和设备配备、管理制度规定、工作态度等因素影响。因此，考核指标应包括监测和巡视频率、周期，监测点埋设方法，现场监测和巡视方法，预警标准，信息反馈对象、流程，测点布置平面图和剖面图，基准点或工作基点埋设，现场监测点（或孔）埋设等细化指标。

此外，监测绩效考核还应包括监测成果报告、信息反馈及预警、档案管理等方面的考核，从而确保监测绩效考核的全面性，见表1-6。

表1-6 监测绩效考核表

项次	考核内容	评价参考事项
1	组织机构及管理制度考核	（1）组织机构设立是否合理； （2）是否建立、落实了管理制度； （3）是否建立、落实监测责任制和相应考核、奖惩制度
2	人员配备考核	（1）第三方监测单位监测项目负责人是否具备相应的执业资格，以及有无地铁工程监测工作经验； （2）监测技术人员专业、数量是否满足工程项目或合同要求； （3）监测人员是否经过安全质量培训、考核上岗
3	监测仪器和设备考核	（1）监测仪器和设备的类型及数量是否满足监测工程实际需要； （2）监测仪器在使用期内是否具有检定证书，各类测试元器件是否具有合格证书； （3）监测仪器和设备精度是否满足实际监测工程要求； （4）监测仪器和设备使用及维修保养记录是否齐全
4	方案编审考核	（1）方案编制依据是否充分、准确； （2）方案内容的全面性、针对性和可靠性考核； （3）编制、审批程序是否满足相关规定； （4）方案报批及时，审核准备工作符合要求，且跟踪监理审核进程到位； （5）方案是否经过专家论证且进行了备案审查
5	现场监测考核	（1）现场监测和巡视对象及项目是否全面； （2）现场监测及巡视频率、周期是否明确且满足工程要求； （3）监测点埋设方法及要求是否具体； （4）现场监测和巡视方法描述是否全面且具有可行性； （5）监测是否及时，是否影响施工进度，监测人员是否熟悉现场和图纸及相关技术要求； （6）现场记录是否规范、齐全
6	监测成果报告考核	（1）监测成果报告内容是否齐全，详细监测报表表头信息、公章、技术负责人签字是否齐全； （2）是否结合工况对各监测项目数值变化或巡视信息进行全面分析； （3）是否结合监测数据或现场巡视信息对工程安全状态做出分析评价
7	信息反馈及预警考核	（1）日常监测、现场巡视信息反馈是否及时，签收记录是否齐全； （2）监测数据或现场巡视信息达到预警状态，是否及时预警或向相关单位报告
8	档案管理考核	（1）监测数据文件、现场巡视信息、监测成果报告等资料是否齐全； （2）档案管理是否规范，有无统一编号； （3）各种资料建档分类是否清晰、便于查阅

1.2.7 相关规范、规程与标准

（1）《地铁工程监控量测技术规程》（DB 11/490—2007）；

（2）《建筑变形测量规范》（JGJ 8—2016）；

（3）《建筑基坑支护技术规程》（DB 11/489—2016）；

（4）《城市轨道交通工程测量规范》（GB 50308—2008）；

（5）《工程测量规范》（GB 50026—2007）；

（6）《建筑基坑工程监测技术规范》（GB 50497—2009）。

【项目小结】

在学习本项目时应重点掌握地铁基坑工程施工监测的项目，监测仪器及使用方法，能熟练、准确制定监测方案，编写监测报告，能熟练应用所学知识在工程实践中根据不同的工程条件制定合理的监测方案。

【复习思考题】

1. 监测预警等级有哪些？

2. 当出现哪些警情时，必须立即报警？

3. 监测绩效考核有哪些？

项目 2　地下工程监测项目及其控制基准

【项目描述】

监测项目应根据具体工程的特点来确定，主要取决于：工程的规模、重要性程度；地下工程的形状、尺寸、工程结构和支护特点；地应力大小和方向；工程地质条件；施工工序和方法。在尽量减少施工干扰的情况下，要能监控整个工程的主要部位的位移，包括各种不同地质单元和地下工程结构复杂部位。通过本项目的学习，要求掌握不同施工方法的监测项目及监测要求。

【拟实现的教学目标】

1. 能力目标
(1) 能够针对不同地铁工程施工项目确定其监测内容。
(2) 能够区分不同监测仪器。
2. 知识目标
(1) 掌握地铁工程监测项目的确定原则。
(2) 掌握各种施工方法的具体监测内容。
3. 素质目标
(1) 养成严谨务实的工作作风。
(2) 具备团队合作精神。
(3) 具备一定的协调、组织能力。

相关案例

上海地铁车站基坑内土体滑移事故

2001 年某日，工地上正在进行深基坑土方挖掘施工作业。下午，11 名工人下基坑开始在 14 轴至 15 轴处平台上施工。20 点左右，16 轴处土方突然发生滑坡，当时立即有 2 人被土方所掩埋，另有 2 人埋至腰部以上，其他 6 人迅速逃离至基坑上。现场项目部接到报告后，立即组织抢险营救。不久，16 轴至 18 轴处，发生第二次大面积土方滑坡。滑坡土方由 18 轴开始冲至 12 轴，将另外 2 人也掩埋，并冲断了基坑内 16 根钢支撑。事故发生后，虽经相关部门极力抢救，但被土方掩埋的 4 人终因窒息时间过长而死亡。

典型工作任务 2.1 明（盖）挖法工程监测

2.1.1 监测项目确定

1. 监测项目内容

针对地铁工程明（盖）挖法的工程监测，根据基坑工程围护结构特点及施工开挖方法，为掌握基坑开挖过程中开挖与支护的平衡关系，主要考虑监测支护结构体系中的桩（墙）、边坡、立柱、支撑、锚杆、土钉、顶板、井壁等，以及基坑内外部的地表、深层土体、地下水等对象，并对这些对象间的相互作用关系进行监测。明（盖）挖法基坑支护结构和周围岩土体监测项目主要有 19 项，见表 2 - 1。

表 2 - 1 明（盖）挖法基坑支护结构和周围岩土体监测项目

序号	监测项目	工程监测等级		
		一级	二级	三级
1	支护桩（墙）、边坡顶部水平位移	√	√	√
2	支护桩（墙）、边坡顶部竖向位移	√	√	√
3	支护桩（墙）体水平位移	√	√	△
4	支护桩（墙）体结构应力	△	△	△
5	立柱结构竖向位移	√	√	△
6	立柱结构水平位移	√	△	△
7	立柱结构应力	△	△	△
8	支撑轴力	√	√	√
9	顶板应力	△	△	△
10	锚杆拉力	√	√	√
11	土钉拉力	△	△	△
12	地表沉降	√	√	√
13	竖井井壁支护结构净空收敛	√	√	√
14	土体深层水平位移	△	△	△
15	土体分层竖向位移	△	△	△
16	坑底隆起（回弹）	△	△	△
17	支护桩（墙）侧向土压力	△	△	△
18	地下水位	√	√	√
19	孔隙水压力	△	△	△

注：√为应测项目，△为选测项目。

2. 监测项目选择

地铁工程中明（盖）挖法施工监测项目的选定，应根据基坑工程地质条件、围岩类别、围岩应力分布情况、基坑跨度、埋深、工程性质、开挖方法、支护类型等因素确定。主要监测项目选择如下。

支护桩（墙）、边坡顶部水平位移监测对反映整个基坑的安全稳定非常重要。支护桩（墙）、边坡顶部竖向位移也是反映基坑稳定性的一个较为重要的指标，在工程实际中软弱土地区变形量相对较大。支护桩（墙）体水平位移监测可反映出支护桩（墙）沿深度方向上不同位置处的水平变化情况，并且可以及时地确定支护桩（墙）体最大水平位移值及其深度，对于分析支护桩（墙）的稳定和变形发展趋势起着重要作用，因此一般为应测项目。

支护桩（墙）体结构应力监测能够较好地反映出施工过程中支护桩（墙）体的受力状态，对验证或修改设计参数具有较好的指导作用。由于该项目监测成本高，现场实施复杂，元器件成活率较低，因此一般为选测项目。

基坑内立柱的变形状态对反映支撑体系的稳定至关重要。立柱一旦变形过大会导致支撑体系失稳。因此，立柱的变形监测也是一项较重要的监测项目，立柱结构竖向位移为应测项目。

基坑水平支撑为支护桩（墙）提供平衡力，以使其在外侧土压力的作用下不至于出现过大变形，甚至倾覆。支撑轴力是反映基坑稳定性的重要指标，为应测项目；基坑采用锚杆进行侧壁的加固，其拉力变化也是反映基坑稳定性的重要指标，为应测项目。

地表沉降是综合分析基坑稳定及地层位移对周边环境影响的重要依据，且地表沉降监测简便易行，为应测项目。

地下水是影响基坑安全的一个重要因素，地下工程的破坏大都与地下水的影响有关，因此地下水位为应测项目。当基坑工程受到承压水的影响时，还应进行承压水位的监测。

基坑开挖是一个卸载的过程，随着坑内土体的开挖，坑底土体隆起也会越来越大，尤其是软弱土地区，过大的基底隆起会引起基坑失稳。因此，进行基坑底部隆起观测也十分必要。但由于目前坑底隆起（回弹）的监测方法和监测精度有限，故坑底隆起（回弹）监测为选测项目。

对土钉拉力、支护桩（墙）侧向土压力、孔隙水压力、土体分层竖向位移和深层水平位移进行监测，可以了解和掌握桩（墙）体实际受力情况和支护结构的安全状态，对设计和施工具有较好的指导意义，但由于成本较大、操作困难，当设计、施工需要或受力条件复杂时，可以选测。

2.1.2　监测频率与周期

1. 监测频率

明（盖）挖法监测频率需要考虑基坑设计深度、基坑开挖深度、监测数据变化等情况，结合监测对象和监测项目的特点、地质条件等综合确定。监测频率应使监测信息能够及时、准确、系统地反映监测对象变化规律及各监测项目或对象之间的内在联系，同时根据施工开挖状况、基坑设计深度等情况，定时监测，并根据监测数据的变化情况进行调整。对于设计深度较深的基坑，其支护体系设计刚度较大，在基坑开挖较浅时监测频率可比基坑设计深度较浅的频率低。明（盖）挖法基坑工程中的支护结构、周围岩土体和周边环境的监测频率见表2-2。

表2-2　明（盖）挖法基坑工程中的支护结构、周围岩土体和周边环境的监测频率

施工进度		基坑设计深度/m				
		≤5	5~10	10~15	15~20	>20
基坑开挖深度/m	≤5	1次/1天	1次/2天	1次/3天	1次/3天	1次/3天
	5~10	—	1次/1天	1次/2天	1次/2天	1次/2天
	10~15	—	—	1次/1天	1次/2天	1次/2天
	15~20	—	—	—	(1~2次)/1天	(1~2次)/1天
	>20	—	—	—	—	2次/1天

　　基坑开挖前施作支护结构和施工降水过程中，也会对周围岩土体及周边环境产生影响，因此该阶段也应进行监测工作，监测频率应根据预测和实际的沉降变形情况确定。

　　基坑开挖过程中，监测频率总体要求是基坑设计深度越大、开挖越深、地质条件和周边环境条件越复杂，监测频率越高。支护结构、周围岩土体和周边环境在正常条件下可以采用相同的监测频率。当监测对象的监测数据变化较快时，应提高监测频率。

　　基坑主体结构施作过程中，当拆除内支撑时，支护结构受力将发生变化，会给支护结构的稳定带来风险，此时可根据基坑实际深度和监测对象的变形情况适当提高监测频率。

　　根据明（盖）挖法工程特点，底板浇筑完成，基底相对稳定后，可根据监测情况适当降低监测频率；支护结构的支撑在拆除期间可增大监测频率。

　　在以下情况下，应适当提高现场监测或巡视频率：

　　（1）监测数据超出一定的范围或监测数据速率变化较大反映出工程结构受力状态或周围岩土体的异常变化时，极有可能出现工程风险；

　　（2）揭露出勘察时未发现的不良地质条件，如特殊砂层、溶洞、厚填土等，可能影响支护结构稳定；

　　（3）工程施工未按设计要求及时支护，对基坑受力平衡影响较大，严重时会引起结构失稳；

　　（4）异常的暴雨或长时间连续降雨会引起基坑周围岩土体含水量增加，给基坑受力带来影响；

　　（5）周边其他工程扰动也会引起基坑变形，受力变化，影响稳定。

2. 监测周期

　　明（盖）挖法工程监测周期需要覆盖整个工程影响期及工后一定时期，以便取得工程施工中工程结构的监测数据，用来指导施工。同时，还需要在工后一定时间内对周

围岩土体及周边环境进行稳定性监测以评价工程的后续影响。明挖基坑工程降水、围护结构施工等会对周边环境带来影响，引起周边环境的沉降、位移，尤其在软土地区较为明显，因此，明挖法基坑监测工作应从降水前或围护结构施工前开始取得初始值，支护结构监测项目在结构施工完成，无监测条件后停止；环境对象监测项目在稳定后停止监测，对既有铁路、地铁、城市道路、水利设施等的监测周期，政府或产权单位有明确规定要求的，应按要求周期监测。

2.1.3 明挖法工程监测案例

1. 工程概况

1）工程设计概况

某地铁车站为明挖岛式站台车站，与某国铁站主体结构同期建设，采用地下三层五柱六跨钢筋混凝土框架结构。车站一期工程总长为 226 m，车站标准段净宽为 47 m，最大放坡开挖深度为 39 m，基坑开挖深度为 6.78～11.3 m。标准段围护结构采用 ϕ1 000@1 300 钻孔桩围护结构，围护桩顶设 1 300×1 000 冠梁。西端头井区域采用 ϕ1 000@1 500 钻孔桩围护结构，竖向设置 2 道支撑，第 1 道为钢筋混凝土支撑，第 2 道为 ϕ609，t = 16 mm 钢管支撑，桩间挂网喷射混凝土封闭。基坑外为 ϕ800 高压旋喷桩，与车站围护桩共同形成止水帷幕。基坑场坪标高 86.1 m 以上部分采用放坡开挖的围护结构形式（见图 2-1）。

2）工程地质情况

场址范围属剥蚀丘陵地貌，覆盖层为第四系土层，其下为第三系半成岩、泥岩、粉砂质泥岩、泥质粉砂岩、粉砂岩。场地内的强风化泥岩、黏土、粉质黏土具有中等—强胀缩性，地基为胀缩变形较大的膨胀岩土地基。由于膨胀岩土的亲水性和胀缩性，在季节性降雨、太阳暴晒等气候干湿变化的影响下，岩土体干缩水胀产生胀缩变形。反复胀缩导致土层抗剪强度下降，在有荷载或自重等力作用下，易引发边坡崩塌、滑坡等地质灾害。

地下水主要为基岩裂隙孔隙水，其中承压水（三）赋存于下伏第三系半成岩状态的以粉砂岩为主的粉砂岩、泥质粉砂岩⑦$_{2-3}$层的裂隙及孔隙中，稳定水位标高为 81.59～96.85 m。基岩裂隙孔隙水总体水量不大，主要来自大气降水及附近地表水体入渗补给，沿含水层渗流排泄，每年 4—10 月为雨季，降雨充沛，地下水位明显上升，冬季因降雨减少，地下水位随之下降。边坡开挖时不进行降水，则采用坑内明排法。

3）施工进度

本工程于 2011 年 8 月完成放坡开挖，2011 年 12 月开始围护施工及基坑土方开挖，2012 年 4 月基坑开挖至底，开始施作底板。

2. 监测内容及要求

本工程主要仪器监测项目有边坡顶部水平位移（简称坡顶水平位移）、支护桩（墙）顶部水平位移（简称桩顶水平位移）、支护桩（墙）体水平位移（简称桩体水平位移）、支撑轴力、地表沉降、地下水位等，同时采用现场巡视的手段，对基坑开挖自身结构及周边环境的安全状态进行观察。现场监测对象、监测项目、监测精度、控制值及监测频率见表 2-3，现场巡视对象、内容及频率见表 2-4。

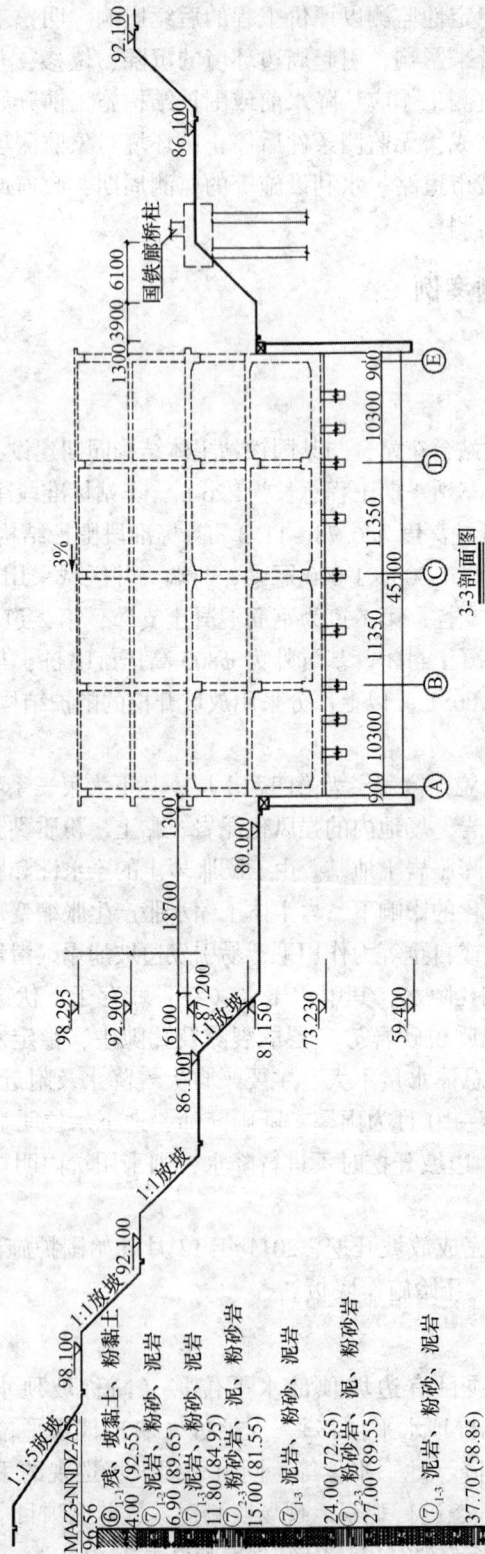

图 2 - 1　基坑围护结构形式

表 2-3　现场监测对象、监测项目、监测精度、控制值及监测频率

序号	类别	监测对象	监测项目	监测精度	控制值	监测频率
1	周边环境	明挖基坑周围岩土体、水体	地表沉降	1.0 mm	累计值 25 mm	基坑开挖期间 H≤5 m，1 次/3 天；5 m<H≤10 m，1 次/2 天；H>10 m，1 次/天；基坑开挖完成以后 1~7 天，1 次/天；7~15 天，1 次/2 天；15~30 天，1 次/3 天；30 天以后，1 次/周；经数据分析确认达到基本稳定后 1 次/月
2			土体水平位移	1.0 mm	累计值 30 mm，变化速率 5 mm/d	
3			地下水位	5.0 mm	累计值 1 000 mm，变化速率 500 mm/d	
4	支护结构体系	主基坑	坡顶水平位移	1.0 mm	累计值 30 mm，变化速率 5 mm/d	
5			桩顶水平位移	1.0 mm	累计值 25 mm，变化速率 2 mm/d	
6			桩体水平位移	1.0 mm	累计值 30 mm，变化速率 2 mm/d	
7			支撑立柱沉降	1.0 mm	累计值 12 mm	
8			支撑轴力	1.0% FS	混凝土支撑 221 kN	

注：H 为基坑开挖深度。

表 2-4　现场巡视对象、内容及频率

序号	类别	巡视对象	巡视内容	巡视频率
1	周边环境	明挖基坑周边地表、边坡	地面：①地面裂缝；②地面沉陷、隆起 边坡：①挂网喷锚施作及时性；②边坡坡度是否符合设计要求；③坡脚排水沟的排水是否流畅；④边坡是否安全稳定	同现场监测频率
2	支护结构体系	明挖基坑	①围护结构体系有无裂缝、倾斜、渗水、坍塌；②支护结构体系施作的及时性、支撑拆除施工工艺；③基坑周边堆载情况；④地层情况；⑤地下水控制情况；⑥地表积水情况等	

3. 监测方法及测点布设

1) 桩顶水平位移

(1) 监测方法。桩顶水平位移监测使用 TCA1800 全站仪，在场区相对稳定位置设置 4 个强制对中工作基点，与 GPS 控制网点联测，在工作基点设站，对监测点采用极坐标法观测。

(2) 基准点及测点布设。基坑南北两侧围护结构顶部每 20 m 左右布设 1 个测点，西侧盾构井及阳角位置进行加密；由于基坑东西两侧较宽，各布设 2 个测点；共布设 29 个测点。监测点采用强制对中标识。

2）坡顶水平位移

（1）监测方法。与桩顶水平位移监测方法相同。

（2）基准点及测点布设。在每一级边坡的坡顶均布设监测点，每20 m左右布设1个测点。本工点共布设21个测点。监测点采用强制对中标识。

3）桩体水平位移

（1）监测方法。埋设测斜孔，使用CX - 06A测斜仪测读。

（2）测点布设。基坑南北两侧围护结构顶部每40 m左右布设1个测孔，西侧盾构井及阳角位置进行加密；由于基坑东西两侧较宽，各布设2个测孔。本工点共布设19个测孔。

4）支撑立柱沉降

（1）监测方法。在立柱结构上焊接沉降观测点，使用水准仪观测。

（2）测点布设。由于本基坑仅在西侧位置有18根支撑立柱，因此，在斜撑位置的支撑立柱及直撑位置的支撑立柱上分别布设4个和3个测点。本工点共布设7个测点。

5）支撑轴力

（1）监测方法。埋设钢筋计传感器，使用振弦式频率读数仪量测。

（2）测点布设。由于本基坑只在西侧位置设置有混凝土支撑和第二层钢支撑，故在混凝土支撑的斜撑与直撑上共布设4个测点。

6）土体水平位移

（1）监测方法。埋设测斜孔，使用CX - 06A测斜仪测读。

（2）测点布设。在每一级边坡的坡顶均匀布设测孔，测孔布置在与桩体测斜同断面的位置及转角等位置，测孔深度按照设计要求为本级边坡坡底以下3 m深度位置。本工点共布设35个测孔。

7）地下水位

（1）监测方法。埋设水位观测孔，使用钢尺水位计测读。

（2）测点布设。在基坑南北两侧按照80 m左右间距进行布点，在东西两侧短边中点进行加密，本工点共布设10个水位监测孔。

8）地表沉降

（1）监测方法。变形监测高程基准网（点），采用水准测量方法，以地铁施工高程系统为基础建立，在远离基坑北侧、南侧各200 m以外的稳固位置共布设4个基准点，在距离基坑100 m以外的位置布设4个工作基点以便于现场作业，并定期进行联测。高程基准网由高程基准点和工作基点组成，布设成局部的独立网，同观测点一起布设成闭合环。按《工程测量规范》二等垂直位移监测技术要求监测。

（2）测点布设。在基坑围护结构附近的第一级平台上按照边坡宽度分别布设一排和两排测点，排距为5 m，并布设2个断面，断面以5 m和10 m的排距布设三排测点；第二级平台上南北两侧以5 m的排距布设两排测点，并布设2个断面，基坑东西两侧以5 m、10 m、10 m间距布设4排测点；其他各级平台在转角、中点等位置各布设一个测点；本工点共布设141个测点。

基坑监测布点图如图2 - 2所示。

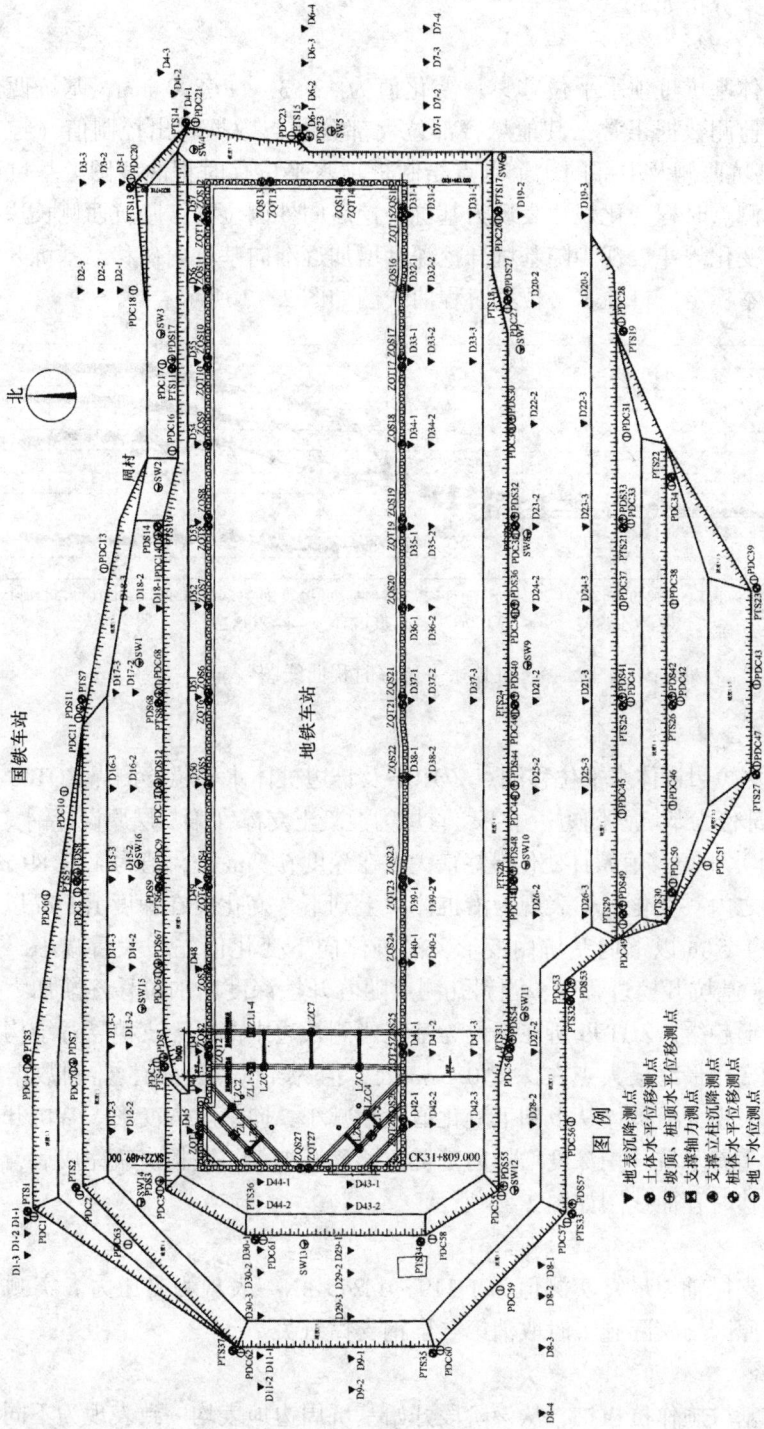

图 2 - 2　基坑监测布点图

4. 监测成果分析

部分监测成果分析如下。

1）桩顶水平位移

监测期间主体基坑桩顶水平位移累计变化值为 −9.3 ~ +68.0 mm，基坑西侧有混凝土支撑的部位监测数据正常，其他悬臂部位大部分测点数据超出控制值（控制值为 25 mm）。选取基坑西侧及中部的 4 个测点绘制桩顶水平位移时程曲线图，基坑西侧短边桩顶水平位移测点时程变化规律表现为基坑开挖后向外侧位移，基坑西侧长边桩顶水平位移测点时程变化规律表现为随基坑开挖深度增加逐渐向基坑内位移，基坑开挖至基底后监测数据基本稳定。桩顶水平位移时程曲线图如图 2−3 所示。

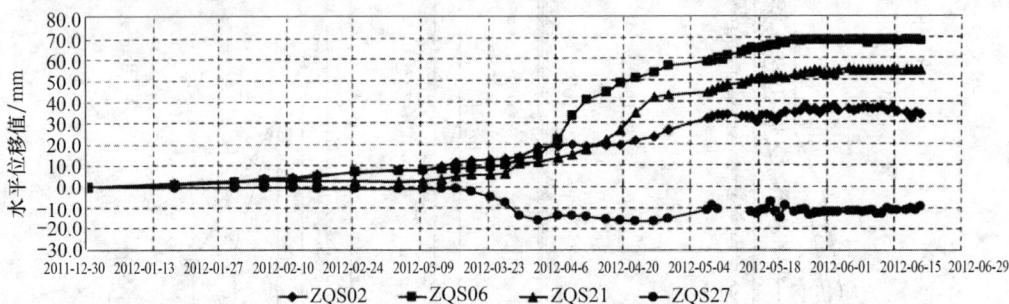

图 2−3　桩顶水平位移时程曲线图

2）桩体水平位移

选取基坑西侧短边桩体水平位移测点 ZQT01 及长边桩体水平位移测点 ZQT06 进行分析。ZQT01 所在部位为基坑西侧短边中部，首层为混凝土支撑（第二层原设计钢支撑，施工时取消），桩体水平位移值累计变化最终最大点在深度 6.5 m 处，值为 +13.89 mm，监测数据在控制值之内。变化规律表现为沿桩体从上到下，变化值在深度 1.5 m 以内向基坑外变形，深度 1.5 m 以下向基坑内变形，沿桩体向下变化值先增大后减小，在深度 1/2 处达到最大。基坑开挖过程中，测斜孔测点随着开挖深度增加位移逐渐加大，底板浇筑完成后，变形趋缓。ZQT06 所在部位为基坑西侧长边中部，无支撑悬臂结构，桩体水平位移值累计变化最终最大点在深度 0.5 m 处，值为 +66.43 mm，监测数据超过控制值。变化规律表现为沿桩体从上到下变化值逐渐减小，向基坑内变形。基坑开挖过程中，测斜孔测点随着基坑开挖深度增加向基坑位移逐渐加大，底板浇筑完成后，变形趋缓。桩体水平位移时程曲线图如图 2−4 所示。

3）支撑轴力

西侧混凝土支撑轴力最终实测值为 1 119 ~ 1 245 kN，表现为受压力。实测值与设计值相差较大，原因与实际施工时取消第二层钢支撑有关。

4）地表沉降

施工开挖前基坑施作抗拔桩，从该阶段开始基坑周边地表均一致表现为不同程度的隆起，至 2012 年 6 月中旬，隆起量在 30 mm 左右。地表隆起与抗拔桩施作、场区土方削坡后续地基回弹、基坑土方开挖、雨季膨胀性土吸收水分等原因相关，结构施工后隆起变形仍在持续。基坑周边地表沉降时程曲线图如图 2-5 所示。

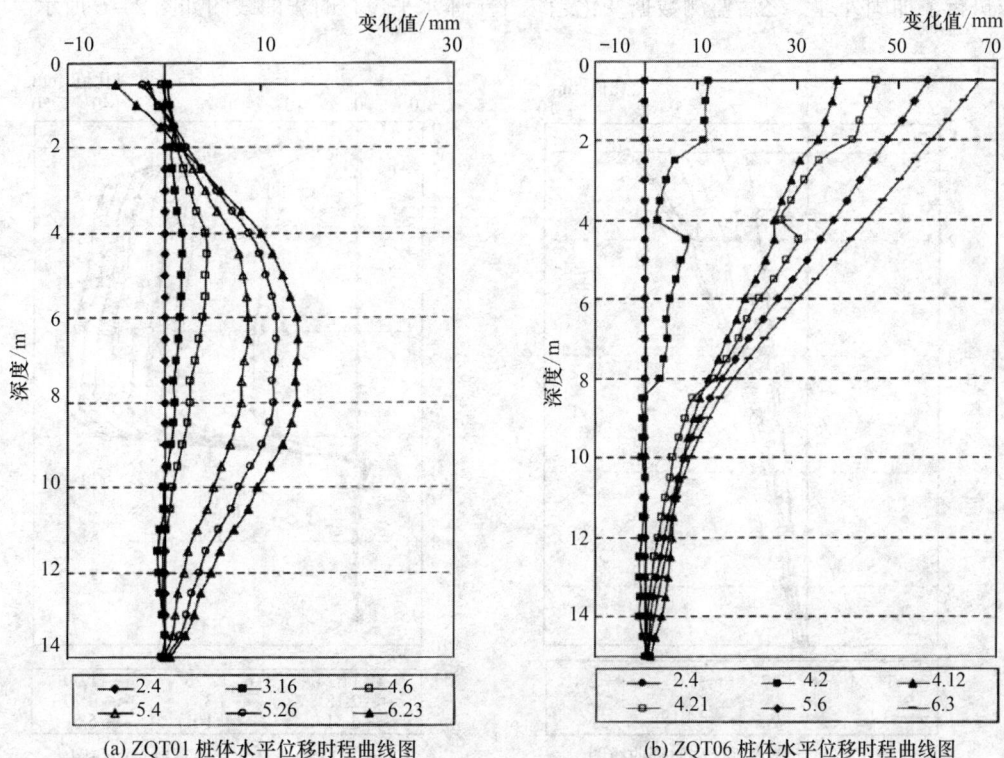

(a) ZQT01 桩体水平位移时程曲线图

(b) ZQT06 桩体水平位移时程曲线图

图 2-4　桩体水平位移时程曲线图（ZQT01、ZQT06）

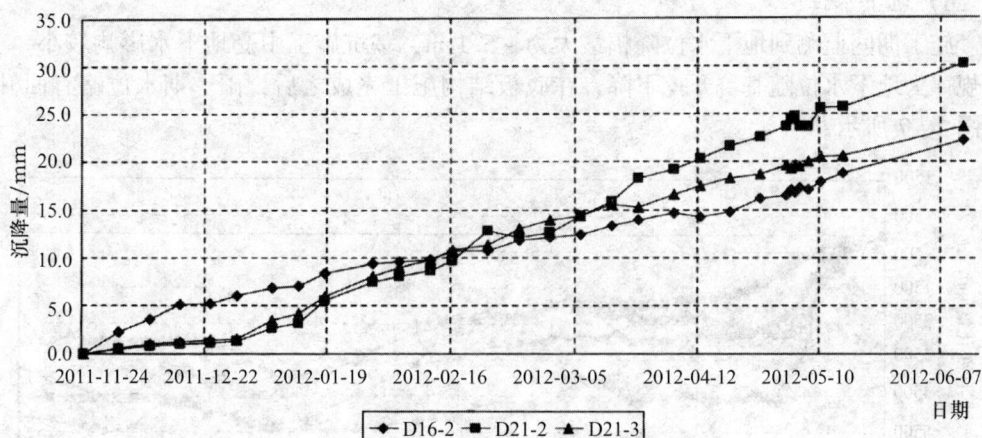

图 2-5　基坑周边地表沉降时程曲线图

5）土体水平位移

基坑放坡开挖部位土体水平位移测点大部分变化比较正常，如 PTS08 测斜孔，累计最大位移在控制值范围内，从上到下变形比较规律，表明该处深部土体相对稳定。PTS20

测斜孔于2011年12月至2012年2月观测到深部土层出现滑移面，发布监测预警后施工单位进行了加固处理，之后监测数据变化趋缓。土体水平位移时程曲线图如图2-6所示。

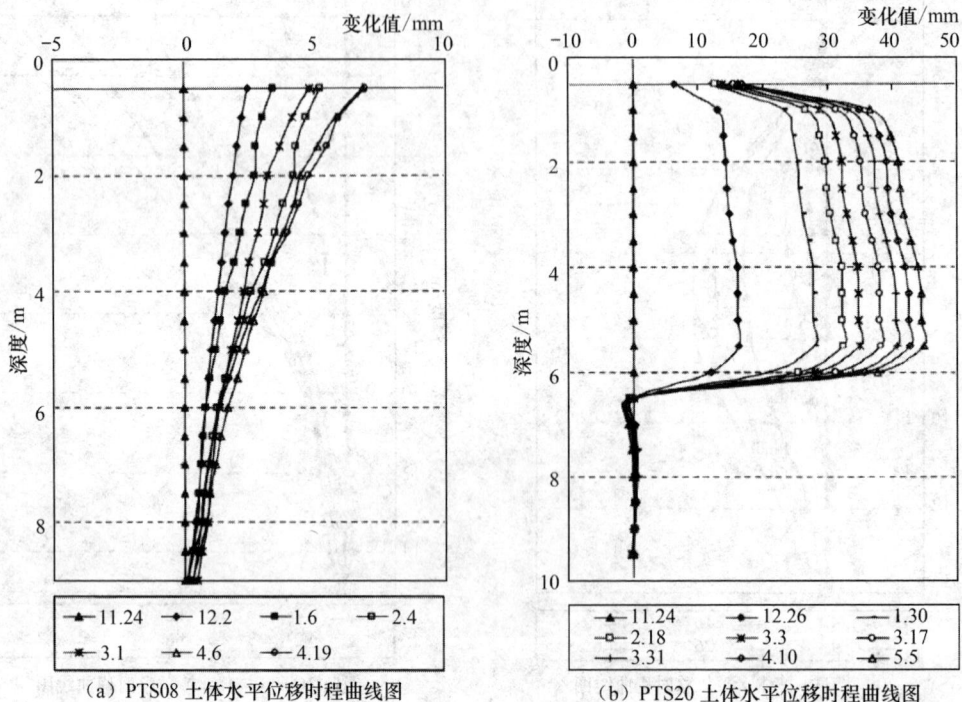

（a）PTS08土体水平位移时程曲线图　　　　　（b）PTS20土体水平位移时程曲线图

图2-6　土体水平位移时程曲线图

6）地下水位

施工期间监测到地下水位降幅最大为-5.1 m，基坑施工中受地下水影响较小。变化规律为地下水位随基坑开挖下降，在底板结构施工完成之后，雨季期水位略有回升，如图2-7所示。

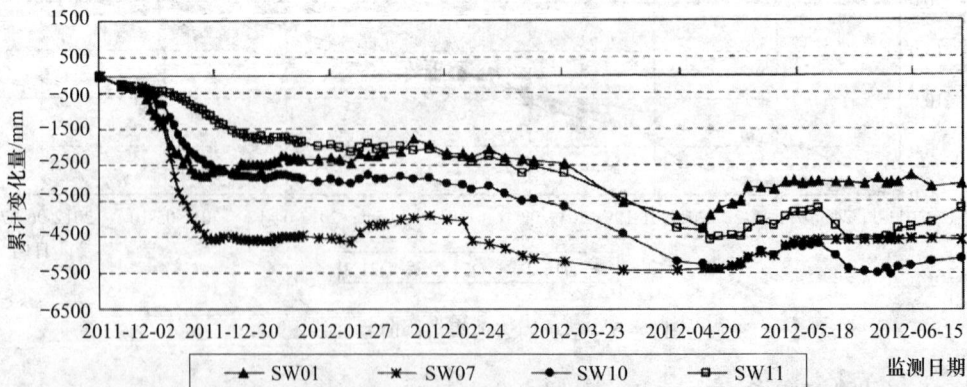

图2-7　地下水位时程曲线图

7） 现场巡视

重点对坡面的稳定性进行了巡视，2011年12月日常巡视中发现PTS20测斜孔附近的坡面出现多条横向和竖向裂缝，基坑东北角86 m标高平台上方坡面有渗水，对应监测数据分析认为有滑移面，对此情况进行了预警反馈。巡视发现的坡面裂缝及坡面渗水情况如图2-8所示。

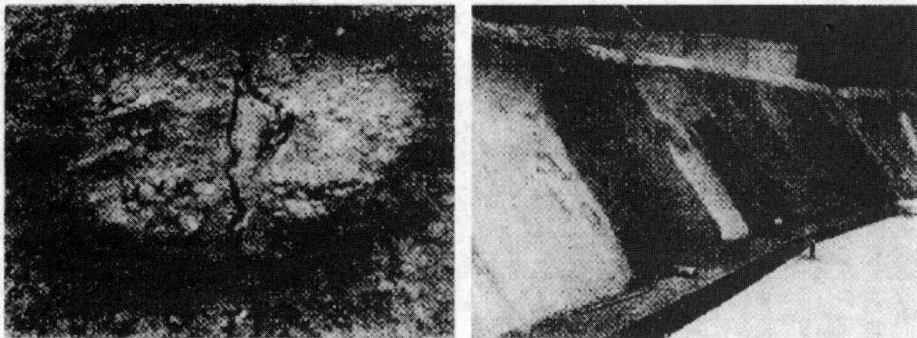

图2-8 坡面裂缝及坡面渗水情况

5. 小结

（1）本案针对放坡开挖与钻孔桩围护结构形式的基坑，重点考虑了边坡与土体及基坑围护结构的稳定性监测要求，设置了土体水平位移、坡顶水平位移、地表沉降、地下水位、桩体水平位移、桩顶水平位移、支撑轴力等监测项目，各监测项目形成了完整的监测体系。

（2）场区泥岩、粉砂质泥岩⑦$_{1-1}$层、⑦$_{1-2}$层和⑦$_{1-3}$层膨胀等级为强胀缩土，受削坡及开挖卸载、4月份雨季后降水吸水膨胀等影响，表现为地表持续隆起，通过监测数据判断为整个场区的回弹，局部差异不大，对边坡及围护结构的整体影响较小，仅在局部部位发现一处土体深层滑移部位，采取控制措施后趋稳。

（3）工程实际施工时，基坑西侧取消了第二层钢支撑，基坑土体开挖较快，个别部位底板结构施工不及时，监测数据反映出围护结构出现变形，部分数据超出控制值。通过对围护变形超标部位预警及加密监测，为施工单位采取控制措施及对结构的安全状态判别提供了参考，保证工程进度与安全的协调。

典型工作任务2.2 矿山法工程监测

2.2.1 监测项目确定

1. 监测项目内容

根据地铁工程矿山法支护结构特点及施工开挖方法，施工监测需要掌握隧道开挖与支护的平衡关系，通过对隧道支护结构体系中的初期支护结构拱顶、结构底板、结构净空、中柱结构，以及隧道外部的地表、深层土体、地下水等对象及这些对象间的相互作用关系进行监测，掌握监测数据时间与空间上的变化，来动态调整支护参数指导信息化施工。矿山法隧道支护结构和周围岩土体监测项目见表2-5。

表2-5　矿山法隧道支护结构和周围岩土体监测项目

序号	监测项目	工程监测等级		
		一级	二级	三级
1	初期支护结构拱顶沉降	√	√	√
2	初期支护结构底板竖向位移	√	△	△
3	初期支护结构净空收敛	√	√	√
4	隧道拱脚竖向位移	△	△	△
5	中柱结构竖向位移	√	√	△
6	中柱结构倾斜	△	△	△
7	中柱结构应力	△	△	△
8	初期支护结构、二次衬砌应力	△	△	△
9	地表沉降	√	√	√
10	土体深层水平位移	△	△	△
11	土体分层竖向位移	△	△	△
12	围岩压力	△	△	△
13	地下水位	√	√	√

注：√为应测项目，△为选测项目。

2. 监测项目选择

监测项目应根据隧道工程地质条件、围岩类别、围岩应力分布情况、隧道跨度、埋深、工程性质、开挖方法、支护类型等因素确定。主要监测项目选择如下。

初期支护结构拱顶部位是受力的敏感点，其沉降大小反映了初期支护结构的稳定和上覆地层的变形情况，是控制初期支护结构安全及地层变形的关键指标。因此，初期支护结构拱顶沉降为应测项目。

随着隧道内岩土体的开挖卸载，隧道内外形成一个水土压力差，会使初期支护结构底板产生一定的隆起，进行初期支护结构底板竖向位移监测可以及时了解隧道结构的变形状况。因此，初期支护结构底板竖向位移为应测项目。

初期支护结构净空收敛是指隧道拱顶、拱脚及侧壁之间的相对位移，其监测数据直接反映了围岩压力作用下初期支护结构的变形特征及稳定状态，是检验开挖施工和支护设计是否合理的重要指标。因此，初期支护结构净空收敛为应测项目。

中柱结构倾斜主要是监测中柱在偏心荷载作用下沿水平方向的相对位移，中柱结构应力主要是监测其受力是否超过设计强度，同时也要考虑中柱的偏心荷载情况。一般情况下中柱结构倾斜及应力可作为选测项目。当中柱存在偏心荷载，如采用PBA工法时，在扣顶部大拱的过程中，边拱和中拱按照要求不能同步施工，导致中柱水平受力不平衡。在这种情况下需要根据偏心荷载的大小增加中柱（钢管柱）沿横断面方向的倾斜监测项目。

初期支护结构、二次衬砌应力监测的目的是了解初期支护结构和二次衬砌的变形特征和应力状态，掌握初期支护结构和二次衬砌所受应力的大小，可为设计提供依据，该监测项目可根据需要确定。

地表沉降一方面能反映工程施工质量的控制效果，另一方面能反映工程施工对周围岩土体及周边环境的影响程度，对工程安全尤为重要。因此，地表沉降为应测项目。

由于隧道施工对岩土体的扰动是由开挖面经岩土体传递到地表的，土体深层水平位移和土体分层竖向位移监测可掌握岩土体在不同深度处的位移大小，了解围岩的扰动程度和范围，对围岩支护及周边环境保护具有很好的指导作用。由于土体深层水平位移和土体分层竖向位移监测操作较为复杂，成本较高，可根据需要确定。

通过围岩与初期支护结构间接触应力监测，可掌握围岩作用在初期支护结构上荷载的变化及分布规律，对指导施工和设计具有很好的参考价值。由于目前围岩压力监测成本较高，传感器埋设困难，可根据需要确定。

地下水的存在对暗挖施工影响很大，一方面给施工增加难度，另一方面也会给施工安全带来威胁。地下水位观测是监控地下水位变化最直接的手段，根据监测到的水位变化可及时采取应对措施，预防事故的发生，因此，地下水位为应测项目。

2.2.2 监测频率与周期

1. 监测频率

矿山法工程监测频率的确定与暗挖结构工法形式、施工工况、工程所处的地质条件、周边环境条件，以及监测对象和监测项目自身特点等密切相关。施工开挖部位前5倍洞径与后2倍洞径范围受开挖土体扰动及岩土体加固等扰动较明显，在此范围内需保证足够的监测频率。

同时，监测频率与投入的监测工作量和监测费用有关，在制定监测频率时，既要考虑不能错过监测对象的重要变化时刻，又要合理布置工作量，控制监测费用。选择科学、合理的监测频率有利于监测工作的有效开展。矿山法工程监测频率见表2-6。

表2-6 矿山法工程监测频率

监测部位	监测对象	开挖面与监测断面的水平距离	监测频率
开挖面前方	周围岩土体和周边环境	$2B < L \leqslant 5B$	1次/2天
		$L \leqslant 2B$	1次/天
开挖面后方	初期支护结构、周围岩土体和周边环境	$L \leqslant B$	(1~2次)/天
		$B < L \leqslant 2B$	1次/天
		$2B < L \leqslant 5B$	1次/2天
		$L > 5B$	1次/(3~7天)
		监测数据趋于稳定	1次/(15~30天)

注：(1) B 为隧道或导洞开挖宽度，m；L 为开挖面与监测断面的水平距离，m。

(2) 当拆除临时支撑时应增大监测频率。

(3) 地下水位监测频率为1次/2天。

在矿山法工程施工过程中，为保证工程施工的安全或方便施工，往往都要采用其他的辅助工法，如施工降水或注浆加固等。这些辅助工法的实施也会对周围岩土体及周边环境产生影响。当采用辅助工法时，需根据环境对象的重要程度和预测的变形量大小调整监测频率，周边环境对象较为重要且预测影响较大时，应适当提高监测频率。结构受力转换阶段风险较大，如马头门施工、扣拱施工、变断面、挑高段施工等阶段要适当加密监测频率。

矿山法工程的监测频率应根据隧道或导洞的开挖宽度、开挖面距监测断面的水平距离确定。在拆除临时支撑时或地质条件较差的情况下，初期支护结构容易出现较大的变形，为避免危险的发生，需要适当提高监测频率。

2. 监测周期

矿山法工程监测的周期一般从工程开挖前或降水施工前开始，至工程二次结构施工完成，周边环境稳定为止，涉及产权单位的环境对象监测周期要求与明挖法要求相同。

矿山法监测变形的监测周期应以能系统地反映隧道结构自身及周边环境在施工建设期的变形过程，且又不遗漏其变化时刻为原则，根据单位时间内变形量值的大小及外界因素的影响程度来确定。当发现变形值较大或出现异常数据时，应及时增加观测次数，延长监测周期。根据工地实际情况，结合各方的意见，在监测数据位移量较小、变形趋于稳定时，观测间隔可适当放宽，监测周期缩短。

另外，监测周期的长短直接涉及一定的经济效益，为了使投入在满足精度、工程安全需要的前提下尽量减少，合理地确定监测周期是工程监测的关键环节。

2.2.3 矿山法工程监测案例

1. 工程概况

地铁某区间隧道采用矿山法施工，隧道结构为平顶直墙结构，跨度为 5.8 m，高为 4.9 m，拱顶覆土 4.0 ~ 4.5 m。施工中采用临时中隔壁左右导洞法开挖，左右导洞均采用台阶法施工，台阶长度控制在 3 m 左右，左右导洞间距约为 20 m。

暗挖段左右导洞分别于某年 7 月 29 日和 8 月 11 日顺利贯通，初期支护施作完成，暗挖段掌子面地层以黏土层为主，偶有少量回填土，左右导洞下台阶局部有粉细砂层，拱脚间或有少量渗水；左右导洞 K0 + 028.0 ~ K0 + 048.0 段拱顶初期支护有少量渗水。

2. 监测内容及要求

针对本矿山法工程，主要进行了地表沉降、净空收敛和拱顶沉降的监测。监测频率为隧道开挖期间每天监测 1 次。监测控制指标地表沉降为 30 mm，净空收敛为 20 mm，拱顶沉降为 30 mm。现场监测对象、监测项目、监测精度、控制值及监测频率如表 2 - 7 所示。现场巡视对象、内容及频率如表 2 - 8 所示。

3. 监测方法及测点布设

主要监测项目的监测方法及测点布设如下。

1）地表沉降

地表沉降能准确反映隧道施工对环境的影响状态，根据现场实际情况，地表沉降监测重点为隧道斜穿的重要道路部位，地表测点沿该道路在两侧辅路和路中隔离带上布设三排测点，测点采用螺纹钢筋（φ22，长1 m），用钻孔法埋入，使钢筋埋入原土层以下，并用红油漆标记并统一编号。

表2-7　现场监测对象、监测项目、监测精度、控制值及监测频率

序号	类别	监测对象	监测项目	监测精度	控制值	监测频率
1	周边环境	隧道周边地表	地表沉降	1.0 mm	累计值30 mm	隧道开挖期间，每天1次
2	支护结构体系	初期支护结构	净空收敛	1.0 mm	累计值30 mm	
3			拱顶沉降	1.0 mm	累计值30 mm	

表2-8　现场巡视对象、内容及频率

序号	类别	巡视对象	巡视内容	巡视频率
1	周边环境	隧道周边地表	地表有无沉陷或裂缝	同现场监测频率
2	工程自身	明挖基坑	①暗挖隧道开挖步距；②开挖面地质特性、岩性或土性；③掌子面核心土保留情况，土体加固情况，有无剥落或坍塌；④格栅接头连接是否可靠，初期支护施作是否及时规范，结构有无裂缝或剥离；⑤地下降水、排水效果；⑥漏水情况；⑦周边有无邻近工程扰动等	

地表沉降监测布点平面图如图2-9所示，地表监测布点剖面图如图2-10所示。

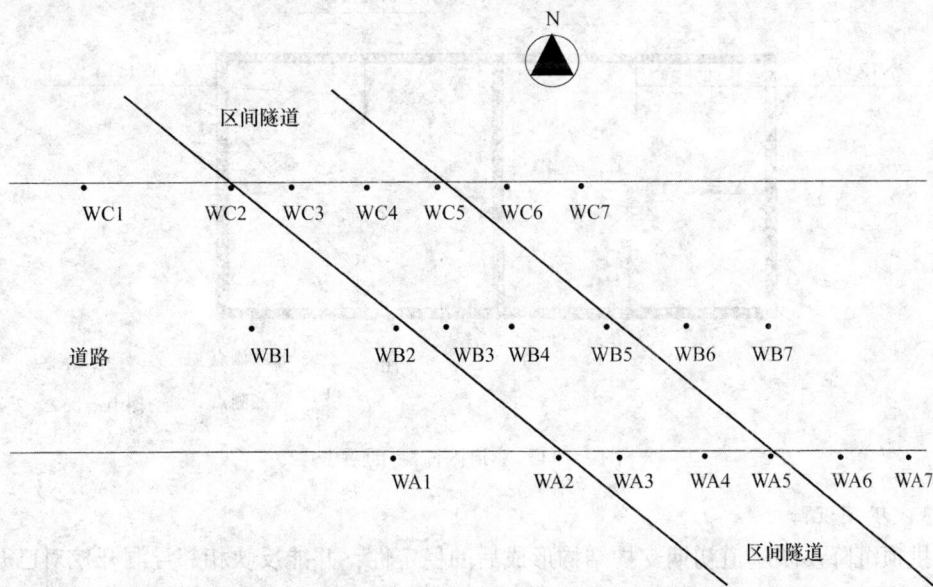

图2-9　地表沉降监测布点平面图

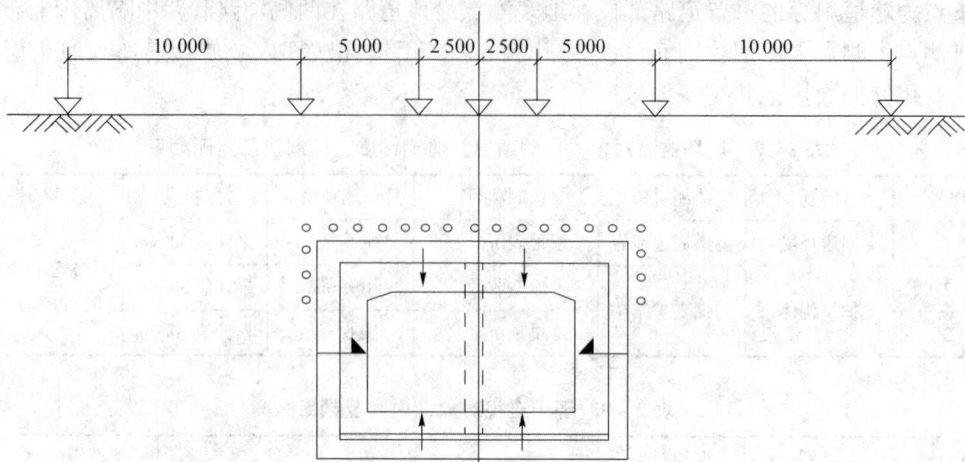

图 2-10　地表监测布点剖面图

2）净空收敛

沿隧道纵向在左右导洞间隔 5 m 处布设净空收敛监测断面，因左右导洞均采用短台阶法施工，测点均在上台阶拱脚位置水平埋设。测点选用 $\phi 22$ 螺纹钢筋（一端带三角环，预先加工好），在喷混凝土之前直接焊接在上台阶两侧的格栅主筋上，外露长度约为 5 cm，初期支护施作后用红油漆或标志牌标记并统一编号。隧道内监测布点图如图 2-11所示。

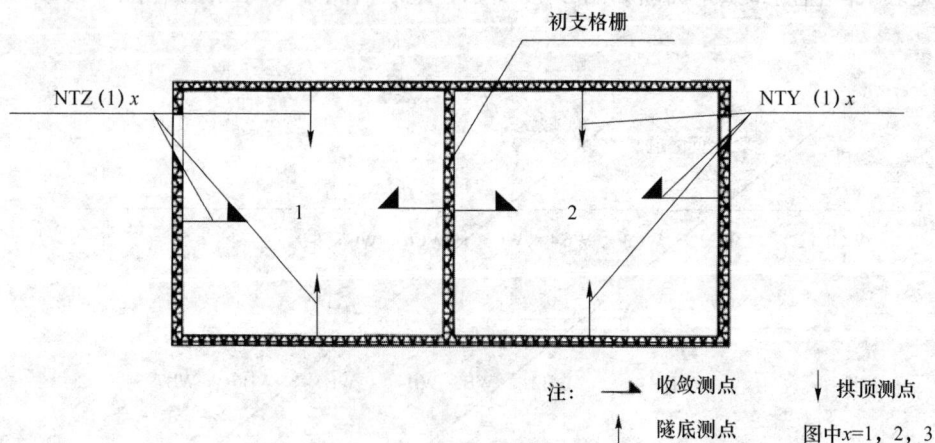

注：　→ 收敛测点　　↓ 拱顶测点
　　↑ 隧底测点　　图中x=1，2，3

图 2-11　隧道内监测布点图

3）拱顶沉降

拱顶沉降反映隧道初期支护结构形成后的稳定性，并能反映相邻导洞开挖对已开挖导洞的影响，因此，其监测的重要性在隧道开挖过程中很大。左右导洞在隧道纵向间隔 5 m 处布设拱顶沉降监测点，选用 $\phi 22$ 螺纹钢筋（一端带三角环，预先加工好），在喷混凝土之前直接焊接在上台阶拱顶的格栅主筋上，外露长度约为 5 cm，初期支护施作后用红油漆或标志牌标记并统一编号，如图 2-11 所示。

42

4. 监测成果分析

1) 地表沉降

截至 8 月 14 日区间隧道地表沉降测点 WC 断面、WB 断面、WA 断面累计沉降最大值分别为 −16.00 mm、−25.87 mm、−18.99 mm。

WC 断面、WB 断面、WA 断面沉降槽曲线图分别如图 2−12、图 2−13 和图 2−14 所示。分别选取 WC 断面、WB 断面、WA 断面中的累计沉降量最大的测点作沉降历时曲线图，如图 2−15、图 2−16 和图 2−17 所示。

由图 2−12 ~ 图 2−17 中监测数据及相关曲线分析可知：

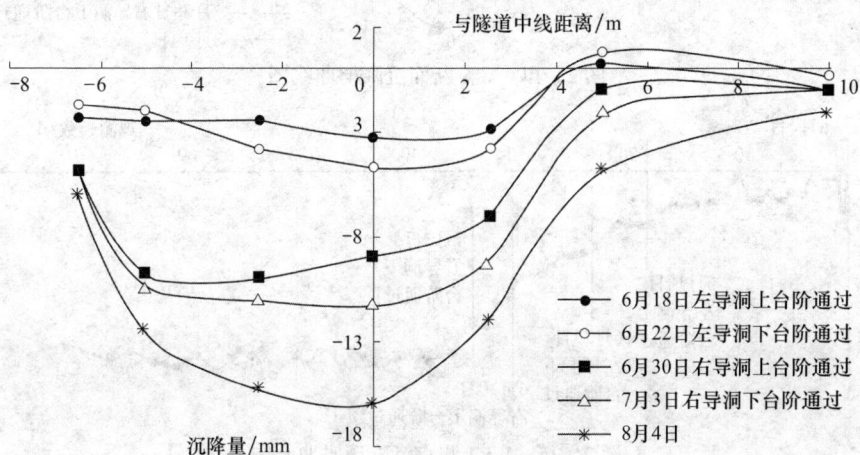

图 2−12 WC 断面沉降槽曲线图

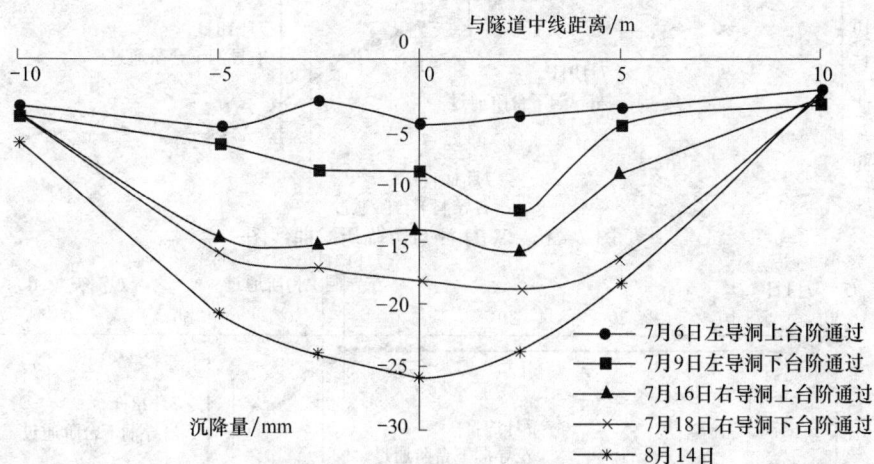

图 2−13 WB 断面沉降槽曲线图

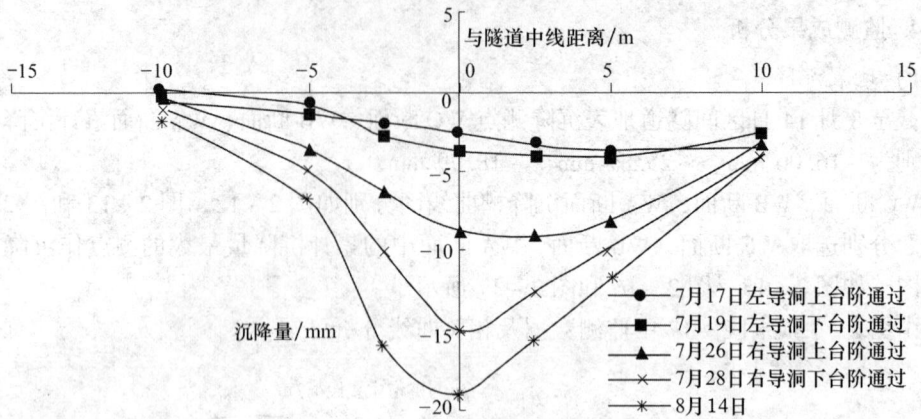

图 2-14 WA 断面沉降槽曲线图

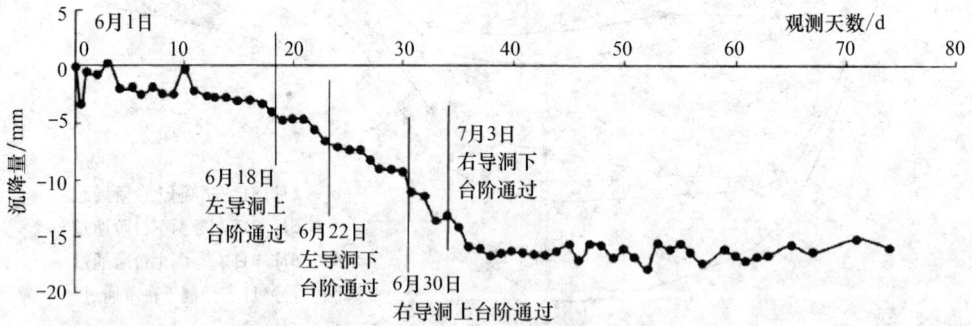

图 2-15 WC4 测点沉降历时曲线图

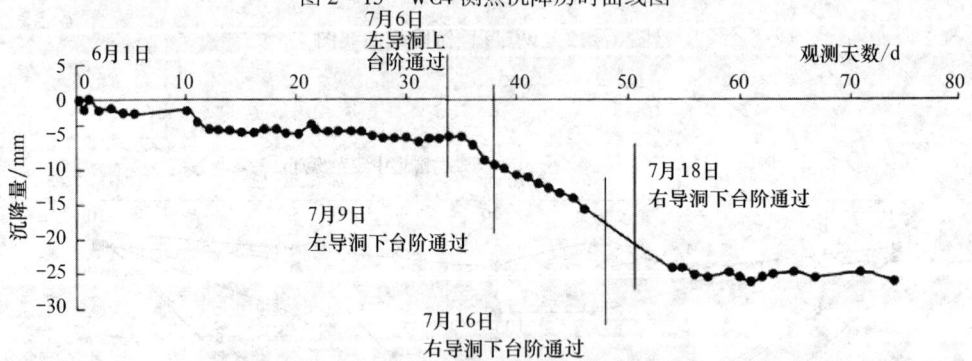

图 2-16 WB4 测点沉降历时曲线图

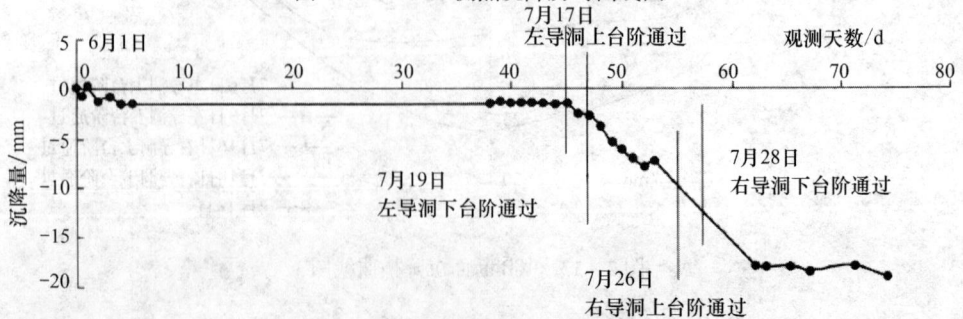

图 2-17 WA4 测点沉降历时曲线图

（1）矿山法施工工序对地层变形的影响规律较明显，从左右导洞上下台阶相继通过 WC、WB、WA 断面各个施工段内地表沉降值占最终稳定的累计地表沉降值（简称最终沉降值）的比例（见表2-9）看，断面地表沉降的发展分5个阶段，即超前沉降，左导洞上下台阶通过阶段、左导洞通过与右导洞上台阶通过阶段、右导洞上下台阶通过阶段、后期沉降稳定阶段，各阶段百分比分别为：18%、10%、26%、17%、29%。可见，后期沉降稳定阶段的百分比最大，这与拱顶初期支护施作后的渗水有关，因此，加强初期支护背后跟踪注浆是控制浅埋隧道地表沉降的有效手段之一。

表2-9 地表各时刻及各阶段沉降百分比统计表

阶段	时刻	WC 断面	WB 断面	WA 断面	各时刻平均百分比	各阶段百分比
超前沉降	左导洞上台阶通过	20.40%	20.80%	13.50%	18%	18%
左导洞上下台阶通过阶段	左导洞下台阶通过	28.70%	35.60%	19.80%	28%	10%
左导洞通过与右导洞上台阶通过阶段	右导洞上台阶通过	56.10%	53.50%	53.60%	54%	26%
右导洞上下台阶通过阶段	右导洞下台阶通过	70.30%	69.70%	73.30%	71%	17%
后期沉降稳定阶段	沉降稳定	100%	100%	100%	100%	29%

（2）从表2-9可看出，隧道开挖对地表沉降的超前影响也较大，该阶段沉降值占最终沉降值的18%，在5个阶段中仅次于后期沉降稳定阶段和左导洞通过与右导洞上台阶通过阶段。对隧道开挖的超前及滞后距离进行统计（见表2-10），结合隧道开挖尺寸分析，得到超前、滞后的影响范围分别为1~2倍洞径、2~3倍洞径。

表2-10 隧道开挖超前和滞后距离统计表

项目	WC 断面	WB 断面	WA 断面	平均值	隧道内径	与洞径的比值
超前距离/m	5.8	7.1	6	6.3	5.8×4.9	1.09
滞后距离/m	9.1	11.1	10.4	10.2	5.8×4.9	1.76

（3）从平顶直墙结构的浅埋隧道开挖地层损失（见表2-11）分析，其地层损失平均值为0.79%，比一般圆形隧道的地层损失值（VL=1.4%，该值为黏土地层浅埋隧道地层损失的统计值）小，可见，在充分理解、贯彻浅埋暗挖法的实质后，区间隧道的施工工艺是成熟的、成功的。同时，该结论也可以推测后期浅埋暗挖隧道施工中的地表沉降规律。

表2-11 隧道开挖地层损失统计表

项目	WC 断面	WB 断面	WA 断面	平均值
地表沉降槽面积/m²	0.212 1	0.294 6	0.166 2	0.224 3
地层损失	0.75%	1.04%	0.58%	0.79%

（4）在施工监测过程中将监测数据的分析结果反馈指导施工是施工监测主要的功能之一，由于隧道结构断面形式的差异、地层条件的差异、隧道埋深及地下水条件的不同，没有固定的沉降规律或模式反映隧道开挖对地表沉降的影响。因而，在既有的监测成果及地层变形规律基础上，通过施工前期的监测成果分析可以指导后期的施工。监测过程中，对 WC 断面的监测数据进行了回归分析，从而掌握了地表沉降的规律，进而后期的 WB 断面、WA 断面的沉降规律及沉降控制都在预测和掌握中，保证了隧道施工的安全完成。由于地表沉降有一个超前沉降和后期沉降稳定的过程，地表沉降历时曲线有两个拐点，因此，对地表沉降历时曲线利用 Logistics 函数进行回归分析，回归历时曲线图分别如图 2－18～图 2－20 所示，图 2－21 是将三个地表沉降观测断面的数据共同分析后得到的回归历时曲线图。

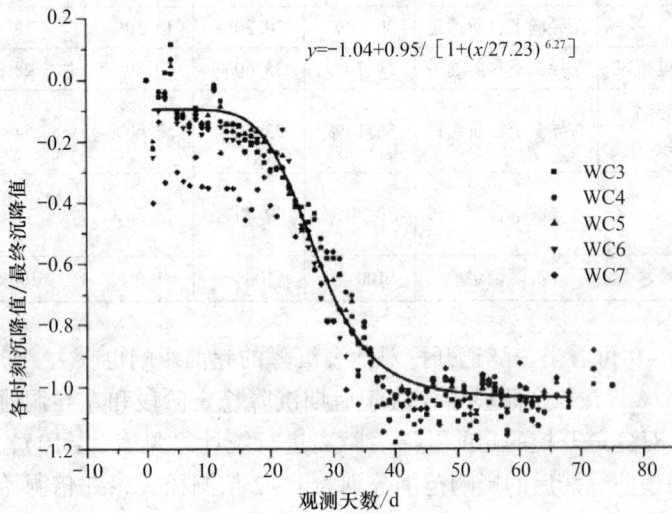

$$y = -1.04 + 0.95 / \left[1 + (x/27.23)^{6.27} \right]$$

图 2－18　WC 断面地表沉降回归历时曲线图

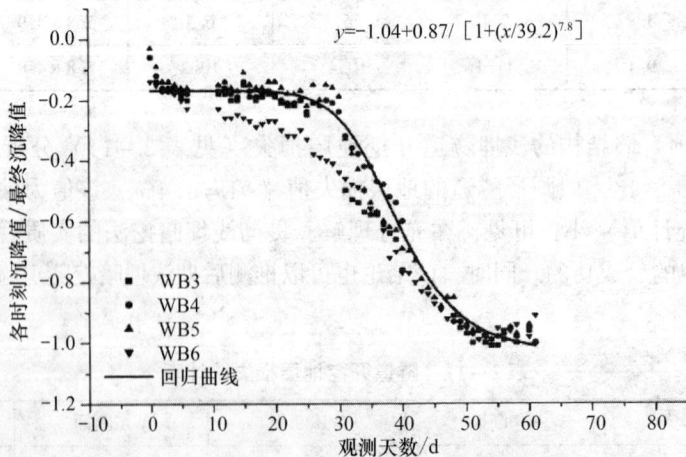

$$y = -1.04 + 0.87 / \left[1 + (x/39.2)^{7.8} \right]$$

图 2－19　WB 断面地表沉降回归历时曲线图

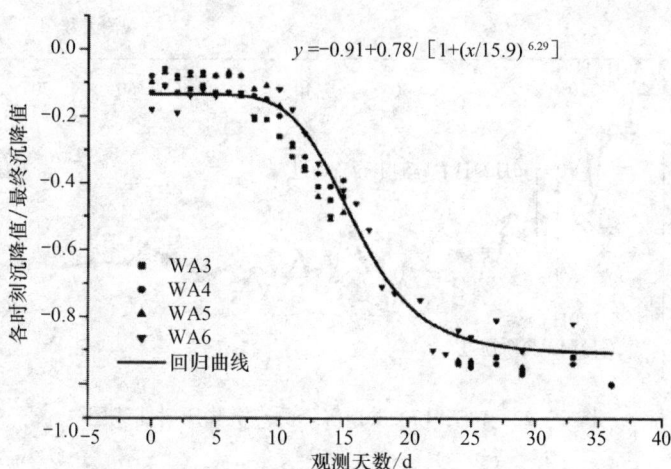

图 2-20　WA 断面地表沉降回归历时曲线图

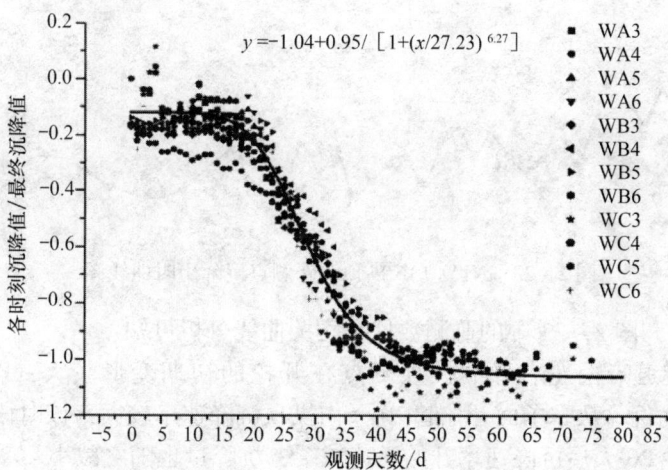

图 2-21　地表沉降回归历时曲线图

分析图 2-18~图 2-21 发现，该隧道断面形式、隧道埋深及地质条件下的回归及预测函数为 $y = -1.04 + 0.95/[1 + (x/27.23)^{6.27}]$，且地表累计沉降最大值控制在 -25 mm 左右。

（5）结合施工监测分析，在隧道穿越市内道路正下方时，为保证地面交通的安全，同时避免地面繁忙的交通车辆动荷载对隧道开挖的影响，在地表采取了铺设钢板的方法，从地表及拱顶的监测结果看该方法是有效的。

2）拱顶沉降

截至 8 月 14 日区间隧道左右导洞拱顶沉降测点中左导洞 NTZ(1)14、右导洞 NTY(1)9 累计沉降最大值分别为 -8.64 mm、-7.32 mm。以左导洞测点 NTZ(1)3 和右导洞测点 NTY(1)6 为例，绘制拱顶沉降测点沉降历时曲线图，分别如图 2-22 和图 2-23 所示。

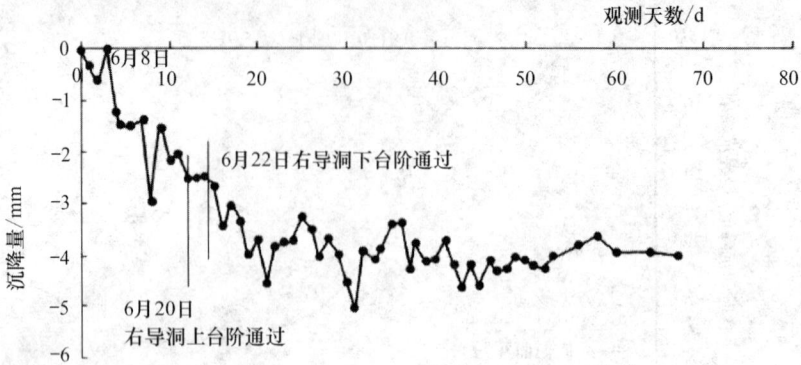

图 2-22　NTZ(1)3 拱顶沉降测点沉降历时曲线图

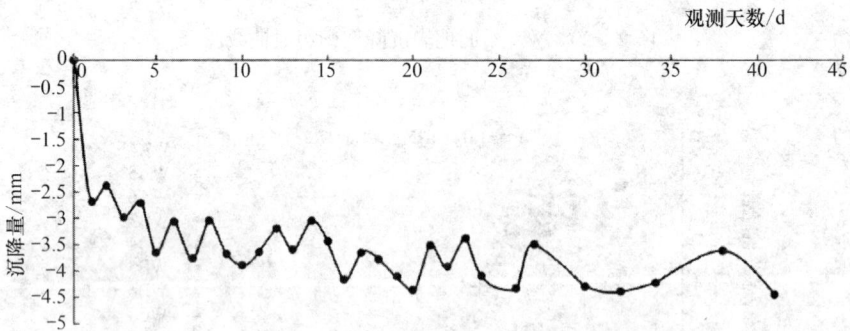

图 2-23　NTY(1)6 拱顶沉降测点沉降历时曲线图

由图 2-22 和图 2-23 中的监测数据及相关曲线分析可知:

(1) 区间隧道暗挖左右导洞拱顶测点在开挖的初期变形较大,以 NTZ(1)3 和 NTY(1)6 测点为例,从掌子面开挖起 20 天内拱顶沉降速率较大,该时段累计沉降量为 4 mm。测点从第 20 天后沉降速率开始迅速减缓,沉降量也随之减小。

(2) 从左右导洞拱顶下沉的最终沉降差值 (见表 2-12) 可以看出,左导洞的拱顶沉降除 3 个测点外均大于相同里程右导洞的拱顶沉降,这也说明右导洞的施工相对左导洞安全性更大,稳定性更好。

表 2-12　区间隧道拱顶累计沉降 (周报) 数据汇总表

左导洞测点	沉降值 S_z/mm	右导洞测点	沉降值 S_y/mm	$S_z - S_y$/mm
NTZ(1)1	0.70	NTY(1)1	-0.30	1.00
NTZ(1)2	-2.29	NTY(1)2	-1.61	-0.68
NTZ(1)3	-4.02	NTY(1)3	-4.09	0.07
NTZ(1)4	-5.39	NTY(1)4	-1.95	-3.44
NTZ(1)5	-5.49	NTY(1)5	-3.63	-1.86
NTZ(1)6	-4.68	NTY(1)6	-4.45	-0.23

左导洞测点	沉降值 S_z/mm	右导洞测点	沉降值 S_y/mm	$S_z - S_y$/mm
NTZ(1)7	−4.57	NTY(1)7	−1.95	−2.62
NTZ(1)8	−2.85	NTY(1)8	−1.91	−0.94
NTZ(1)9	−4.48	NTY(1)9	−7.32	2.84
NTZ(1)11	−5.66	NTY(1)10	−3.26	−2.40
NTZ(1)12	−7.57	NTY(1)11	−4.82	−2.75
NTZ(1)13	−6.81	NTY(1)12	−1.60	−5.21

（3）从图 2-22 看，右导洞上下台阶通过左导洞拱顶测点前后对该点沉降影响不大。这一点与地表沉降规律不同，可见拱顶沉降的产生、发展、稳定是在初期支护结构形成阶段和初期支护结构稳定阶段，相邻导洞的开挖对其影响较小。

（4）拱顶沉降规律与地表沉降规律一致，但拱顶沉降主要指初期支护结构形成后拱顶的下沉值，故不考虑地表沉降规律中的第一个拐点前的超前沉降，因此，拱顶沉降可以用指数函数回归。图 2-24 为部分拱顶沉降测点的回归历时曲线图，从回归历时曲线图也可以看出现场实测中无法量测的超前沉降。即由于现场台阶及核心土的存在，拱顶下沉的量测一般滞后 2~3 m（3~5 天），故从回归历时曲线图看，无法量测的拱顶下沉占最终沉降值的 18% 左右。

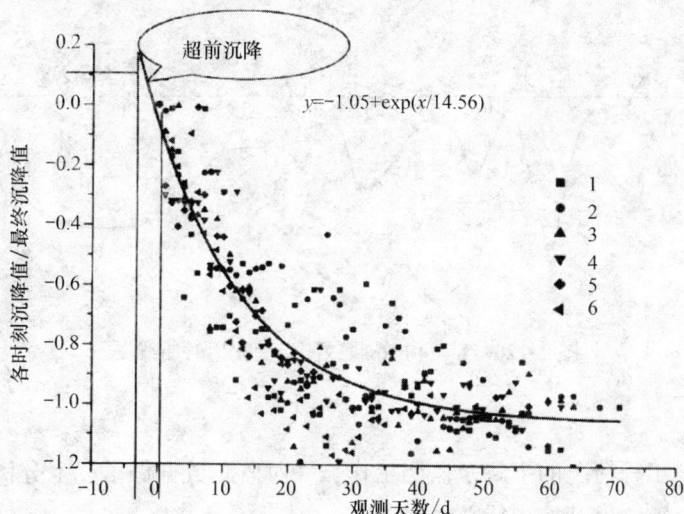

图 2-24　部分拱顶沉降测点的回归历时曲线图

3）净空收敛

以左导洞测点 NTZ(1)3 和右导洞测点 NTY(1)6 为例，绘制收敛测点变化历时曲线图，分别如图 2-25 和图 2-26 所示。从图 2-25 和图 2-26 中的监测数据及相关曲线分析可知：

（1）区间隧道暗挖通道左右导洞收敛测点在初期支护结构形成初期及下台阶通过

时段变化量较大。以 NTZ(1)3 和 NTY(1)6 收敛测点为例,从掌子面开挖、初期支护后 7~8 天内收敛速率较大,特别是右导洞下台阶通过前收敛量较大;NTZ(1)3、NTY(1)6 收敛测点埋设后 7~8 天内累计收敛量分别为 –6 mm 和 –1.5 mm;此后,收敛速率开始减缓,累计收敛量趋于稳定。可见,隧道结构收敛在隧道结构形成后即趋向稳定,其稳定的时间比拱顶沉降短。

(2)从图 2–25 来看,右导洞上下台阶通过对该测点收敛变化影响不大。

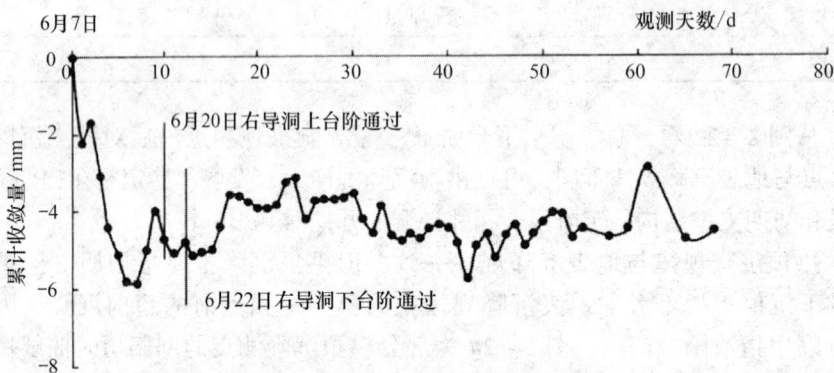

图 2–25　NTZ(1)3 收敛测点变化历时曲线图

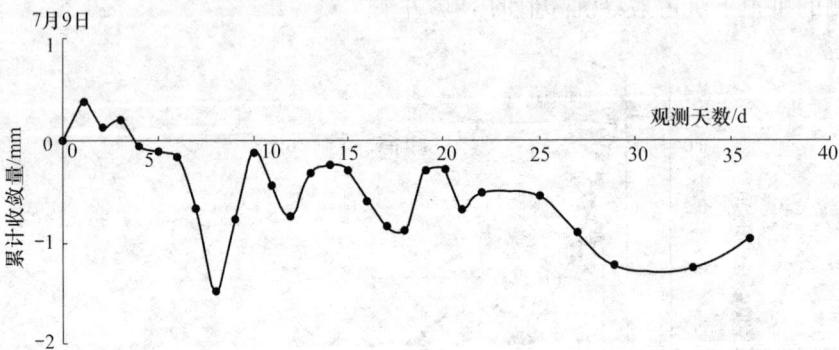

图 2–26　NTY(1)6 收敛测点变化历时曲线图

5. 小结

通过现场对工程情况的了解及监测工作,并对监测数据做了以上分析,对暗挖区间隧道各监测项目随隧道开挖规律总结如下。

(1)暗挖隧道穿越地层地质条件较好,上台阶基本以黏土为主,稳定性较好,下台阶仅拱脚位置有少量渗水,整体稳定性较好;各监测项目的监测结果满足隧道开挖地层应力释放地层损失的规律,暗挖通道左右导洞全部贯通后,地表、拱顶沉降均满足控制标准,隧道开挖对环境的影响较小。

(2)地表沉降完全反映隧道开挖的地层损失,因此,其量值在各个量测项目中最大,从监测过程中地表沉降的动态发展过程看,其发生、发展、稳定符合隧道开挖超前、通过、稳定的规律，其沉降随观测时间的变化规律可以用 Logistics 函数回归。

（3）拱顶沉降部分反映隧道结构的拱顶变形，若不考虑超前沉降部分，则可以用指数函数回归，并从监测数据预测出未量测部分的沉降值占最终沉降值的 18%。而且左导洞的拱顶沉降大于右导洞相同里程位置的拱顶沉降。

本区间矿山法隧道施工的监测，采用了科学、精确、可靠的监测手段，通过对监测数据的计算分析与成果的提交、监测信息的及时反馈，为建设各方提供及时可靠的信息用以评定该结构工程在施工期间的安全性及施工对周边环境的影响，施工监测起到了指导信息化施工的作用。

典型工作任务2.3 盾构法工程监测

2.3.1 监测项目确定

1. 监测项目内容

盾构法工程监测的对象主要是隧道结构、周围岩土体和周边环境三大类。盾构法工程监测项目应能够覆盖工程自身、主体介质和周边环境对象，监测项目的选择应达到监测成果揭示管片结构整体及局部位移、力学变化，管片结构周围岩土体及周边环境受工程影响的位移、力学状态变化及结构病害变化趋势等目的，不同监测项目间能够形成完整的监测体系，以便全面反映监测对象的状态。

盾构法工程监测主要考虑隧道管片结构及外部的地表、深层土体、孔隙水等对象，并对这些对象间的相互作用关系进行监测，对隧道管片结构、周围岩土体和周边环境的监测项目共 10 项，见表 2－13。

表 2－13 盾构法隧道管片结构、周围岩土体和周边环境监测项目

序号	监测项目	工程监测等级		
		一级	二级	三级
1	管片结构竖向位移	√	√	√
2	管片结构水平位移	√	√	△
3	管片结构净空收敛	√	√	√
4	管片结构应力	△	△	△
5	管片连接螺栓应力	△	△	△
6	地表沉降	√	√	√
7	土体深层水平位移	△	△	△
8	土体分层竖向位移	△	△	△
9	管片围岩压力	△	△	△
10	孔隙水压力	△	△	△

注：√为应测项目，△为选测项目。

2. 监测项目选择

盾构法隧道施工中的监测项目应根据线路特点、地质条件、环境条件等进行选择，对一些特殊设计的线路、穿越特定环境对象的地段，以及为设计验证、科研分析提供数据的项目应适当选择监测项目。监测项目选择如下。

盾构施工掘进过程中，地表沉降可以反映出盾构施工对周围岩土体及周边环境的影响程度、同步注浆和二次注浆效果，以及盾构机自身的施工状态，对掌握工程安全尤为重要。因此，地表沉降为应测项目。

盾构管片既是隧道的支护结构，也是隧道的主体结构，管片结构竖向位移和净空收敛能够及时了解和掌握隧道结构纵向坡度变化、差异沉降、管片错台、断面变化及结构受力情况，以及隧道结构变形与限界变化，对盾构施工具有指导意义，为应测项目。

管片结构水平位移监测具有一定的难度，但管片背后注浆不及时，或注浆质量不好，地质条件复杂或存在地层偏压时，往往会发生管片的水平漂移，因此确定其为应测项目。

土体深层水平位移、土体分层竖向位移和孔隙水压力，主要根据盾构隧道施工穿越的周围岩土体的工程地质、水文地质条件及周边环境情况确定，目的是了解和掌握盾构施工对周围岩土体及周边环境的扰动情况，以及周围岩土体对隧道结构的影响程度，进一步指导工程施工。一般情况下，这些监测项目可根据需要确定。

管片结构应力、管片连接螺栓应力和管片围岩压力主要测试管片的受力状态及特征，掌握管片受力变化，指导工程施工，防止盾构管片受到损坏，这些监测项目一般根据需要确定。

在下述条件下，应进行选测项目的监测：

（1）进行双线施工的盾构线路，当两条线路空间局促时（如水平近距离盾构施工的第二条盾构隧道施工和上下交叠近距离盾构施工的第二条盾构隧道施工）应选测管片衬砌内力、管片衬砌和地层接触应力监测。

（2）近距离穿建（构）筑物时，监测项目应包含选测项目。因为在建（构）筑物变形控制严格的地段，盾构隧道施工使隧道与建（构）筑物间土应力重新分配，致使建（构）筑物变形。

（3）进行科研项目的工程，为验证设计、分析实际盾构施工土体介质、隧道结构及周边环境的变化，为以后优化设计提供数据基础，应包含选测项目。

2.3.2 监测频率与周期

1. 监测频率

盾构施工引起周围岩土体的变形规律主要包括先期隆起或沉降、盾构到达时沉降、盾构通过时沉降、盾尾空隙沉降和长期延续沉降，根据实际工程经验，沿隧道方向主要影响范围为 5~8 倍洞径，监测频率应根据其影响范围与变形规律，考虑盾构设备特点、施工进度、盾构控制参数、监测数据变化等情况，结合监测对象和监测项目的特点、地质条件等综合确定，要求监测频率满足监测信息并能够及时、准确、系统地反映监测对象变化规律及各监测项目或对象之间的内在联系。要根据施工进度采取定时监测，并根据监测数据的变化情况进行调整。

盾构法隧道管片结构、周围岩土体和周边环境的监测频率见表 2-14。对于采用管片制作中预埋元器件的管片衬砌与地层接触应力及管片衬砌内力的监测，还应对元器件在安装前、制模完成焊接后、拆模后，以及管片运至现场下井拼装前进行测试。

表 2-14　盾构法隧道管片结构、周围岩土体和周边环境的监测频率

监测部位	监测对象	开挖面与监测断面的水平距离	监测频率
开挖面前方	周围岩土体和周边环境	$5D < L \leqslant 8D$	1 次/(3~5 天)
		$3D < L \leqslant 5D$	1 次/2 天
		$L \leqslant 3D$	1 次/天
开挖面后方	管片结构、周围岩土体和周边环境	$L \leqslant 3D$	(1~2 次)/天
		$3D < L \leqslant 8D$	1 次/(1~2 天)
		$L > 8D$	1 次/(3~7 天)
		监测数据趋于稳定	1 次/(15~30 天)

注：(1) D 为隧道开挖直径，m；L 为开挖面与监测断面的水平距离，m。

(2) 管片结构位移、净空收敛在衬砌环脱出盾尾且能通视时进行监测。

2. 监测周期

盾构法工程监测从盾构设备掘进前取得初始值开始，洞内监测项目在结构施工完成后停止，环境对象监测项目在稳定后停止监测，对业主有特殊要求或管理部门有规定的应按要求周期监测。

2.3.3　盾构法工程监测案例

1. 工程概况

1) 工程设计概况

某地铁盾构区间全长 1 332 m，采用两条单洞单线圆形隧道，隧道内径为 540 cm，管片厚度为 30 cm，结构顶板埋深为 9~11 m。区间隧道采用两台土压平衡式盾构机施工，盾构机进出洞部位预先采取地基加固等辅助措施，确保进出洞的安全，加固区厚度为隧道上下各 3.0 m，始发端加固长度为 6.0 m，接收端加固长度为 8.0 m。区间沿线环境复杂，穿越某建材市场、住宅小区等建筑物，带水带压管线，高速路，河流等环境对象，盾构施工过程中环境安全及盾构自身安全控制十分重要，通过动态监测数据反馈合理调整盾构施工参数是十分必要的。

2) 工程地质情况

隧道穿过围岩主要为新近沉积卵石、圆砾③层、新近沉积细中砂③$_2$层、卵石④层、黏质粉土、粉质黏土④$_1$层、细中砂④$_2$层，属Ⅵ级围岩。

3）施工进度

盾构区间右线于 2011 年 6 月 23 日始发，11 月 13 日下穿某建材市场，12 月 11 日下穿某高速路，12 月 16 日下穿某河流，2012 年 1 月 5 日接收。盾构区间左线于 2011 年 7 月 31 日始发，11 月 12 日下穿某建材市场，2012 年 2 月 8 日下穿某高速路，2 月 23 日下穿某河流，3 月 27 日接收。

2. 监测内容及要求

监测内容主要括盾构法施工影响范围内的建材市场、地表、管线、高速路及挡墙、住宅小区（4、5、11#楼）、河堤的沉降。根据对盾构施工影响范围的分析，监测范围取盾构中心向两侧 1.5 倍隧道埋深范围。现场监测对象、监测项目、监测精度、控制值及监测频率见表 2－15，现场巡视对象、内容及频率见表 2－16。

表 2－15　现场监测对象、监测项目、监测精度、控制值及监测频率

序号	类别	监测对象	监测项目	监测精度	控制值	监测频率
1	周边环境	建材市场、河堤	建（构）筑物沉降	1.0 mm	累计值 20 mm，变化速率 2 mm/d	当掘进面距监测断面前后的距离≤20 m 时，1 次/天；当掘进面距监测断面前后的距离≤50 m 时，1 次/2 天；当掘进面距监测断面前后的距离＞50 m 时，1 次/周；经数据分析确认达到基本稳定后，1 次/月
		住宅小区（4、5、11#楼）、高速路及挡墙等		1.0 mm	累计值 15 mm，变化速率 2 mm/d	
2		φ1 000 雨水管、φ400 燃气管、φ500 污水管、φ600 上水管等管线	地下管线沉降	1.0 mm	带压管线累计值 10 mm，变化速率 2 mm/d；雨水、污水管线累计值 20 mm，变化速率 3 mm/d	
3		盾构区间上方地表	地表沉降	1.0 mm	累计值 30 mm，变化速率 3 mm/d	

表 2－16　现场巡视对象、内容及频率

序号	类别	巡视对象	巡视内容	巡视频率
1	周边环境	盾构区间周边建（构）筑物、管线、道路地表、河流湖泊等	①建（构）筑物：是否有倾斜、裂缝、裂缝位置及变化情况；②管线：管线四周有无渗漏、裂缝与孔洞；③道路地表：路面沉陷或隆起、开裂；④河流湖泊：护岸结构的开裂与沉陷；⑤周边有无邻近工程扰动等	同现场监测频率
2	工程自身	盾构设备参数、盾构管片结构、附属设施等	①盾构机姿态、密封状况、推力、扭矩、土压、推进速度、出土量、注浆量、浆液凝结时间；②管片变形、开裂、破损、接头错台、拼装缝、漏水状况；③盾构端头加固、洞门止水、联络通道施工工艺等	

3. 监测方法及测点布设

1）地表沉降

（1）监测方法。采用水准测量方法，布设附合或闭合水准网，使用电子水准仪观测。基准网按《工程测量规范》二等垂直位移监测技术要求观测，观测网按《工程测量规范》二等垂直位移监测技术要求观测。盾构施工期间，每 3 个月校核一次工作基点，进行基准网联测。

（2）基准点及测点布设。选取地铁施工精密水准点 BM28、BM29、BM30 作为水准基准点，根据需监测对象分布，布置了 J1、J2、J3 三个工作基点，布设成局部的独立网，同观测点一起布设成闭合环。地表沉降可观测盾构开挖对地层的扰动大小，间接验证盾构施工参数，分析施工安全控制状态。测点沿盾构轴线方向按 10 ~ 30 m 间距设置。盾构始发段、到达段、联络通道部位是风险高发部位，加密测点并布置横断面，一般在轴线上布设一点，结构线边缘布设一点，结构外根据影响范围按 5 ~ 10 m 的间距布设测点。为保证测点设置准确，测点位置使用控制网精确放样。区间共布设了 218 个地表沉降测点。

2）建（构）筑物沉降

（1）监测方法。采用水准测量方法，布设附合或闭合水准网，使用电子水准仪观测，基准网采用地表沉降监测基准网。

（2）测点布设。盾构轴线两侧 20 m 范围内的高速路及挡墙、平房、住宅小区（4、5、11#楼）、建材市场、河流东侧建筑、河堤等建（构）筑物共布设了 126 个建（构）筑物沉降测点。

3）地下管线沉降

（1）监测方法。采用水准测量方法，布设附合或闭合水准网，使用电子水准仪观测，基准网采用地表沉降监测基准网。

（2）测点布设。盾构轴线两侧 20 m 范围内的 ϕ1 000 雨水管、ϕ400 燃气管、ϕ500 污水管、ϕ600 上水管等管线共布设了 70 个地下管线沉降测点。

盾构区间典型部位测点布设平面图如图 2 – 27 ~ 图 2 – 29 所示。

4. 监测成果分析

盾构区间完工后，建（构）筑物沉降最终累计值为 – 39.2 ~ +2.0 mm，地下管线沉降最终累计值为 –61.2 ~ –0.2 mm，地表沉降最终累计值为 –50.4 ~ +1.2 mm。部分监测成果分析如下。

1）轴线地表沉降

轴线地表沉降典型测点变形规律表现为：在盾构掘进到达测点前，位于盾构机头的测点略有隆起，一般隆起值在 1 mm 左右；盾尾脱出后，测点出现明显沉降，盾尾脱出 3 天内每天沉降在 2 mm 左右，3 天后沉降趋缓，之后一段时间沉降量逐渐减小。图 2 – 30 为轴线地表沉降测点 DB – 11 – 01 时程曲线图，7 月 15 日，区间盾尾脱出，此位置出现明显沉降，施工单位于盾构施工过后采取了二次补浆措施。区间轴线上的沉降测点累计沉降为 –50.4 ~ +1.2 mm（见图 2 – 31）。

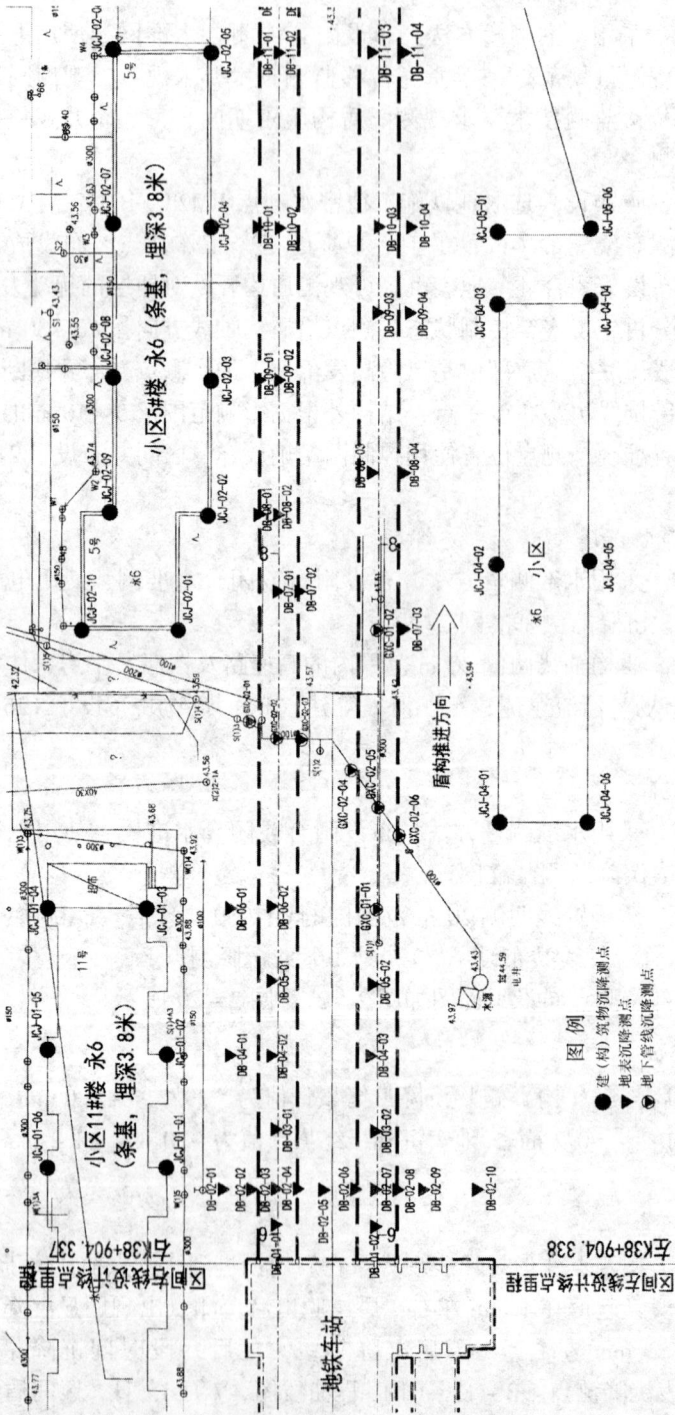

图 2-27　盾构始发段测点布设平面图

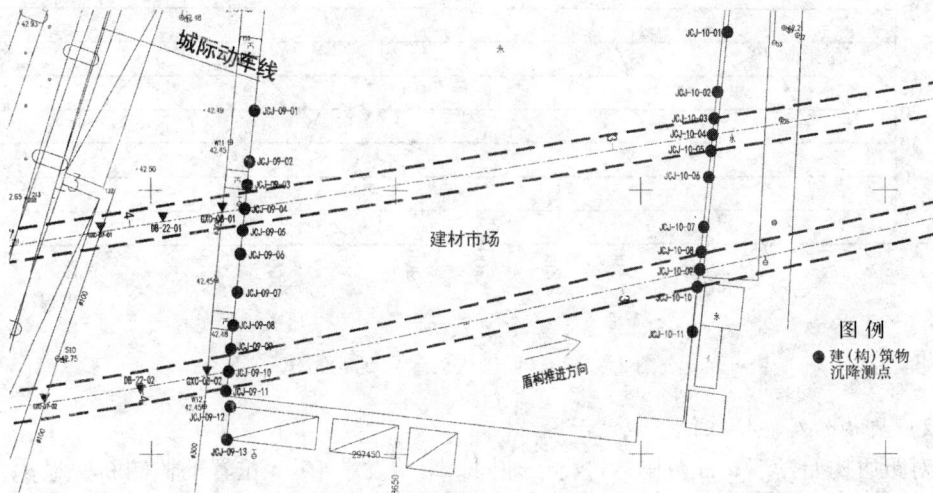

图 2-28   盾构区间下穿建材市场测点布设平面图

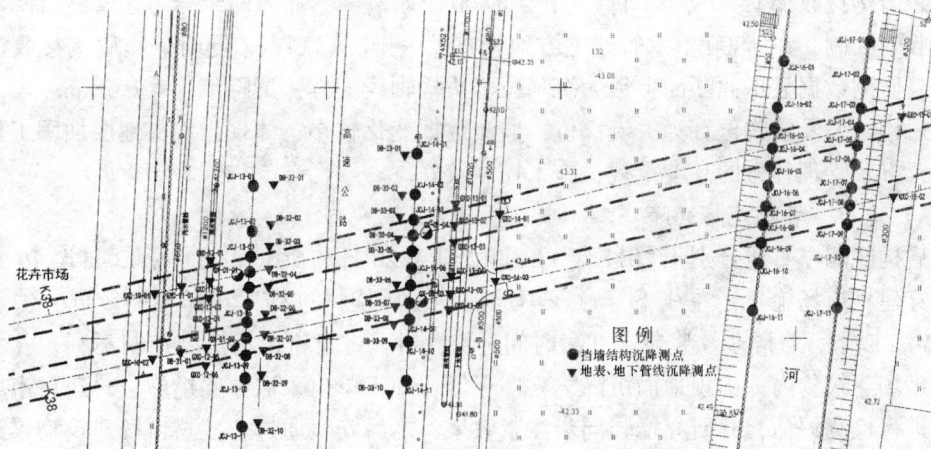

图 2-29   盾构区间下穿高速路、河流测点布设平面图

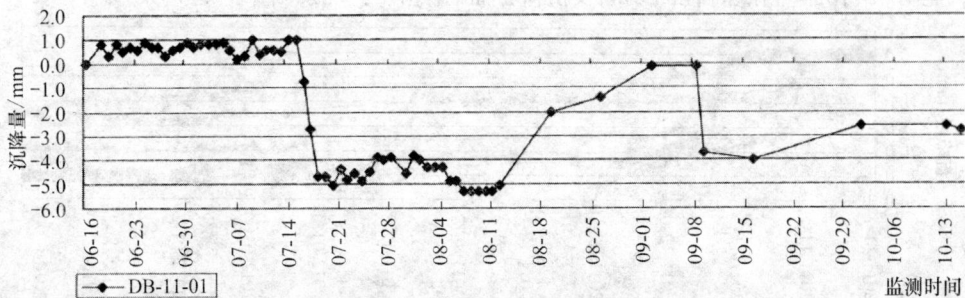

图 2-30   轴线地表沉降测点 DB-11-01 时程曲线图

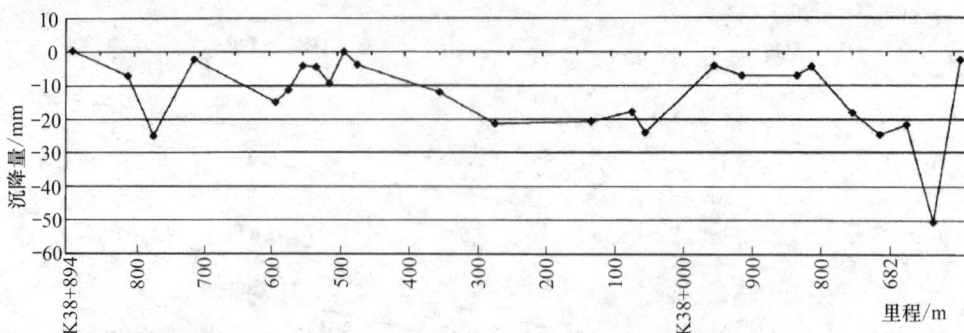

图 2-31 区间轴线沉降测点断面图

2）盾构始发、接收位置地表沉降

对距盾构始发端 6 m 范围内进行了加固，距始发端 10 m 位置的监测断面显示，盾构始发端的加固效果较好，盾构施工通过后监测断面上测点变形表现为隆起 0.1 ~ 0.8 mm。

距盾构接收端 15 m 处区间垂直下穿 ϕ800 上水管线，布点时综合考虑管线沉降和盾构接收的控制，在 ϕ800 上水管线上方地表布设一排沉降测点，同时兼作盾构接收监测断面。监测数据显示此断面上最大沉降位于盾构轴线上方，沉降值为 -7.5 mm。

盾构始发及接收位置为关键部位，监测数据变化较小，体现出端头地层加固工作得到施工方及管理各方的高度重视，施工控制较好。

3）建材市场建筑物沉降

盾构区间左右线分别于 2011 年 11 月 12 日至 26 日和 2011 年 11 月 13 日至 19 日完成下穿建材市场施工，左线下穿过程中巡视发现盾构掘进施工土压控制较低，一般在 0.4 MPa 以下，且同步注浆浆液初凝时间过长，对上方建材市场沉降控制不利，并发现建材市场建筑物内部出现地面沉降，立即预警，施工单位采取停工措施，对建材市场建筑物进行检测评估，并研究增强同步注浆效果，之后安全通过。建材市场建筑物累计沉降量为 -39.7 ~ +2.5 mm。两台盾构机通过期间对建材市场影响基本相同，单线盾构影响范围在盾构隧道底板埋深 1.0 倍范围内，轴线上方变形相对明显，向两侧逐渐减弱。建材市场沉降测点时程曲线图及沉降断面图如图 2-32、图 2-33 所示。

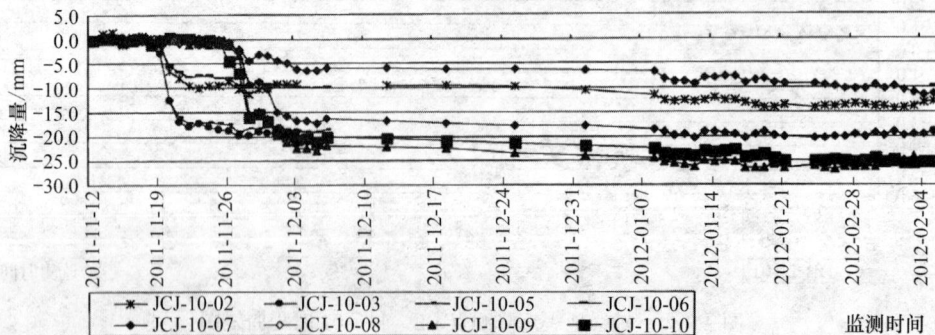

图 2-32 建材市场沉降测点时程曲线图

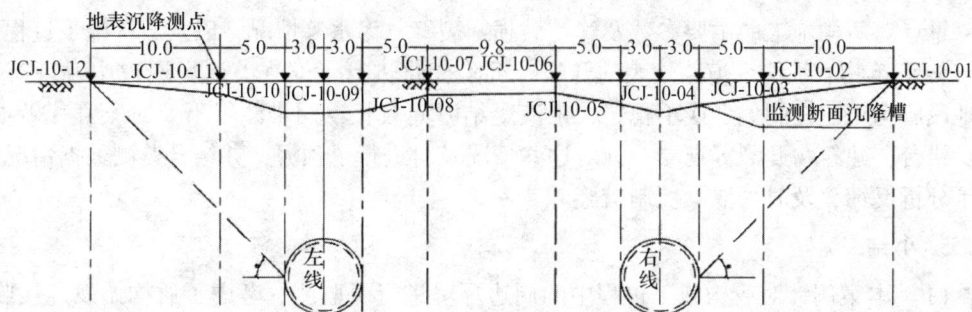

图2-33 建材市场沉降断面图

4）河堤沉降

某河流两侧河堤均布设沉降监测断面。盾构区间左线先施工下穿该河流，一个半月后，盾构区间右线再次下穿该河流。左线下穿完成后，河堤沉降值为 -4.8 ~ +0.1 mm，右线再次下穿施工，河堤结构继续沉降，最终河堤沉降量为 -9.6 ~ -0.2 mm，单线盾构影响范围在盾构隧道底板埋深1.0倍范围内，轴线上方影响明显，向两侧逐渐减弱。河堤沉降测点时程曲线图及沉降测点断面图如图2-34、图2-35所示。

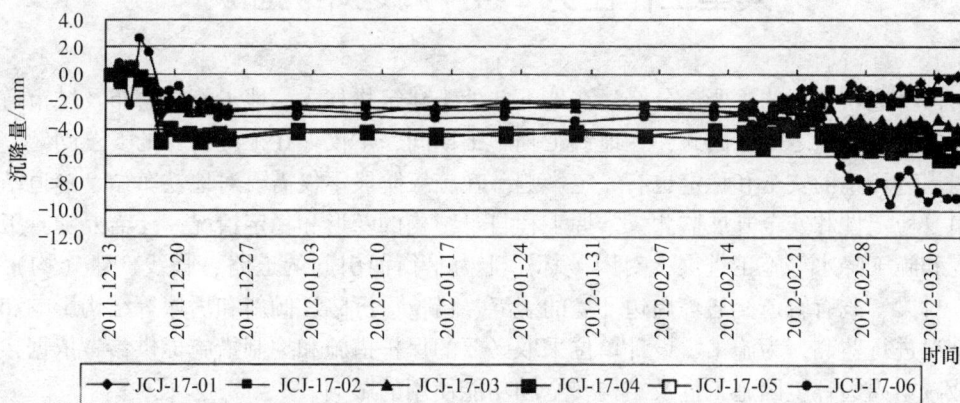

图2-34 河堤沉降测点时程曲线图

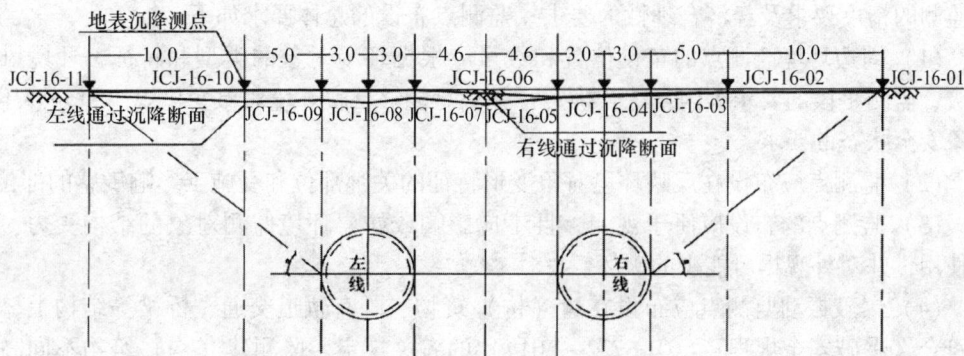

图2-35 河堤沉降测点断面图

5）现场巡视

重点对盾构施工的主要参数及管片破损、裂缝、渗水等情况，以及盾构施工过程中建（构）筑物、管线、道路地表的开裂、沉陷变化进行了巡视，现场巡视中发现有个别地段盾构土压控制偏低或不稳定，浆液凝结时间较长，同步注浆不及时，管片破损、接头错台、建筑物开裂等现象，针对这些情况及时进行了预警，并结合监测数据情况进行了分析反馈，及时采取了控制措施。

5. 小结

（1）本案例针对盾构施工过程中的周边环境进行了监测，考虑了盾构始发、接收、下穿重要建（构）筑物的稳定性要求，主要设置了沉降类监测项目，同时重要部位设置监测断面，重点对盾构施工过程中参数的控制进行了巡视。

（2）工程施工过程中，出现了因盾构土压、同步注浆等参数控制不合理而导致周边环境不稳定的状况出现，通过对盾构参数巡视预警、沉降超标预警及加密监测，为施工单位采取控制措施及对结构的安全状态判别提供了参考，保证了工程穿越环境对象的安全可控。

典型工作任务2.4　周边环境监测

由于地铁工程的主要部分修建在地下并处于建筑物林立、地下管网密布及城市道路稠密的城市环境之中，因此，在地铁工程施工期间，不仅存在工程自身的安全问题，而且对周边环境的安全和稳定也有一定影响。在施工阶段不仅需要对地铁车站、隧道结构的自身稳定性和安全开展监测，掌握工程自身结构的变形和稳定情况，还需要随着工程开挖和施工降水等施工进展，对因破坏了土力平衡而引起的道路、管线、建（构）筑物、桥梁、既有轨道交通等周边环境的裂缝、错位、沉陷、倾斜和坍塌等结构影响和破坏情况进行监测，为施工、设计单位采取必要的保护措施和控制措施提供参考依据，消除或减弱周边环境因施工危及结构安全和功能使用的影响。

周边环境监测点布设应充分考虑各车站、区间的施工特点及地形、地质特点和测量方法的可行性，监测点的疏密程度要既能较好地反映地铁沿线环境的变形情况，又能满足监测的精度要求及经济合理性的要求。监测点布设的总体要求如下。

（1）周边环境监测点的布设位置和数量应根据环境对象的类型和特征、环境风险等级、监测手段的要求等因素综合确定，并满足能够反映环境对象变化规律和分析环境对象安全状态的要求。

（2）监测点应布设在反映环境对象变形特征的关键部位和受施工影响敏感的部位。

（3）监测点的布设应便于观测，且不应影响或妨碍环境监测对象的结构受力、正常使用，并对外观尽可能少的破坏。

（4）爆破振动监测点应布设在建（构）筑物、既有轨道交通、桥梁等结构上，并应符合《爆破安全规程》（GB 6722—2014）的有关规定。监测建（构）筑物不同高度的振动时，应从基础到顶部在不同高度上不漏地布设监测点。

2.4.1 建（构）筑物监测

1. 监测目的

建（构）筑物监测的主要目的是掌握建（构）筑物的实际性状，科学、正确、及时地分析和反映施工扰动对建（构）筑物的影响，为建（构）筑物的结构病害防治提供依据，在发生结构破坏事故时提供鉴定数据。

建（构）筑物监测的意义主要表现在两个方面：一方面是掌握工程建（构）筑物的稳定性——为安全运行诊断提供必要的信息，以便及时发现问题并采取措施；另一方面是科学上的意义——对变形机理分析研究，完善工程设计理论，反馈设计以便改进设计模型。

2. 监测项目及监测点布设原则

1）监测项目

根据建（构）筑物不同的基础形式、结构形式、历史价值、功能特性、破坏后的社会影响，以及对建（构）筑物的现场调查、评估结果及专项设计要求，针对性地确定建（构）筑物的监测项目，见表2-17。

表2-17 建（构）筑物监测项目

监测对象	监测项目	工程影响分区	
		主要影响区	次要影响区
建（构）筑物	竖向位移	√	√
	水平位移	○	○
	倾斜	○	○
	裂缝	√	○

注：√—应测项目，○—选测项目。

2）监测点布设原则

监测点布设基本原则如下。

（1）建（构）筑物竖向位移监测点布设应能反映建（构）筑物的整体沉降及不均匀沉降情况，并符合下列要求。

① 监测点应沿建（构）筑物的外墙按10~30 m间距或每隔2~3根承重柱布设，外墙转角处及拐角处应有监测点控制。

② 在高低悬殊或新旧建（构）筑物连接处、不同结构分界处、变形缝、严重开裂处、不同基础形式和不同基础埋深的两侧应布设监测点。

③ 烟囱、水塔、高压电塔等高耸构筑物，应在其基础轴线上对称布设监测点，每一构筑物不应少于4个监测点。

④ 风险等级较高的建（构）筑物应适当增加监测点数量。

（2）建（构）筑物水平位移监测点应布设在邻近基坑或隧道一侧的建（构）筑物外墙或承重柱上，在墙角、外墙中间、变形缝两侧及其他有代表性的部位应布设监测点。

（3）建（构）筑物倾斜监测点布设应符合下列要求。

① 监测点宜布设在建（构）筑物角点、变形缝两侧的承重柱或外墙上。

② 监测点应沿主体结构顶部、底部上下对应布设，必要时中部加密。

③ 当由基础的差异沉降推算建（构）筑物倾斜时，监测点的布设应符合上述第（1）项的规定。

④ 每一建（构）筑物倾斜监测点不宜少于2组，每组2个监测点。

（4）建（构）筑物裂缝宽度监测点布设应符合下列规定。

① 应根据裂缝的分布位置、走向、长度、宽度、深度、错台等参数，选取应力或应力变化较大部位的裂缝或宽度较大的裂缝布设监测点，监测裂缝宽度变化及发展趋势。

② 裂缝宽度监测点宜在裂缝的最宽处及裂缝首、末端按组布设，每组2个监测点，分别布设在裂缝两侧，且其连线垂直于裂缝。

3. 监测方法及要求

建（构）筑物沉降常用几何水准测量方法、液体静力水准测量方法进行监测，特殊建筑物也可采用数字近景摄影测量、三维激光扫描等方法进行。

根据现场观测条件和要求，建（构）筑物水平位移、倾斜常用几何平面测量方法、激光铅直仪法、垂准法、倾斜仪法或差异沉降法等方法进行监测。

建（构）筑物裂缝主要监测宽度和长度两项内容，宽度监测宜采用裂缝观测仪进行测读；或在裂缝两侧贴埋标志，用游标卡尺或千分卡尺等设备直接量测；或用裂缝计、粘贴安装千分表等方法监测裂缝宽度变化。裂缝长度监测一般采用直接量测法。

除对建（构）筑物采用仪器定量监测外，在施工期间，还需对建（构）筑物进行日常巡查等。具体内容如下。

1）几何水准测量方法监测沉降

（1）监测点埋设方法。建（构）筑物监测点标志根据不同监测对象采用不同的埋点形式：框架、砖混结构对象采用钻孔埋入式标志监测点形式；钢结构对象采用焊接式监测点形式；特殊装修较好的对象采用隐蔽式监测点形式。图2-36为钻孔埋入式标志埋设形式及实景照片。

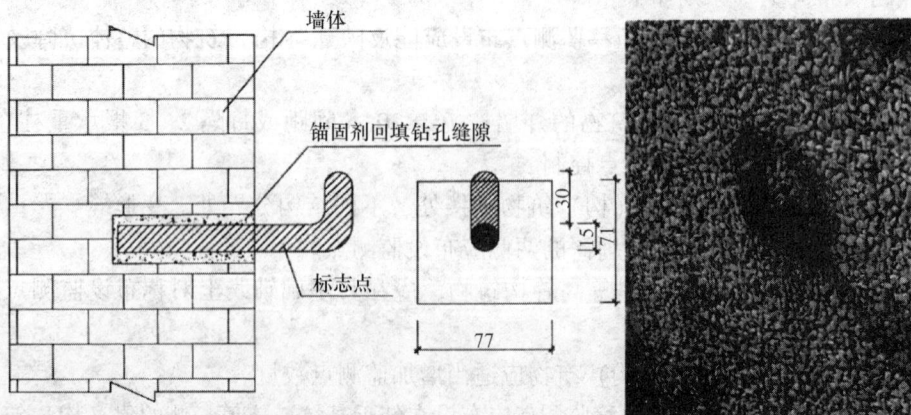

图2-36 钻孔埋入式标志埋设形式（单位：mm）及实景照片

（2）埋设技术要求。监测点埋设时应注意避开雨水管、窗台、电器开关等有碍设标与观测的障碍物，并视立尺需要离开墙（柱）面和地面一定距离，一般应高于室内地坪 0.2 ~ 0.5 m。

2）几何平面测量方法监测水平位移

几何平面测量方法是一种传统的建筑物变形监测方法，它主要包括极坐标、交会测量等方法，该类方法的主要特征是可以利用传统的大地测量仪器，测量数据可靠，观测费用相对较低。但该类方法观测所需要的时间长，劳动强度高，观测精度受到观测条件的影响较多，不能实现自动化观测等。目前，该类方法的改进手段主要包括：①利用高精度测距代替精密测角，以提高工作效率；②采用电子水准仪代替原来的光学水准仪观测，有效地提高观测数据的可靠性；③采用测量机器人代替原来的经纬仪观测，实现观测和数据处理的自动化和智能化。

（1）监测点埋设方法。

①控制点布置。采用前方交会法的基准控制基线及观测图形，如图 2 - 37 所示。控制点布置的原则为：（a）按前方交会法布设的测站点、基线端点应布置在远离地铁基坑或隧道施工影响区的稳固的地面位置；（b）控制点选取宜使交会角为 60° ~ 120°；（c）每个控制点临近应选取至少 1 个定向基点，以保证必要的检核条件；（d）控制点一般埋设在容易保存的场区密实且地表低压缩性的土层上，或稳定的建筑物顶上；（e）控制点间及与监测点间通视情况良好；（f）极坐标控制点要求与前方交会法相似，但无控制点交会角的相关要求。

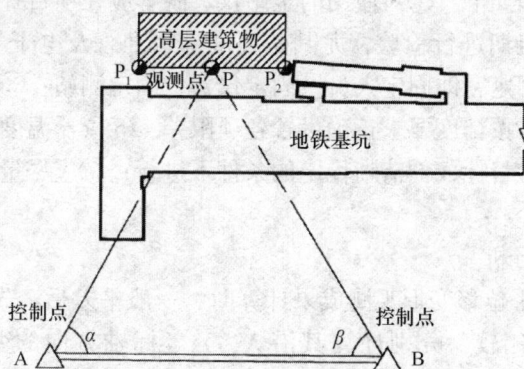

图 2 - 37　前方交会法监测控制网组成图

②监测点埋设为：

（a）监测点埋设形式。建（构）筑物监测点标志根据不同监测对象采用不同的埋点形式：框架、砖混结构对象采用钻孔埋入标志监测点形式；钢结构对象采用焊接式监测点形式；装修较好或不允许破坏表面的对象，可采用贴反射片增加测次的方式。

倾斜观测监测点标志采用埋设圆棱镜或粘贴反射片埋设形式，如图 2 - 38 所示。

（b）埋设技术要求。监测点标志埋设时应注意避开有碍设标与观测的障碍物；棱镜或反射片标志应面向基准点并埋设或粘贴牢固；监测点埋设完毕后，应在附近做明显标记。

63

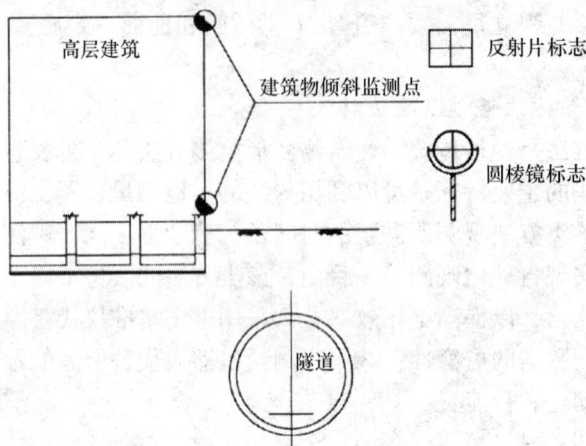

图 2 – 38　倾斜观测监测点标志埋设形式图

（2）作业方法。

水平位移监测控制网主要技术要求应符合《城市轨道交通工程测量规范》（GB 50308—2008）的有关规定。

倾斜观测使用满足精度要求的经纬仪或全站仪进行观测，并采用多测回测角方式进行。

倾斜观测注意事项如下：①对使用的全站仪、觇牌应在项目开始前和结束后进行检验，项目进行中也应定期进行检验，尤其是照准部水准管及电子气泡补偿的检验与校正；②观测应做到三固定，即固定人员、固定仪器、固定测站；③仪器、觇牌应安置稳固，严格对中整平；④按精度要求正确设置各项限差；⑤仪器温度与外界温度一致时方可开始观测；⑥观测在目标成像清晰稳定的条件下进行；⑦应尽量避免外界干扰，影响观测精度。

（3）数据处理及分析。

建（构）筑物水平位移变形观测成果计算时，一般平差后，先计算监测点的坐标，再通过与初始状态的比较，分别计算其沿 X、Y 坐标轴方向的变形值，从而了解建（构）筑物的水平位移；也可根据建（构）筑物的形状及其在坐标系中的方位情况，归算至沿建（构）筑物长边和垂直于建筑物长边等不同方向的变形，计算方法与桩（墙）顶水平位移计算方法相同。

3）游标卡尺或千分卡尺监测裂缝宽度变化

（1）裂缝宽度监测基本要求。裂缝宽度监测常采用裂缝观测仪直接测读或在裂缝两侧贴埋标志，用游标卡尺或千分卡尺等工具直接量测，上述方法操作简单，但需注意以下几点。

① 每条裂缝的监测部位应至少包含两端、最大宽度处 3 处。

② 进行监测时，需保证裂缝观测仪、千分卡尺或游标卡尺每次测量同一位置。

③ 每次应监测不少于 3 次，且数据互差在允许范围内，取其平均值作为最终结果。

（2）裂缝宽度监测点埋设及现场监测。选择结构缝典型部位进行监测，示意图如图2-39所示。

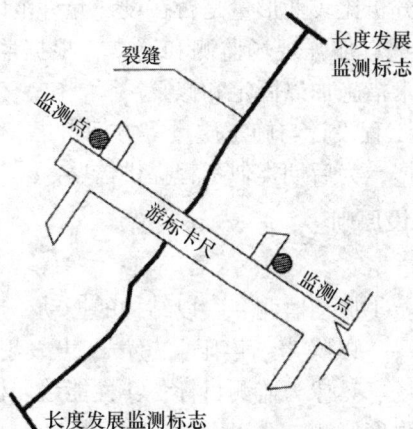

图2-39　裂缝宽度监测点埋设及现场监测示意图

4）建（构）筑物现场安全巡查

（1）首次巡查。在施工前对所影响的建（构）筑物做首次巡查。首次巡查的重点是调查建（构）筑物现状，巡查该建（构）筑物有无裂缝、剥落状况，有地下室的建筑物须进入地下室察看有无渗水的情况。有裂缝的地方要做好标志，记录裂缝的位置、形态，用游标卡尺或裂缝读数显微镜测量并记录裂缝的宽度；地下室出现渗水的地方也要做好标志，记录渗水的位置、渗水量大小。对在施工前已经出现的裂缝、地下室渗水等异常情况，采用拍照的方式进行影像资料存档。

（2）日常巡查。日常巡查的内容包括：①建（构）筑物裂缝、剥落；②地下室渗水等。对在首次巡查中发现的既有裂缝，测量其宽度并与初始宽度进行现场比较。发现建（构）筑物墙体、柱、梁新增裂缝或裂缝发展速率超过预警标准，地下室出现渗水、涌水等异常情况，要及时通报。巡查过程中，拍照存档，并填写现场安全巡查表。

在施工期间，应对周边建（构）筑物每天至少进行一次巡查，当地铁工程和建（构）筑物自身及其他周边环境出现监测预警、变形突变、巡查异常或暴风雨、暴雪等恶劣天气条件时，需加强建（构）筑物巡查工作。

2.4.2　桥梁监测

1. 监测目的

桥梁是交通工程的重要组成部分，桥梁的建设与维护是城市基础建设的重要组成部分，桥梁结构的安全监测是保证桥梁安全运营的重要手段，对保证桥梁本身的安全、确保车辆行车安全及市民出行安全具有十分重要的意义。对桥梁进行监测能够达到以下目的。

（1）监控桥梁安全、确保桥梁安全畅通。确保运行安全与稳定，是城市桥梁、道路等市政设施运行的首要任务，因此城市桥梁变形监测的目的首先在于监视桥梁安全，确保桥梁安全畅通。

（2）指导桥梁安全运营。通过桥梁变形监测，可以了解桥梁结构部分的变化情况，根据其变形量的大小，可以分析比较变形量是否在设计允许范围内，如果某些部位的变形量超过设计允许值，则应重点加强现场监测和巡查，根据监测及巡查情况，指导设计、施工单位采取相应的技术措施加以固定和修复。

（3）从科学研究和验证工程设计与施工质量等方面考虑，需要进行桥梁变形监测，积累相关工程经验和科研数据，为后期类似工程提供借鉴。

2. 监测项目及监测点布设原则

1）监测项目

桥梁主要监测内容包括：①振动监测——以结构的振动、冲击、机械导纳及模态参数为监测目标；②声学监测——以噪声、声阻、超声、声发射为监测目标；③温度监测——以温度、温差、温度场、热像为监测目标；④性能趋向监测——以结构的各种主要性能指标为监测目标；⑤强度监测——以力、应力、应变、扭矩为监测目标；⑥表面形貌监测——以变形、裂纹、斑点、凹坑等为监测目标。

地铁工程施工期间，桥梁监测项目见表 2-18。

表 2-18　桥梁监测项目

监测对象	监测项目	工程影响分区	
		主要影响区	次要影响区
桥梁	墩台竖向位移	√	√
	墩台差异沉降	√	√
	墩柱倾斜	√	√
	梁板应力	○	○
	裂缝	√	○

注：√——应测项目，○——选测项目；桥梁自身安全状态差、墩台差异沉降大或设计需要时，应进行梁板应力监测。

2）监测点布设原则

根据桥梁结构不同的基础形式、结构形式、历史价值、功能特性、破坏后的影响和桥梁的现场调查、评估结果、专项设计要求，以及地铁工程施工对桥梁的影响程度，针对性地确定桥梁监测布点，主要原则如下。

（1）墩台竖向位移监测点布设应符合：①监测点布设在墩柱或承台上；②每个墩柱不应少于 1 个监测点或每个承台不宜少于 2 个监测点，群桩承台宜适当增加监测点。

（2）墩柱倾斜监测点应沿墩柱顶部、底部上下对应布设，每个墩柱监测点不应少于 1 组，每组 2 个监测点。

（3）梁板应力监测点宜布设在桥梁梁板结构中部或应力变化较大的部位。

（4）裂缝监测点布设要求与建（构）筑物相关监测点布设要求一致。

3. 监测方法及要求

地铁工程施工过程中所进行的桥梁监测项目主要包括墩台竖向位移及差异沉降、墩柱倾斜、梁板应力等。

梁板应力监测常通过埋设应力计和应变计直接测读的方式进行，因原理及方法较简单，在此不再赘述。

墩台竖向位移及差异沉降、墩柱倾斜等监测项目，与建（构）筑物监测的常规监测方法、基本原理、技术要求、数据处理及分析等内容基本相同，本节着重介绍采用微波干涉测量技术进行桥梁高精度监测的方法。

除对桥梁采用仪器定量监测外，在施工期间，还需对桥梁进行日常巡查。

1）微波干涉测量监测桥梁位移

（1）监测点埋设方法。可对扫描到的整个桥面及墩柱进行连续监测，可在关键部位布设角反射器增强反射信号。

（2）现场监测。在现场能够扫描到桥梁监测面的部位架设仪器（实景照片如图 2－40 所示）对桥梁进行连续监测，监测结果可储存于现场电脑或通过有线或无线的方式传送至服务器。

（3）数据处理。监测时间根据照准目标的形式、监测精度要求及是否存在外界干扰而定。通过随机带的 IBIS－S 数据处理软件，获取距离向微变形数据。

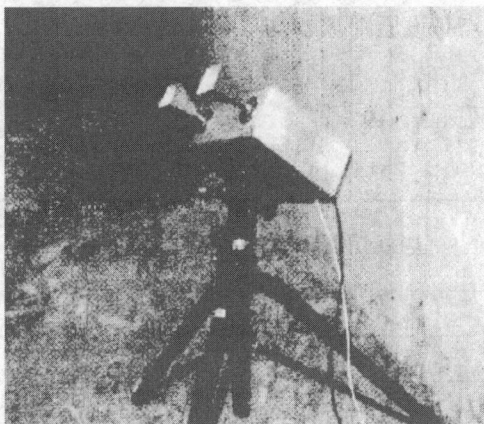

图 2－40 微波干涉测量实景照片

2）桥梁现场安全巡查

（1）首次巡查。在施工影响前对所要巡查的桥梁做首次巡查。首次巡查的重点是调查桥梁现状，巡查该桥梁墩台周围有无地表裂缝、挡墙有无开裂的情况。有裂缝的地方做好标志，记录裂缝的位置、形态，用游标卡尺或裂缝读数显微镜测量并记录裂缝的宽度；对在施工影响前已经出现的地表裂缝、挡墙开裂等异常情况，巡查时采用拍照的方式进行影像资料存档。

（2）日常巡查。日常巡查的内容包括：①墩台周围地面沉陷；②挡墙开裂；③混凝土外观、伸缩缝变化情况等。对在首次巡查中发现的既有裂缝，测量其宽度并与初始宽度进行现场比较；发现新增裂缝或裂缝发展速率超过预警标准、墩台周围地表明显隆陷等异常情况，及时通报。巡查过程中，拍照存档，并填写现场安全巡查表。

在施工期间，应对地铁工程邻近桥梁每天至少进行一次巡查，当地铁工程和桥梁自身及其他周边环境出现监测预警、变形突变或巡查异常，以及遇有暴风雨、暴雪等恶劣天气状况时，须加强桥梁巡查工作。

2.4.3 地下管线监测

1. 监测目的

地铁多建设于繁华城市，地下管线密布，在地铁工程围护桩施工、降水、土方开挖等施工过程中，造成的地层损失都会对周围环境及地层产生一定的影响。过大管线变形甚至会造成管线破坏，影响管线使用功能及使用寿命，对地铁工程自身结构产生影响（如雨水管、污水管开裂后，可能引起暗挖拱顶塌方、明挖桩间土垮塌等），同时还威胁到人员安全（如带压管线爆裂可能引起人身伤害和财产受损）。

为确保地下管线的运行安全及施工的顺利进行，地铁工程施工中必须对施工区附近的埋设管线进行监测，特别要加强对燃气（或煤气）管、供水管、雨水管、污水管、热力管道等带气、带水、带压管线的监测，以有效指导施工，确保施工安全及管线安全，避免事故的发生。

2. 监测项目及监测点布设原则

1）监测项目

地下管线监测项目见表 2-19。

表 2-19 地下管线监测项目

监测对象	监测项目	工程影响分区	
		主要影响区	次要影响区
地下管线	竖向位移	√	○
	水平位移	○	○
	差异沉降	√	○

注：√—应测项目，○—选测项目。

2）监测点布设原则

（1）监测点形式和布设位置应根据地下管线重要性、修建年代、类型、材质、管径、接口形式、埋设方式、使用状况，以及与工程的空间位置关系等综合确定。

（2）竖向位移监测点布设间距宜为 5~30 m。

（3）监测点宜布设在地下管线的节点、转角点、位移变化敏感或预测变形较大的部位。

（4）地下管线宜布设直接监测点对管线进行直接监测；无法布设直接监测点时，可布设间接监测点对管线进行间接监测。

（5）隧道下穿污水管、供水管、燃气管、热力管道等地下管线且风险较高时，应布设管线结构直接监测点及管侧土体间接监测点，进行竖向位移监测。

（6）水平位移监测点的布设位置和数量应根据地下管线特点和工程需要确定。

（7）地下管线密集、种类繁多时，应对重要的、抗变形能力差的、容易渗漏或破坏的管线进行重点监测。

3. 监测方法及要求

地下管线监测中，通常进行竖向位移及差异沉降监测，个别情况下考虑进行水平位移监测。地下管线沉降及差异沉降监测中，所采用的监测方法主要为几何水准测量方法，其基本原理、监测方法及要求等内容与建（构）筑物沉降的要求相同，在此主要介绍监测点埋设方式及技术要求。

除对地下管线采用仪器定量监测外，在施工期间，还需对地下管线进行日常巡查，以便对地下管线安全状态有综合性的了解。

1）几何水准测量方法监测地下管线沉降

（1）监测点埋设方式。①有检查井的管线应打开井盖直接将监测点布设到管线上或管线承载体上；②无检查井但有开挖条件的管线应开挖暴露管线，将监测点直接布设到管线上；③既无检查井也无开挖条件的管线可在对应的地表埋设间接监测点，对于具有特殊风险或特殊重要的管线，需布设于管侧；④在管线上布设监测点时，对于封闭式的管线可采用抱箍式埋点，对于开放式的管线可在管线或管线支墩上做监测点支架。

地下管线管顶监测点宜将测杆放置于管线顶部结构上，测杆外加保护管，如图 2-41所示。

地下管线管侧监测点宜将测杆放置于管线底的侧面土体中，底部将测杆用混凝土与周边土体固定，测杆外加保护管，如图 2-42所示。

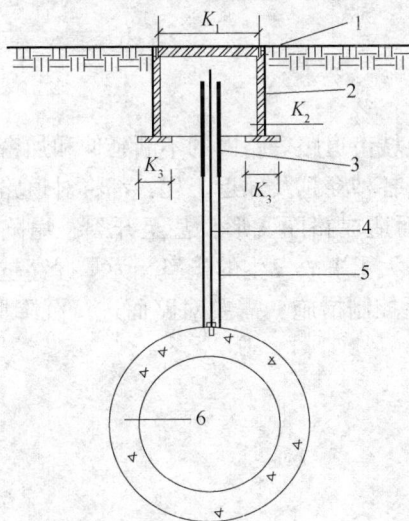

图 2-41　地下管线管顶监测点

1—地面；2—保护井；3—套管；4—测杆；5—保护管；
6—管线；K_1—保护井井盖直径；K_2—保护井井壁厚度；
K_3—井底垫圈宽度

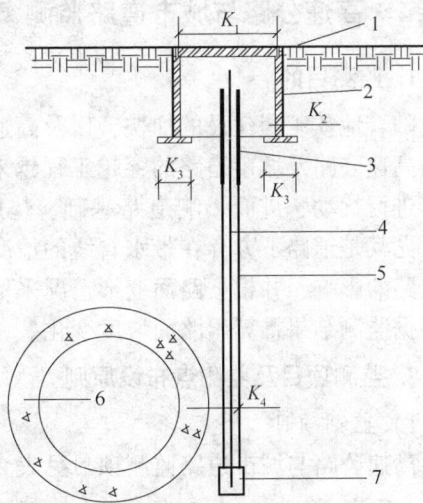

图 2-42　地下管线管侧监测点

1—地面；2—保护井；3—套管；4—测杆；5—保护管；
6—管线；7—混凝土块；K_1—保护井井盖直径；
K_2—保护井井壁厚度；K_3—井底垫圈宽度
K_4—保护管与管线距离

保护井宜采用钢质井壁，井壁厚度宜为 10 mm，井底垫圈宽度宜为 50 mm，井深宜为 200~300 mm，采用钢质井盖，井盖直径宜为 150 mm，井口高程宜与地面高程相同。

（2）埋设技术要求。地下管线沉降监测点埋设时应注意准确调查核实管线位置，确保监测点能够准确反映管线变形，采用钻孔埋设方式埋设监测点前应探明有无其他管线，确保埋设安全。

2）地下管线现场安全巡查

（1）首次巡查。在施工前对所要巡查的地下管线做首次巡查。首次巡查的重点是调查地下管线现状，巡查该管线周围有无地面裂缝、渗水及塌陷情况，以及检查井等附属设施的开裂及井内有无积水或积水的深度等情况。有裂缝的地方做好标志，记录裂缝的位置、形态，用游标卡尺或裂缝读数显微镜测量并记录裂缝的宽度；井内有积水的要记录积水的深度及积水来源。对在施工前已经出现的地面裂缝、井内积水等异常情况，采用拍照的方式进行影像资料存档。

（2）日常巡查。日常巡查的内容包括：①管线沿线地面开裂、渗水及塌陷情况；②检查井等附属设施的开裂及井内有无积水或积水的深度等情况。对在首次巡查中发现的既有裂缝，测量其宽度并与初始宽度进行现场比较；发现地下管线持续漏水（气）、检查井内出现开裂或进水等异常情况，要及时通报。巡查过程中，拍照存档，并填写现场安全巡查表。

在施工期间，应对周边管线每天至少进行一次巡查，当地铁工程和地下管线自身及其他周边环境出现监测预警、变形突变或巡查异常，以及遇有暴风雨、暴雪等恶劣天气状况时，须加强对地下管线的巡查。

2.4.4 高速公路与城市道路监测

1. 监测目的

随着地铁工程建设的加快，以及高速公路及城市道路等路网的不断延伸和加密，地铁对高速公路及城市道路的穿越工程越来越多。各种穿越及邻近工程，都将对道路下方土体进行扰动，进而影响道路基础、垫层，从而造成路面变形，甚至开裂、塌陷等事故。尤其是道路下方存在带水管线的情况，更增大了事故发生的概率。为掌握穿越工程对道路的影响，并根据路面变形情况采取针对性控制措施，需要对路面进行沉降监测，并根据监测结果推算出路面坡度变化。

2. 监测项目及监测点布设原则

1）监测项目

高速公路与城市道路监测项目见表 2–20。

表 2–20　高速公路与城市道路监测项目

监测对象	监测项目	工程影响分区	
		主要影响区	次要影响区
高速公路与城市道路	路面、路基竖向位移	√	○
	挡墙竖向位移	√	○
	挡墙倾斜	√	○

2）监测点布设原则

（1）路面和路基竖向位移监测点的布设应与路面下方的地下构筑物、地下管线及周围地表等监测相结合，做到合理布设、相互协调。

（2）路面竖向位移监测应根据施工工法，按地表沉降监测点布设的规定，根据路面实际情况布设监测点和横向监测断面。高速公路和城市重要道路应适当增加横向监测断面。

（3）隧道下穿高速公路、城市重要道路时，应适当增加路基竖向位移监测点，且宜布设在路肩或绿化带上。

（4）挡墙竖向位移监测点宜沿挡墙走向布设，布设间距宜为 5 ~ 15 m。

（5）挡墙倾斜监测点应根据挡墙的结构形式布设监测断面，每段挡墙应不少于 1 个监测断面，每个监测断面上下监测点应布设在同一竖直面上。

3. 监测方法及要求

常规道路监测工程中，往往采用几何水准测量方法进行。该方法虽然精度很高，但需进行封路，并需要监测人员到达监测点才能进行。因此，该方法会对路面交通正常运行带来一定影响，同时也对监测人员人身安全带来一定威胁。本节在简要介绍几何水准测量方法的同时，主要介绍一种可用于城市道路的非接触监测技术——测量机器人空间交会技术。

挡墙倾斜监测，往往采用倾斜仪或全站仪进行，与建（构）筑物倾斜监测方法类似，在此不再赘述。挡墙竖向位移也不再叙述。

除对高速公路及城市道路采用仪器定量监测外，在施工期间，还需对其进行日常巡查，以便综合掌握高速公路及城市道路的安全状态。

1）几何水准测量方法监测沉降

（1）监测点埋设方式。高速公路和城市道路的路面竖向位移监测点（见图 2 - 43）和路基竖向位移监测点（见图 2 - 44）的埋设，宜符合下列要求：

① 高速公路和城市道路的路面竖向位移监测点宜打设钢帽钉作为标志，钉杆长度宜为 100 mm，钉杆直径宜为 10 mm，钉帽直径宜为 30 mm，钉帽高度宜为 3 mm，钉杆钉入路面，钉帽露出路面。

② 高速公路和城市道路的路基竖向位移监测点宜采用钻孔方式埋设，螺纹钢标志直径宜为 18 ~ 22 mm，钻孔直径不宜小于 80 mm，螺纹钢标志及钻孔深度宜根据工程需要确定，底部将螺纹钢标志用混凝土与周边土体固定，上部孔洞用细砂回填。

③ 路基竖向位移监测点的保护井宜采用钢质井壁，井壁厚度宜为 10 mm，井壁垫底宽度宜为 50 mm，井深宜为 200 ~ 300 mm，采用钢质井盖，井盖直径宜为 150 mm，井口高程宜与道路地表高程相同。

（2）埋设技术要求。沉降监测点应埋设平整，防止由于高低不平影响人员及车辆通行。同时，监测点要埋设稳固，并做好清晰标志，以方便保存。

2）测量机器人空间交会技术监测沉降

（1）测点布设。

监测点位置的分布在施工图设计文件中给定，要求其位置与数量满足工程信息化施工数据分析的要求。监测点布置的主要原则如下：

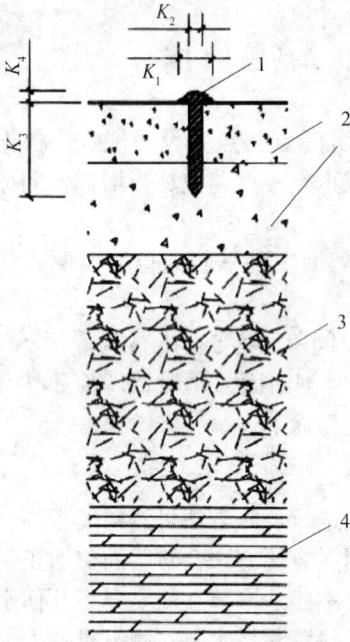

图 2-43　路面竖向位移监测点
1—钢帽钉；2—路面结构；3—路基垫层；
4—原状土；K_1—钉帽直径；K_2—钉杆直径；
K_3—钉杆长度；K_4—钉帽高度

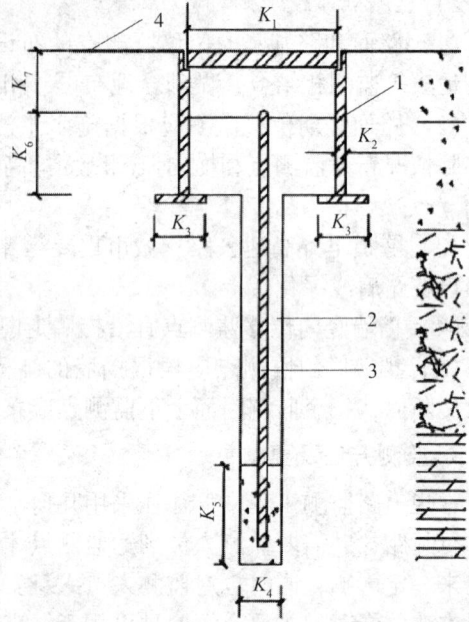

图 2-44　路基竖向位移监测点
1—保护井；2—钻孔回填细砂；3—螺纹钢标志；4—路面；
K_1—保护井井盖直径；K_2—保护井井壁厚度；
K_3—井底垫圈宽度；K_4—钻孔直径；K_5—底端混凝土固结长度；
K_6—井底垫圈面距监测点顶部高度；K_7—监测点顶部距井盖顶高度

（a）监测等级为一级、二级时，布设间距宜为 10～20 m；监测等级为三级时，布设间距宜为 20～30 m；

（b）基坑各边中间部位、阳角部位、深度变化部位、邻近建（构）筑物及地下管线等重要环境部位、地质条件异常部位等应布设监测点；

（c）出入口、风井等附属工程的基坑每侧监测点不应少于 1 个；

（d）水平和竖向位移监测点宜为共用点，监测点应布设在围护桩（墙）顶或基坑坡顶上。

① 控制点布设。基于本监测方法的精度及网形要求，需保证每个架站范围内不少于 4 个控制点，且组成的多边形内角最小不应小于 60°。

② 观测点布设。路面监测时，照准目标为布设于路面的铁钉，布设铁钉可避免布设反射片易破坏、棱镜无布设条件的难题。

（2）监测方法及监测流程。

① 在高速公路需监测段的路边任意架设两台全站仪并精确整平，利用联机测量系统软件联机，并对两台全站仪进行初始状态设定，如温度、气压参数等。

② 两台全站仪要精确互瞄，并同时测量基准尺，以此进行整个系统的相对和绝对定向，定向解算后建立全站仪测量坐标系。

③ 两台全站仪同时测量至少三个控制点，并进行坐标转换，解算出两台全站仪在控制网坐标系下的三维坐标。

72

④ 放样监测点，人工精确照准后测定每台全站仪的水平角和垂直角，解算并输出监测点的三维坐标。

测量系统的精度取决于诸多因素，如仪器测角精度、系统定向精度、脚架的稳定性、外界条件的影响、观测标志及观测员的操作技能等。通过下列措施，可保证较高的测量精度：①系统定向时，可通过控制网分区和增加数据线长度等措施避免两台仪器过大或过小的交会角，交会角一般为 60°～120°，并且要使基准尺与基线长度基本一致；②通过高精度的测量机器人对强制对中精密棱镜进行多测回测量，这样可提高控制点及基准尺的精度；③因系统软件可直接显示测点误差，当误差超限时，立即进行重复测量，以保证测量精度；④目标的质量直接影响到测量精度，但受实际条件限制，只能将钉入路面的铁钉作为照准标志，使得两台仪器从不同角度、不同距离照准同一目标变得很困难，为此，可固定监测人员及仪器的大概位置及高度，尽可能地减少照准误差。

（3）数据处理。

直接通过专业软件进行数据处理及误差统计，得到监测点的三维坐标，通过对比不同测次的竖向位移得出监测点的沉降变化。

（4）主要优点。

① 能够实现非接触测量。在特殊环境下既保证了作业人员的人身安全，又保证了道路交通系统的正常运行。

② 能够同时获得高精度的三维坐标。既能高精度反映路面垂直变化，又能反映其水平方向偏移，对于研究沉降槽边缘常出现开裂的原因具有重要意义。

③ 自动化程度高，操作简单。

④ 仪器不需要对中，在自由灵活架设的同时消除了对中误差，提高了监测精度。

⑤ 实时性强。测量及结算工作都由软件完成，可立即给出监测结果。

⑥ 仅进行角度监测，实施监测受路面车辆运行影响小。

3）道路、地面现场安全巡查

（1）首次巡查。在施工前对所要巡查的道路、地面做首次巡查。首次巡查的重点是调查地面有无裂缝、隆陷情况，有裂缝的地方做好标志，记录裂缝的位置、形态，用游标卡尺或裂缝读数显微镜测量并记录裂缝的宽度，并采用拍照的方式对既有裂缝、地面隆陷等情况进行影像资料存档。

（2）日常巡查。日常巡查的内容包括：①地面裂缝；②地面沉陷、隆起；③地面冒浆等。对在首次巡查中发现的既有裂缝，测量其宽度并与初始宽度进行现场比较，发现新增地面裂缝或裂缝发展速率超过预警标准、地面隆陷、地面冒浆等异常情况，要及时通报，并拍照存档。巡查过程中，填写现场安全巡查表。

在施工期间，应对高速公路与城市道路每天至少进行一次巡查，当地铁工程和高速公路与城市道路自身及其他周边环境出现监测预警、变形突变或巡查异常，以及遇有暴风雨、暴雪等恶劣天气状况时，须加强道路巡查工作。

2.4.5　既有轨道交通监测

1. 监测目的

由于既有轨道交通运营线路的分割作用，存在许多新建地铁工程需要穿越既有轨道交通的情况。新建地铁工程穿越既有轨道交通结构和线路时，其施工阶段和使用阶段会对既有轨道交通产生不利的影响，使其结构产生一定程度的变形，影响既有轨道交通的结构及行车安全。为保证既有轨道交通运营安全，往往会在影响区段采取列车限速措施，但这一措施，往往会影响列车运营调度，特别是如果一条线路存在多个穿越工程时，该问题更加突出。随着新型列车控制系统的普遍使用，列车限速需要重新编写列车运行控制程序，这需要投入较长的时间和追加更多的费用。

基于以上原因，有必要对既有轨道交通结构进行监测，确保既有轨道交通的结构变形在安全行车允许范围之内，并及时获取监测数据，指导施工方采取合理的控制措施。同时，通过监测使线路养护单位及时了解隧道结构和轨道交通结构的变形发展情况，为线路养护提供翔实可靠的基础数据。

2. 监测项目及监测点布设原则

1）监测项目

既有轨道交通的监测主要考虑其隧道结构、轨道结构的变形及轨道设备的尺寸状态，具体监测项目见表 2 - 21。

表 2 - 21 既有轨道交通监测项目

监测项目	工程影响分区	
	主要影响区	次要影响区
隧道结构竖向位移	√	√
隧道结构水平位移	√	○
隧道结构净空收敛	○	○
隧道结构变形缝差异沉降	√	√
轨道结构（道床）竖向位移	√	√
轨道静态几何形位（轨距、轨向、高低、水平）	√	√
隧道、轨道结构裂缝	√	○

注：√—应测项目，○—选测项目。

2）监测点布设原则

根据既有轨道交通自身的特点及新建地铁对其影响的程度，结合既有轨道交通结构的现场调查、评估结果和专项设计要求，有针对性地确定既有轨道交通监测点布设方式。布设原则如下。

（1）隧道结构竖向位移、水平位移和净空收敛监测应按监测断面布设，在隧道结构顶部、两边侧墙均应布设监测点。监测断面间距应为 5～10 m。

（2）既有轨道交通高架桥结构监测点布设与相关桥梁监测点的要求一致。

（3）既有轨道交通的路基竖向位移监测可按第（1）项的规定布设监测断面，每个监测断面中的每条轨道下方的路基及附属设施均应布设监测点。

（4）整体道床或轨枕的竖向位移监测应按监测断面布设，监测断面与隧道结构或路基竖向位移监测断面宜处于同一里程。

（5）轨道静态几何形位监测点的布设应按地铁的工务维修、养护标准的要求确定。

（6）既有轨道交通附属设施监测点布设可按照建（构）筑物的相关规定执行。

（7）既有轨道交通隧道、轨道结构的裂缝监测与建（构）筑物裂缝监测的要求相一致。

（8）既有轨道交通宜采用远程自动化监控系统进行监测。

3. 监测方法及要求

既有轨道交通的常规监测技术，与前述方法要求基本相同，在此主要介绍现场安全巡查和几种远程自动化监测技术。

1）既有轨道交通现场安全巡查

（1）首次巡查。在施工前对既有轨道交通做首次巡查。首次巡查的重点是调查有无结构裂缝、道床裂缝、结构渗水。有裂缝的地方做好标志，记录裂缝的位置、形态，用游标卡尺或裂缝读数显微镜测量并记录裂缝的宽度；出现结构渗水的地方也要做好标志，记录渗水的位置、渗水量大小。对在施工前已经出现的裂缝、结构渗水等异常情况，采用拍照的方式进行影像资料存档。

（2）日常巡查。由于在既有轨道交通日常运营时间内人员无法进入，故无法开展安全巡查，只能按照主管单位的要求，随同该项目人工静态监测小组及地铁配合工作人员在夜间列车停运、接触轨停电之后的规定时间内进入车站及隧道内进行安全巡查，安全巡查过程中须穿绝缘鞋，注意避让轨道车。日常巡查的内容包括：①结构开裂、剥落；②结构渗水；③道床开裂；④变形缝变化情况等。对在首次巡查中发现的既有裂缝应测量其宽度并与初始宽度、深度进行现场比较；发现新增结构裂缝或裂缝发展速率超过预警标准、结构渗水、道床开裂、变形缝明显错台、开合明显增大等异常情况，要及时通报。巡查过程中，拍照存档，并填写现场安全巡查表。

在施工期间，应对既有轨道交通每天至少进行一次巡查，地铁工程和既有线路自身及其他周边环境出现监测预警、变形突变或巡查异常时，需加强既有线路巡查工作。

2）液体静力水准测量方法

（1）监测点布置。

① 基准点、监测点及采集箱埋设。隧道（轨道）结构沉降监测基准点与监测点布设于既有轨道交通隧道（轨道）结构上，组成一条测线（实景照片如图 2 - 45 所示），基准点需布设于变形影响范围之外。

采集箱一般布设于不影响行车限界的隧道结构上，其实景照片如图 2 - 46 所示。

图 2 - 45　实景照片　　　　　　　　图 2 - 46　采集箱实景照片

② 埋设技术要求。在埋设前，要求对每一条测线支架进行抄平，支架应安装在同一水平面上，高度互差不得超过 3 mm，如不能埋设在同一水平面应加设转点；管路连接密封性好，管路无压折，管内无气泡；管路、通信线、电缆连接不影响地铁设施安全及地铁工作人员安全。监测仪器及采集箱要求不侵入行车限界。

（2）数据处理及分析。

数据传输基于以上介绍的采集系统，与用户接口由配套软件实现。采集软件将静力水准传感器读出的电容比数据与标定数据比较计算，解算出位移量，并自动存储入库，实时显示、生成数据报表。

3）测量机器人监测技术

（1）监测点布置。

① 控制点、监测点埋设。隧道（轨道）结构沉降监测点布设于既有轨道交通隧道（轨道）结构上，采用锚栓锚固棱镜的方式；控制点布设于变形影响范围之外（地下线路监测实景照片如图 2－47 所示，地面线路监测实景照片如图 2－48 所示）。

图 2－47　地下线路监测实景照片　　　　图 2－48　地面线路监测实景照片

② 埋设技术要求。监测仪器及监测点应安装牢固，不得侵入行车限界，不得影响地铁信号传输等，通信线、电缆连接不影响地铁设施安全，以及地铁工作人员安全。

（2）数据处理及分析。

数据传输可采用无线传输和数据线传输的方式，与用户接口由配套软件实现。通过软件计算各测点坐标，并与初始坐标比较计算，解算出位移量，并自动存储入库，实时显示、生成数据报表。

2.4.6　周边环境监测案例

1. 工程概况

下穿某高速路及匝道桥段隧道左线长 218.40 m，结构拱顶距离高速路面 5.42～6.14 m；下穿段右线长 225.98 m，结构拱顶距离高速路面 4.77～6.01 m，距匝道桥路面 6 ~ 12 m，采用暗挖法施工。暗挖隧道为单洞单线，结构净高 5.48 m，净宽 5.5 m。左右线间距 10.13 ~ 11.11 m，两隧道结构外皮净距 3.48 ~ 4.46 m。隧道下穿高速路剖面图如图 2 -49 所示。

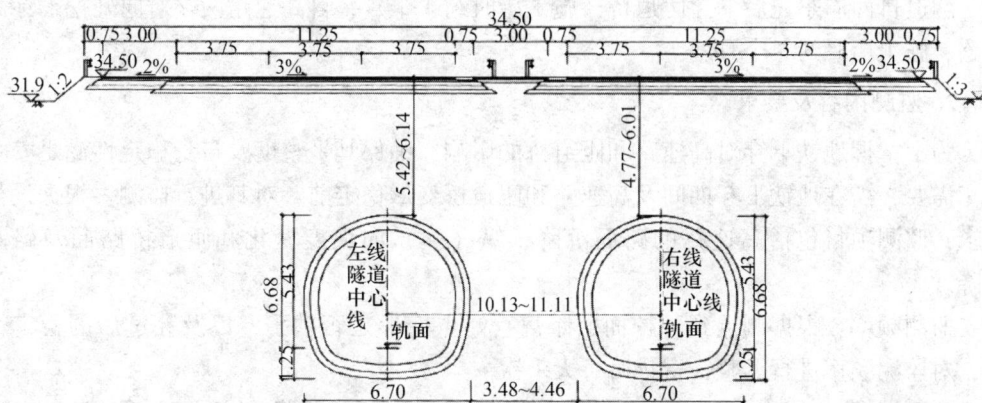

图 2 -49 隧道下穿高速路剖面图

高速路段隧道上覆地层以砂质粉土为主，地下区间结构主要穿过的土层为粉土填土①层、粉土③层、粉质黏土④层、粉土④$_2$层、粉细砂④$_3$层，局部为粉质黏土③$_1$层，黏土④$_1$层，穿越的地层均为Ⅳ级围岩。地下水位高程为 24.27 ~ 25.20 m。

高速路路面结构参数从上到下依次见表 2 -22。

表 2 -22 高速路路面结构参数表

序号	路面结构	深度/cm
1	中粒式沥青混凝土（玄武岩碎石）	-4
2	粗粒式沥青混凝土（石灰岩碎石）	-6
3	沥青碎石（石灰岩碎石）	-8
4	水泥稳定砂砾	-16
5	石灰粉煤灰稳定砂砾	-16
6	石灰土	-15
7	级配碎石	调查缺省，厚度不明

根据调查，高速路路基下方原状土高程约为 32.5 m，距离隧道拱顶 2.77 ~ 4.14 m。

本段暗挖隧道采用台阶法开挖，格栅间距 0.75 m，每次开挖 0.5 m，并进行初期支护，每开挖 1.0 m，进行一次导管注浆，开挖台阶长度为 5 ~ 6 m。上台阶施工时设置临时仰拱封闭，临时仰拱采用 I22b 工字钢，两侧各设置两根锁脚锚杆，置入角度为 60°；

下台阶施工时及时支撑开挖后的拱脚，拱脚两侧各设置两根锁脚锚杆。掌子面注浆的每一循环为 8 m，开挖 6 m，预留 2 m 作为下一循环的止浆墙。必要时止浆墙面网喷 30 cm 厚的 C20 混凝土。

隧道自西向东先后下穿匝道桥，施工历时约 4 个月；自高速路两端对向开挖下穿高速路，施工历时约 5 个月。

2. 监测内容及要求

为了掌握地铁下穿对高速路和匝道桥的影响，确保其平整度及自身稳定性满足安全行车需要，需在地铁下穿期间及高速路和匝道桥变形稳定前，对其进行监测。根据设计要求，监测项目包括高速路的路面沉降、纵（横）向坡度变化和匝道桥路面及路基沉降。

监测频率：根据测点到开挖面的距离、测点变形是否预警，以及穿过后的稳定情况，对监测频率进行调整，密集时每天 1 次。

监测周期：监测工作始于土建施工开挖之前，止于沉降稳定之后。沉降稳定以 100 d 的平均速率小于 0.01～0.04 mm/d 进行判断。

监测警戒指标：根据设计文件，高速路路面沉降和匝道桥路面及路基沉降控制指标（控制值）均为 20 mm，高速路路面横向坡度变化控制指标为 0.15%，高速路路面纵向坡度变化控制指标为 0.1%，报警值、预警值分别取控制值的 80%、70%。

3. 监测方法及测点布设

1）监测方法

高速路路面沉降及匝道桥路基及路面沉降控制值为 20 mm，根据相关规范要求，监测精度需达到 1～2 mm。下穿高速路段为全封闭高速公路，车多且流量大，常规的几何水准测量方法不具备监测条件。

针对高速路路面车流量大、行车速度快、无法封闭路面监测等特点，对其路面沉降监测采用高精度全站仪进行空间前方交会，从而实现了对监测点的非接触测量。高速路路面横向和纵向坡度变化，采用监测点间差异沉降与监测点间距的比值计算而得。

高速路路肩沉降和匝道桥路基及路面沉降，采用精密几何水准测量方法，技术指标按照国家二等水准的要求进行。

2）监测点布设

高速路路面沉降监测中，控制点采用观测墩，监测点采用特制照准钉。将照准钉沿高速路白色标志线布设四排观测点，监测点分别布设于两隧道中心线、边墙上方、隧道中间土体中部、隧道边墙外 3 m、8 m、16 m 处，共布设监测点 66 个。高速路监测点布设平面图如图 2－50 所示。

对于匝道桥路面和高速路路肩的沉降监测，分别在路面两侧的紧急停车带上布设监测断面，监测点布设于隧道中心、两线中部、隧道边墙等关键部位，每个监测断面依据影响范围及布设条件，布置 8～13 个监测点。匝道桥路基沉降监测点，布设于匝道桥路基上，监测点位置与匝道桥路面监测点对应，匝道桥监测点布设平面图如图2-51所示。

匝道桥路面和高速路路肩沉降监测点，采用冲击钻打孔，埋入特制监测点，用锚固剂进行固定的方式布设。匝道桥路基采用深埋方式埋设。

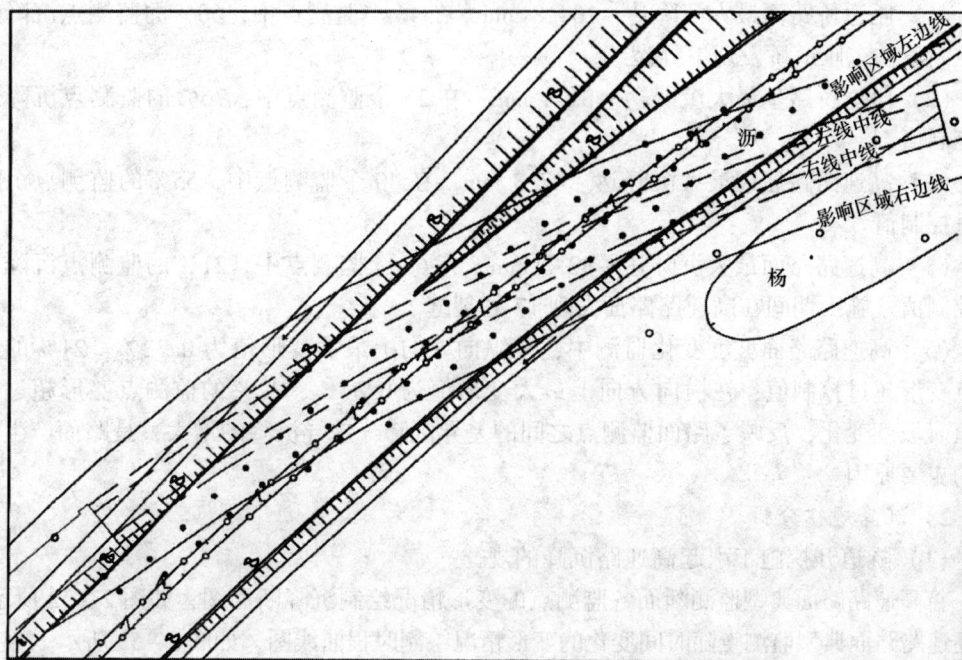

图2-50 高速路监测点布设平面图

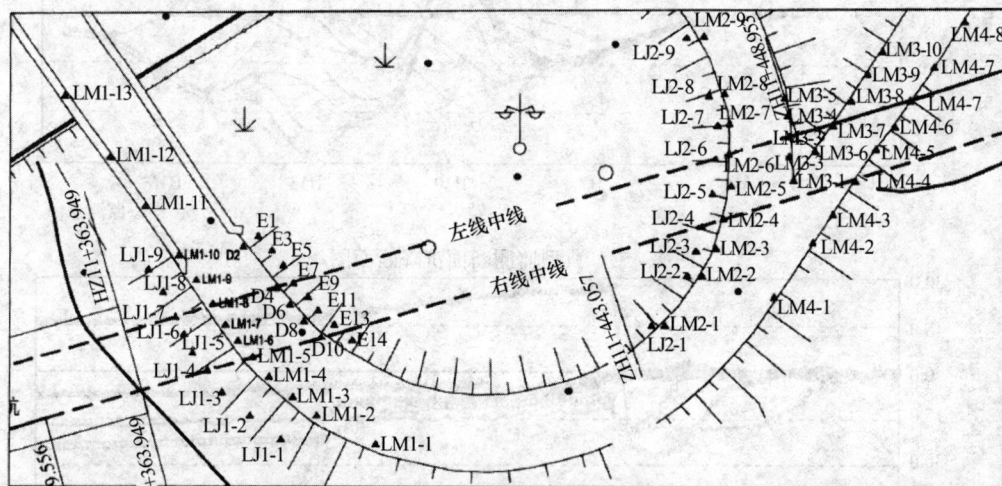

图2-51 匝道桥监测点布设平面图

4. 监测成果分析

1）监测成果统计

通过对下穿高速路及匝道桥区域进行长达 10 个月的监测工作，对最终监测数据进行整理分析，统计如下。

（1）匝道桥路面最大沉降达 −104.8 mm，在 46 个监测点中，60% 的监测点沉降超过控制值。东匝道桥发现 1 处裂缝。

（2）匝道桥路基最大沉降达 −81.1 mm，在 25 个监测点中，76% 的监测点沉降超过控制值。

（3）高速路路肩边最大沉降达 −47.3 mm，在 40 个监测点中，55% 的监测点沉降超过控制值。

（4）高速路路面最大沉降达 −42.5 mm，在 66 个监测点中，21% 的监测点沉降超过控制值。施工期间在高速路路面发现 17 处裂缝。

（5）高速路路面坡度变化监测中，在纵向方向上最大变形值为 0.32%，21% 的监测点变形超过控制值；在横向方向上最大变形值为 0.34%，32% 的监测点变形超过控制值。坡度变化，反映了路面监测点之间的差异沉降，差异沉降的增大，是路面产生裂缝的主要原因。

2）沉降规律分析

（1）隧道开挖施工引起高速路沉降的规律。

将高速路路面典型监测断面各监测点的变形情况绘制沉降断面图，如图 2−52 所示，将高速路路面典型监测点随时间变化的变形情况绘制时程曲线图，如图 2−53 所示。

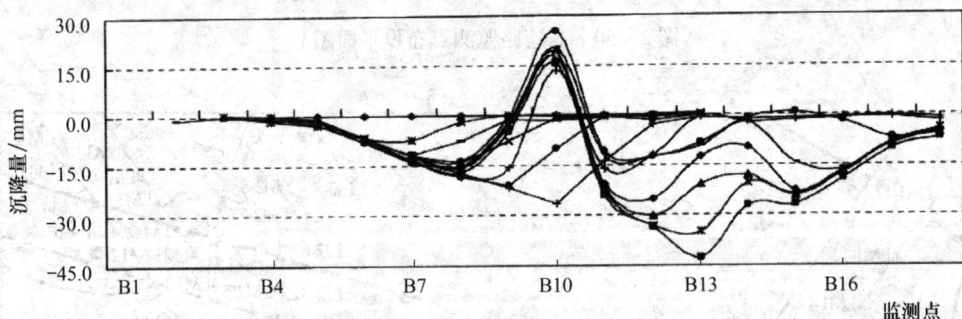

图 2−52　典型监测断面沉降断面图

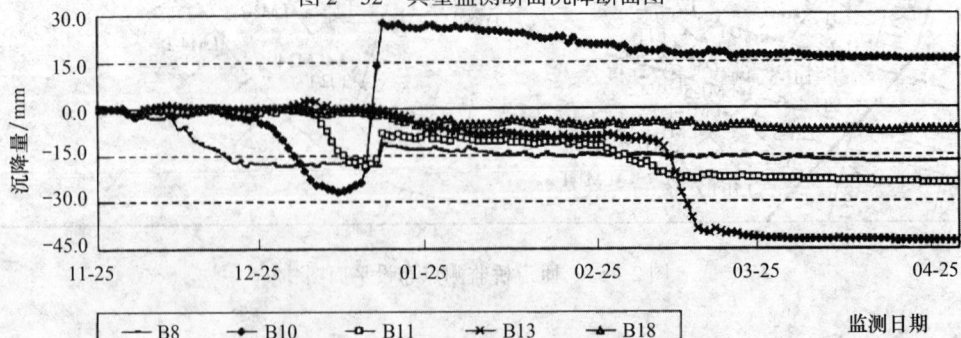

图 2−53　典型监测点沉降时程曲线图

由图 2－52 可知，隧道开挖影响范围约为隧道中线外 11 m（约与隧道底板埋深相同）。

由图 2－53 可知，隧道在下穿高速路期间，高速路经历了"轻微影响—快速下沉—缓慢下沉—趋于稳定—稳定"的变形过程。主要阶段介绍如下。

① 轻微影响阶段：该阶段在开挖面距监测断面 2 倍洞径即开始发生，影响范围为 －5.9～＋6.3 mm，影响大小主要与超前小导管注浆有关。

② 快速下沉阶段：该阶段发生在开挖面穿过监测断面 2 倍洞径内。该阶段监测点的沉降速率急剧增大，下沉速率一般在 －2 mm/d 左右。一般情况下，经过急速下沉（约需 1 周），监测点沉降量将达到稳定时沉降量的 50% 以上。

③ 缓慢下沉阶段：该阶段发生在开挖面穿过监测断面 5 倍洞径内。经过急速下沉后监测点沉降速率逐渐减小，在 －0.8 mm/d 左右，一般情况下，经过此阶段（约 2 周）的下沉，监测点沉降量将达到稳定时沉降量的 80% 以上。

④ 趋于稳定阶段：该阶段发生在开挖面穿过监测断面 7 倍洞径内。该阶段沉降速率逐渐放缓，并最终趋于稳定，一般情况下，监测点沉降量将达到稳定时沉降量的 95% 以上。

沉降规律主要与地质情况、施工进度、施工控制有关。该段隧道穿越的地层存在黏土、粉质黏土等，黏聚性强，故沉降稳定时间较长。隧道上覆地层以砂质粉土为主，自稳能力差，对控制路面沉降不利。

在下穿高速路后期，由于加强了二次补浆，使高速路路面变形得到缓减，甚至出现了抬升现象，在图 2－52 中，监测点 B10 附近出现了较大量的抬升，引起路面隆起，这是造成该现象的原因。

匝道桥沉降情况与高速路基本类似，在此不再赘述。

（2）隧道覆土厚度与隧道间距比对沉降槽形状的影响。

实测结果表明，隧道覆土厚度（以 h 表示，下同）与隧道间距（以 l 表示，下同）的比值（以 α 表示，即 $\alpha = h/l$）不同，沉降槽的形状会有一定变化。

以高速路北侧路肩、高速路南侧路肩、东匝道桥东侧、东匝道桥西侧、西匝道桥西侧进行分析，其对应 α 分别为 0.49、0.52、0.56、0.67、1.20，将各监测断面最终沉降作断面图（此图仅为表示沉降槽形状，对沉降槽宽度进行了一定量的伸缩，故此图不代表几个监测断面沉降槽范围相同），如图 2－54 所示。

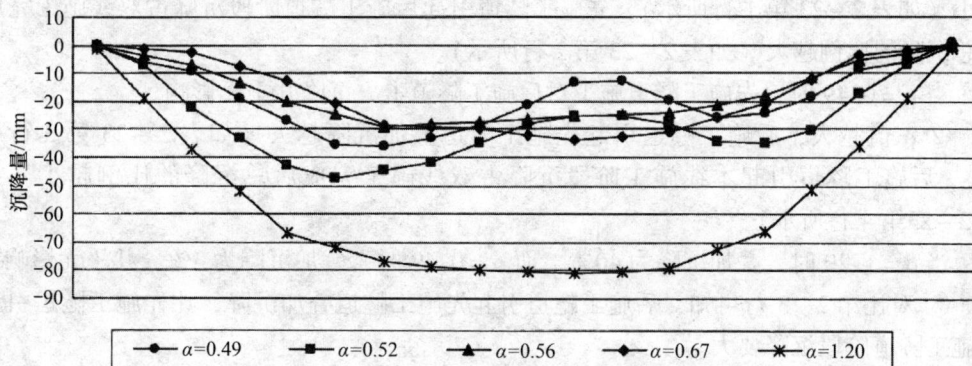

图 2－54 典型监测断面沉降断面图

由图 2-54 可知，不同的隧道覆土厚度与隧道间距比会引起不同的沉降槽形状。

① α 值为 0.49、0.52 的沉降槽成"双峰"状态，隧道中线较两隧道中部沉降大。

② α 值为 0.56 的沉降槽成"平峰"状态，隧道中线与两隧道中部变形基本相当，沉降槽底部较平整。

③ α 值为 0.67、1.20 的沉降槽成"单峰"状态，隧道中线较两隧道中部沉降小；成"单峰"状态的沉降槽，α 值越小，沉降越平缓。

"双峰"形状的沉降槽，坡度起伏较大，对路面行车影响较明显，处于"盆底"的建筑物、管线等环境对象将产生较复杂的差异沉降，更易造成结构破坏；处于"平峰"和"单峰"状态的沉降槽，变形相对平缓，对路面行车影响较"双峰"状态小，位于"盆底"的建筑物、管线等环境对象基本处于整体下沉的形式，差异沉降较小，相对有利于对环境的保护。

（3）隧道覆土厚度与隧道间距比对两隧道中线叠加沉降的影响。

实测结果表明：α 不同，两隧道中线叠加沉降的影响也不同。

选择 α 分别为 0.49、0.56、0.67、1.20 的 4 个断面，对两隧道的叠加沉降影响进行统计，结果见表 2-23。

表 2-23　隧道开挖叠加情况统计表

序号	对比内容		$\alpha=1.20$	$\alpha=0.67$	$\alpha=0.56$	$\alpha=0.49$
1	先施工隧道	引起本线施工阶段沉降占双线施工完成后总沉降的比例	60%	72%	85%	97%
2		引起后施工隧道阶段沉降占双线施工完成后总沉降的比例	22%	18%	10%	1%
3	后施工隧道	引起先施工隧道叠加沉降占双线施工完成后总沉降的比例	40%	28%	15%	3%
4		引起本线施工阶段沉降占双线施工完成后总沉降的比例	78%	83%	90%	99%

由表 2-23 可以看出，不同的隧道覆土厚度与隧道间距比同隧道开挖引起的沉降叠加形式间存在一定联系。

① α 值越大，先施工隧道引起本线施工阶段沉降占双线施工完成后总沉降的比例越小（如表 2-23 第 1 行所示），先施工隧道引起后施工隧道阶段沉降占双线施工完成后总沉降的比例越大（如表 2-23 第 2 行所示）。

当 $\alpha=0.49$ 时，先施工隧道施工对后施工隧道上方沉降几乎无影响。

② α 值越大，后施工隧道引起先施工隧道叠加沉降越大（如表 2-23 第 3 行所示），后施工隧道引起本线施工阶段沉降占双线施工完成后总沉降的比例越小（如表 2-23 第 4 行所示）。

当 $\alpha=1.20$ 时，叠加沉降为 40%，而 $\alpha=0.49$ 时，叠加沉降为 3%，几乎无影响。

③ 对比第 2、3 行可知，后施工隧道引起先施工隧道叠加沉降，比先施工隧道引起后施工隧道阶段沉降要大。

基于以上特性，当 α 值较大时，为了防止叠加沉降的影响，对于控制指标需进行必要的分解，从而达到对监测对象整体控制的目的；当 α 值较小时（如表 2-23 中 $\alpha=0.49$），因单条隧道施工对另一条隧道上方地表及道路叠加作用较小，可不考虑控制指标分解的问题。

3）小结

（1）地铁隧道在下穿高速路期间，高速路经历了"轻微影响—快速下沉—缓慢下沉—趋于稳定—稳定"的过程。快速下沉阶段约为隧道穿过后的一周时间，为了抑制后期沉降，需及时在此阶段反复进行背后回填注浆。

（2）不同的隧道覆土厚度与隧道间距比引起沉降槽的形状不同，该比值较大时，沉降槽成"单峰"状态；比值较小时，沉降槽成"双峰"状态。"双峰"状态对路面平整度影响更大。

（3）不同的隧道覆土厚度与隧道间距比引起叠加沉降的程度不同，该比值较大时，叠加沉降明显，要针对不同工序，进行控制指标分解；该比值较小时，叠加沉降不明显，可不必考虑控制指标分解的问题。

（4）后施工隧道引起先施工隧道的叠加沉降，较先施工隧道引起后施工隧道的阶段沉降要大，因此，在后施工隧道施工过程中，更需严格采取控制措施。

（5）与传统监测方法相比，采用高精度全站仪进行空间前方交会监测运营中的高速路，能够确保监测人员的安全，保证交通系统的正常运行，监测精度能够达到监测要求，在一定程度上可推广应用。

典型工作任务 2.5　监测控制基准的确定

2.5.1　监测控制基准确定的基本原则

监测控制基准值是监测工作实施的前提，是为确保被监测对象安全而确定的允许的最大值。在监测过程中，一旦监测数据超过监测控制基准值，监测部门应在报表中醒目地标注出，予以报警。监测控制基准确定一般参照以下原则。

（1）监测控制基准值应在监测工作实施前，由建设、设计、监理、施工、市政、监测等相关部门共同确定，列入监测方案。

（2）有关结构安全的监测控制基准值应满足设计计算中对强度和刚度的要求，一般应小于或等于设计值，并保证其安全和正常使用。

（3）有关周边环境保护的监测控制基准值，应考虑被保护对象（如建筑物、地下工程、管线等）主管部门所提出的要求。

（4）监测控制基准值的确定应具有工程施工可行性，在满足安全的前提下，应考虑提高施工速度，减少施工费用。

（5）监测控制基准值应满足现行的相关设计、施工法规、规范和规程的要求。

（6）对一些目前尚未明确规定监测控制基准值的监测项目，可参照国内外类似工程的监测资料确定。

在监测过程中，当某一监测值超过监测控制基准值时，除了及时报警外，还应与有关部门共同研究分析，必要时可对监测控制基准值进行调整。

2.5.2 地表沉降控制基准的确定

地表沉降对城市环境造成的危害主要表现在地表建筑的倾斜过大及地下管线的变形、断裂而影响正常使用的情况。通常招标文件中给出的地表沉降控制基准值，是出于环境要求的考虑。其根据是已有的建筑规范及以往的工程实例。但由于地表建筑及地下管线种类繁多，建筑结构各异，均用同一控制基准值难免对于某些地段过于保守，增加工程造价，而某些地段则会出现险情，甚至造成灾难性后果。为了力争使给出的控制基准值既能保证建筑物及地下管线的安全，又能降低工程造价，有必要对控制基准值做较深入的分析，制定合适的地表沉降控制基准值。通常地表沉降控制基准值应综合考虑地表建筑物、地下管线及地层和结构稳定等因素，分别确定其最大允许地表沉降值，并取其中最小值作为地表沉降控制基准值。

1. 按环境保护要求确定最大允许地表沉降值

1）从考虑地表建筑物安全角度确定最大允许地表沉降值

地下工程施工时，在工程影响范围内，经常遇有地表建筑物或地下管线，施工过程引起的地层变形往往导致这些设施的损坏，如不采取有效措施，可能产生灾难性的后果。

地下工程施工引起地层差异沉降所引发的建筑物倾斜，是判断建筑物是否安全的一个重要标准。根据实际经验，总结地层差异沉降和相应建筑物的反映（见表2-24）。

表 2-24 地层差异沉降和相应建筑物的反映

建筑物结构类型	δ/L	建筑物的反映
一般砖墙承重结构，包括有内框架及建筑物长与高之比小于10，有圈梁，有基础	1/150	分隔墙和承重墙出现相当多的裂缝，可能发生结构破坏
一般钢筋混凝土框架结构	1/150	发生严重变形
	1/500	开始出现裂缝
高层刚性建筑（箱形基础、桩基）	1/250	可观察到建筑物倾斜
有桥式行车的单层排架结构的厂房，浅基础或桩基	1/300	桥式行车运转困难，若不调整轨面水平方向，行车难以运行，分隔墙有裂缝
有斜撑的框架结构	1/600	处于安全极限状态
对差异沉降反应敏感的机器基础	1/850	机器使用可能发生困难，处于可运行的极限状态

注：L 为建筑物长度；δ 为差异沉降。

处理这类问题通常有3种方法：①主动对建筑物或地下管线等设施进行加固处理，较多的是改良受影响设施周围的地层，以提高其抵抗不均匀下沉和倾斜的能力；②采取措施尽可能控制地下工程开挖引起的地层变形；③前两种方法同时采用。

下面分两种情况介绍最大允许地表沉降值的确定方法。

（1）地表建筑物基础位于沉降槽一侧。如图 2 - 55 所示，一般来说，浅埋地下工程施工时，在其两侧存在潜在的破裂面，如果破裂面与地表交点位于建筑物内，则应考虑不均匀沉降对建筑物的影响。

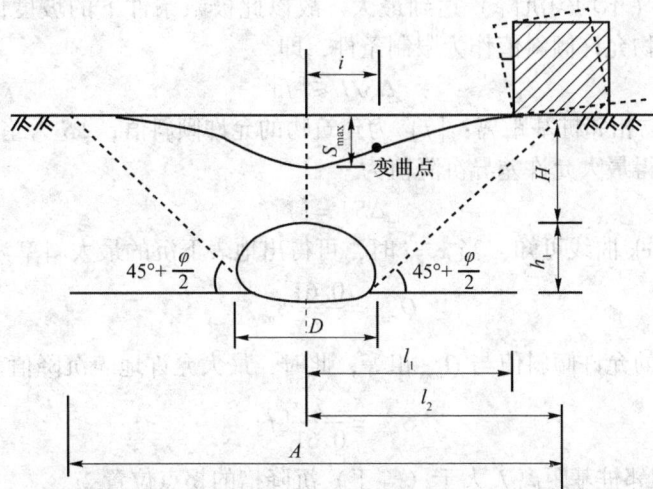

图 2 - 55　地下工程施工对建筑物的影响示意图

假设破裂面与地表的交点为地表沉降的不动点，则有

$$l_2 = A/2$$

$$A = D + 2(H + h_1)/\tan\left(45° + \frac{\varphi}{2}\right)$$

式中，H 为工程覆土厚度；h_1 为开挖高度；D 为开挖直径；A 为受影响的横向沉降槽宽度；φ 为土的内摩擦角。

容许不均匀沉降差由 Peck 公式求得，即

$$\Delta u = S_{max}\left\{\exp(-l_1^2/2i^2) - \exp[-(A/2)^2/2i^2]\right\} \tag{2-1}$$

如果令 Δu 等于建筑物不均沉降的最大允许地表沉降值，而 i 通常位于边墙所在的铅垂线上（$i = D/2$），表示曲线拐点到中心的距离，于是，按式（2-2）计算最大允许地表沉降值 S_{max}。

$$S_{max} = (\Delta u)/\left\{\exp[-l_1^2/2(D/2)^2] - \exp[-(A/2)^2/2(D/2)^2]\right\}$$
$$= (\Delta u)/[\exp(-2l_1^2/D^2) - \exp(-A^2/2D^2)] \tag{2-2}$$

由图 2 - 55 可知，与 l_1 对应的点为建筑物由于地表沉降影响而倾斜的最大斜率点，由 Peck 公式推导该点的容许倾斜率计算式为

$$u' = \frac{l_1}{i^2}S_{max}\exp(-l_1^2/2i^2)$$

令 u' 等于建筑物的容许倾斜率 $[\xi]$，则最大允许地表沉降值为

$$S_{max} = \frac{[\xi]i^2}{l_1\exp(-l_1^2/2i^2)} \tag{2-3}$$

式（2-2）是根据建筑物的容许不均匀沉降差计算出的最大允许地表沉降值。

式（2-3）是根据建筑物的容许倾斜率计算出的最大允许地表沉降值。

（2）地表建筑物基础位于沉降槽两侧。

① 建筑物相邻桩基距离 L 小于或等于沉降槽的拐点位置 i。

由沉降槽曲线可知，在拐点 i 处，曲线斜率最大，当建筑物位于如图 2-56 所示位置时，差异沉降（不均匀沉降）达到最大，故以此极限条件下的坡度值——极限坡度不大于相应建筑物允许倾斜值作为限制条件，即

$$\Delta S / L \leqslant [f] \tag{2-4}$$

式中，L 为建筑物相邻桩基距离；$[f]$ 为建筑物的允许倾斜值；ΔS 为差异沉降值。

由极限条件得最大允许差异沉降值为

$$[\Delta S] = [f]i$$

同时，由 Peck 曲线可知，当 $x = i$ 时，可得出地表下沉的最大斜率为

$$Q_{max} = \frac{0.61}{i} S_{max} \tag{2-5}$$

假定建筑物的允许倾斜值与 Q_{max} 相等，此时，最大允许地表沉降值为

$$S_{max} = \frac{i}{0.61} [f] \tag{2-6}$$

② 建筑物相邻桩基距离 L 大于（等于）沉降槽的拐点位置 $2i$。

这种情况下，沉降对建筑物引起倾斜，同时基础受弯，见图 2-56。

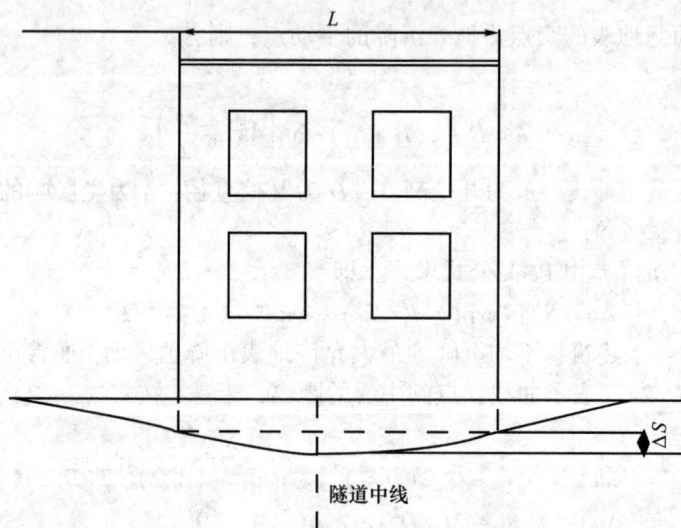

图 2-56 建筑物倾斜示意图（$2i < L$）

当建筑物处于受弯最不利位置，沉降值过大时，可能导致建筑物基础结构的断裂及上部结构压性裂缝的产生。影响基础变形的因素（如受力条件、荷载分布、建筑物等级等）不尽相同，难以进行分析，这里仅根据建筑物基础的允许拉应变计算最大允许差异沉降值 $[\Delta S]$，即

$$[\Delta S] = \sqrt{([\varepsilon]i + i^2)^2 - i^2} \tag{2-7}$$

式中，$[\varepsilon]$ 为允许拉应变。

2) 从考虑地下管线的安全角度确定最大允许地表沉降值

地下管线一般是指供（排）水管、煤（暖）气管、工业管道、各类电缆等，过大的地表沉降会导致管线的断裂，影响其正常使用，甚至引起灾难性事故，其后果是极其严重的。由于各种管线对沉降的敏感性和耐受力因其材质、连接方式、接口材料、变形的允许指标及施工质量、使用年限不同而有较大的差异。

沉降槽上方的管线变形类似于地表建筑物地基梁 $L > 2i$ 的情况，随着地层的沉降，其受力条件发生转化，这时可视为受垂直均布荷载的梁来考虑。

根据结构在正常使用时受到的应力应小于其允许的设计应力这一标准，有

$$[\varepsilon] = [\sigma]/E$$

式中，$[\varepsilon]$ 为允许拉应变；$[\sigma]$ 为允许拉应力；E 为材料弹性模量。

可知，地下管线在地层沉降时产生的变形应小于或等于其允许应力的相应变形范围，即可按式（2–8）计算沉降允许值 $[S]$。

$$[S] = \sqrt{([\varepsilon]m + m)^2 - m^2} \tag{2-8}$$

式中，m 为计算长度。

当地下管线走向垂直于地下工程纵向时，$m = i$，$[S]$ 值最小，此时，式（2–8）可简化为式（2–9）。

$$[S] = \sqrt{([\varepsilon]i + i)^2 - i^2} \tag{2-9}$$

2. 从考虑地层及支护结构稳定角度确定最大允许地表沉降值

从考虑地层及支护结构稳定性确定最大允许地表沉降值就是从保证施工安全的角度，以地下工程侧壁正上方土体不发生坍塌时允许产生的最大地表沉降值作为控制基准，这时采用"地层梁理论"，诱导出剪应变的方法来确定最大允许地表沉降值。

地下工程浅埋暗挖法施工经验及国内外的经验均表明，软弱地层浅埋地下工程典型的地表沉降曲线可用 Peck 公式描述，即

$$S = S_{max}\exp(-x^2/2i^2)$$

对 Peck 公式求导可得沉降曲线的最大斜率 η（发生在 $x = i$ 处）为

$$\eta = \frac{0.61}{i}S_{max} \tag{2-10}$$

如设定地层的极限剪应变 Y_p 与 η 相等，则

$$Y_p = \frac{[\tau]}{G} = \eta = \frac{0.61}{i}S_{max}$$

于是得到最大允许地表沉降计算式（2–11）。式（2–11）即为从地下工程施工本身的安全稳定性推出的最大允许地表沉降值。

$$S_{max} = \frac{i}{0.61}\frac{[\tau]}{G} \tag{2-11}$$

式中，$[\tau]$ 为地层抗剪强度；G 为地层剪切模量。

从上面的分析可知，地表沉降控制基准值随工程条件，尤其是周边环境条件而变。目前多数招标文件中笼统地要求地表沉降值小于某一数值是不适宜的，应针对具体工程，通过类比和计算相结合的办法找出相应的地表沉降控制基准值。

3. 工程实例

北京某地下停车场占地面积 5 730 m^2，建筑面积 6 675 m^2，是国内在城市软弱地层中首次成功采用浅埋暗挖法施工的地下停车场。地下停车场为两条平行的椭圆形隧道，净间距约为 4.7 m，隧道跨度为 12.9 m，覆土厚度为 2.85 ~ 3.0 m。整个停车场均处在软弱松散地层中，工程难度很大，经过反复研究与论证，采用 CRD 工法施工。

隧道边墙距离一栋大楼约 10.4 m。该楼为 20 世纪 60 年代的建筑，砖混结构，经多方分析后，认为该楼抵抗不均匀沉降和基础下土体侧移的能力相当弱，要求地下停车场施工时，要特别注意对大楼的保护。

为确保大楼安全，建设、设计、施工、监理等单位经过分析并采用下述两种方法，提出地表沉降控制基准值。

1）按地层及支护结构稳定角度确定

根据地下停车场北洞施工试验过程中，地表横向沉降槽回归分析得到，i = 8.5 m，地下停车场拱顶以上地层抗剪强度 $[\tau]$ = 0.046 5 MPa，地层剪切模量 $[G]$ = 13.50 MPa。

于是由式（2 - 11）可得

$$S_{max} = 48 \text{ mm}$$

2）按地表建筑物的控制要求确定

大楼属砖混结构，为保证建筑物不出现裂缝，其容许倾斜率 $[\xi]$ = 0.2%。因 l_1 = 17.8，i = 8.5 m。

于是由

$$S_{max} = \frac{[\xi] i^2}{l_1 \exp(-l_1^2 / 2i^2)}$$

可得
$$S_{max} = 72.7 \text{ mm}$$

因此，宜按 48 mm 作为地表沉降控制基准值，但考虑到大楼的特殊性，施工中取控制值为 30 mm。

2.5.3 支护结构（围岩）位移控制基准的确定

地下工程周边位移是围岩—支护系统力学形态最直接、最明显的反应，因此普遍认为周边位移是地下工程支护结构稳定性最有效的判别基准，既可全面了解地下工程施工过程中的围岩和支护结构变形动态，又具有易监测、可控制的特点，并较易于通过工程类比方法建立判别基准。基于以上认识，现行规范中的支护结构稳定性判据都以周边允许收敛值和允许收敛速度等作为评价施工、判断地下工程支护结构稳定性的主要依据。对于城市浅埋地下工程，还必须综合考虑保护周边环境，如周围建（构）筑物及地下管线安全等，确定适宜的位移控制基准值。

1. 根据支护结构的稳定性确定位移控制基准值

对初期支护结构稳定性起决定作用的是结构的抗弯刚度。为研究方便，对隧道参数 D、E_m 等进行处理，使其变成无量纲的新参数，如式（2 - 12）和式（(2 - 13）所示。

$$u = \frac{u_r}{D} \tag{2 - 12}$$

$$G = \frac{EI}{E_{m}R^{3}} \tag{2-13}$$

式中，u_r 为地层某点位移；D 为隧道跨度；EI 为支护结构抗弯刚度；E_m 为围岩（地层）的变形系数；R 为隧道的等效半径（$R = \sqrt{\pi S}$）。

根据设计，绘制围岩位移—支护刚度曲线，为了便于现场监测验证，仅取隧道拱顶位移曲线 A、起拱线位移曲线 B 两条曲线，并在图上绘制 $u = [u]$（直线 C），如图 2-57 所示。从图 2-57 中可看出：围岩位移—支护刚度曲线存在一个明显的拐点，如果围岩位移较小，直线 C 与曲线 A、B 相交在拐点左侧，要达到控制围岩位移的目的，必然要求支护刚度很大；如果直线 C 与曲线 A、B 相交在拐点右侧，随着支护刚度的减小，围岩位移迅速增大；如果交点在拐点附近，则既让围岩产生一定的位移，又使支护结构在较小的刚度条件下安全工作，从而达到经济、安全的目的。因此，直线 C 与曲线 A、B 相交在拐点附近最合理，交点对应的支护结构（围岩）位移作为变形的控制值 $[u]$。

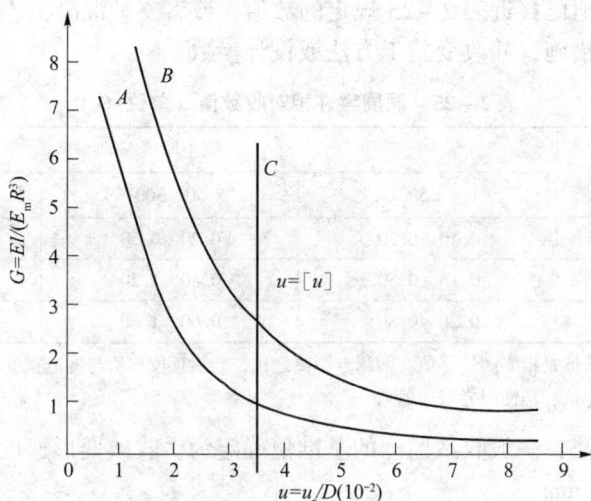

图 2-57　围岩位移—支护刚度曲线图

2. 根据地表沉降控制要求确定位移控制基准值

地下工程多为软弱地层，且埋置深度浅，因此确定支护结构（围岩）位移控制基准值时必须考虑周边环境安全，即要考虑地表沉降控制要求的影响。

奥地利 J. Golser 博士认为：①地下工程通过城市建筑群对地表沉降有严格要求时，位移控制基准值应当控制得尽量小一些；②山岭隧道对地表沉降没有严格要求时，位移控制基准值可以适当定大一些。

日本根据施工经验和对已建工程的监测资料分析，对位移控制基准值的确定建议如下。

（1）在硬岩中，最适宜的位移控制基准值可确定为数毫米，若围岩节理裂隙发育时，最适宜的位移控制基准值可确定为十余毫米至数十毫米。但施工中，当开挖工作面前进到超过监测断面 1~2 倍洞径时，位移速率应有明显的收敛趋势。

（2）在没有大塑性流动的软岩中，最适宜的位移控制基准值可确定为数毫米至十余毫米。但施工中，当开挖工作面前进到超过监测断面 1~2 洞径时，位移速率应有明显的收敛趋势。

（3）在有大塑性流动的地层或膨胀性地层中修建地下工程时，最适宜的位移控制基准值可确定为数十毫米至数十厘米。但施工中，当开挖工作面前进到超过监测断面 3～4 倍洞径时，位移速率应有明显的收敛趋势。

（4）在土质地层或硬岩中的断层破碎带地层中，最适宜的位移控制基准值可确定为数毫米至数十毫米。但施工中，在构筑仰拱使断面闭合后的数天之内，位移速率应有明显的收敛趋势。

在上述各种情况下，如果位移速率没有明显的收敛趋势，则说明可能会产生超过位移控制基准值范围的较大的位移，甚至造成崩塌事故。

我国铁路隧道采用允许相对位移值的方法。隧道周边任意点的实测相对位移值或用回归分析推算的最终位移值均应小于《岩土锚杆与喷射混凝土支护工程技术规范》（GB 50086—2015）中的规定值，即表 2 – 25 所列的数值。当位移速率无明显下降，而此时实测相对位移值已接近表 2 – 25 规定的数值，或者支护混凝土表面已出现明显裂缝时，必须采取补强措施，并改变施工方法或设计参数。

表 2 – 25　洞周容许相对收敛值（单位：%）

围岩级别	覆土厚度/m		
	<50	50～300	300～500
Ⅱ	0.10～0.30	0.20～0.50	0.40～1.20
Ⅲ	0.15～0.50	0.40～1.20	0.80～2.00
Ⅳ	0.20～0.80	0.60～1.60	1.00～3.00

注：1. 实测相对位移值是指实测位移值与两测点距离之比，或拱顶位移值与隧道宽度之比。
　　2. 脆性围岩取小值，塑性围岩取大值。

根据工程类比法，一般收敛监测的基准值确定为：收敛变形速度为 3～4 mm/d，最大变形值为 20～50 mm。

法国工业部制定了隧道位移控制基准值（隧道断面 50～100 m²），如表 2 – 26 所示，其可作为初选位移控制基准值的参考，更重要的是要靠工程积累加以确定。

表 2 – 26　法国不同埋深的拱顶和地表容许下沉值

隧道埋深/m	洞内拱顶容许下沉值/mm		地表容许下沉值/mm	
	硬岩	软岩	软岩	硬岩
10～50	10～20	20～50	10～20	20～50
50～100	20～60	100～200	20～60	150～300
100～500	50～100		50～100	200～400
500～750	40～120	200～400	40～120	300～600

日本《NATM 设计施工指南》提出，按测得的总位移量值或根据已测值预计的最终位移值给出围岩类别，然后确定与围岩相应的支护系统。表 2 – 27 给出了隧道施工中不同围岩隧道允许位移值。

日本新宇佐美隧道对软弱膨胀性岩体规定了位移控制基准值，如表 2 – 28 所示。

表 2 –27   日本《NATM 设计施工指南》
不同围岩隧道允许位移值

围岩类别	净空变化值/mm	
	单线	双线
Ⅰ ~ Ⅱ	>75	>150
Ⅱ ~ Ⅲ	25 ~ 75	50 ~ 150
Ⅲ ~ Ⅴ	< 25	< 50

表 2 –28   日本新宇佐美隧道位移控制基准值

地层条件	覆盖层厚度/m	位移控制基准值/cm	开挖半径/m
变质安山岩等	0 ~ 100	5	3.45
	100 ~ 200	5	3.50
	200 以上	10	3.60
温泉余土	0 ~ 100	10	3.50
	100 ~ 200	15	3.60
	200 以上	20	3.70

国外工程师根据现场监测位移值的大小确定了危险控制标准，如表 2 – 29 所示。

表 2 –29   弗郎克林控制标准

等级	标准	措施
三级控制	任一测点的位移大于 10 mm	报告管理人员
二级控制	两个相邻测点的位移均大于 15 mm，或任一测点的位移速度超过 15 mm/月	口头报告，召开会议，写出书面报告和建议
一级控制	位移大于 15 mm，并且多处测点的位移均在加速	主管工程师立即现场调查，召开现场会议，研究应急措施

苏联学者通过对大量监测数据的整理，得出了用于计算隧道周边允许最大位移值的经验公式，如式（2 – 14）和式（2 – 15）所示。

拱顶允许最大位移值 δ_1 为

$$\delta_1 = 12 \frac{b_0}{f^{1.5}} \qquad (2 - 14)$$

边墙允许最大位移值 δ_2 为

$$\delta_2 = 4.5 \frac{H^{1.5}}{f^2} \qquad (2 - 14b)$$

式中，f 为普氏系数；b_0 为隧道跨度，m；H 为边墙自拱脚至底板的高度，m。

允许位移速率目前尚无明确的统一规定，一般多以现场的具体情况，根据经验确定。美国对某些工程的允许位移速率做了如下规定：第一天的位移值不能超过位移控制基准值的 1/5 ~ 1/4；第一周内平均每天的位移值应小于位移控制基准值的 1/20。我国的南岭隧道、大瑶山隧道、下坑隧道、金川矿区运输平巷、张家港矿主要运输巷道的稳定位移速率为 0.1 mm/d。此外，一般规定，在掌子面通过监测断面前后一天内允许出现位移加速，其他时间内都应减速，达到一定程度后，才能修建二次衬砌结构。我国《公路隧道施工技术规范》（JTG F60—2009）规定，当隧道周边位移速率小于 0.2 mm/d，或拱顶下沉速率小于 0.15 mm/d 时，方可施作二次衬砌。

我国北京、广州根据地区经验，提出地铁工程施工相应的监测控制基准值，见表 2 - 30 ~ 表 2 - 32。

表 2 - 30　北京地铁浅埋暗挖法施工监测控制基准值

监测项目		基准值	位移平均和最大速度控制值/(mm/d)
地表沉降	区间	30	平均为 2 最大为 5
	车站	60	
拱底隆起	区间	10	
	车站	10	
拱顶下沉	区间	60	平均为 2 最大为 5
	车站	120	
水平收敛	区间	20	平均为 1 最大为 3
	车站	20	

表 2 - 31　北京地铁盾构法施工监测控制基准值

监测项目	基准值/mm	位移平均和最大速度控制值/(mm/d)
地表沉降	20	平均为 1 最大为 3
拱顶下沉	20	平均为 1 最大为 3

表 2 - 32　广州地铁施工监测控制基准值（中铁隧道集团内部）

监测项目	控制范围	控制基准值
地表沉降	Ⅰ、Ⅱ类围岩	30 mm
	Ⅲ、Ⅳ类围岩	19 mm
拱顶下沉	Ⅰ类围岩	50 mm
	Ⅱ类围岩	30 mm
	Ⅲ、Ⅳ类围岩	19 mm
变形速度	Ⅰ、Ⅱ类围岩	5 mm/d
	Ⅲ、Ⅳ类围岩	3 mm/d
建筑物倾斜	全线	3‰

3. 利用现场监测结果和工程经验对预先确定的位移允许值进行修正

在预先确定位移允许值的条件下，应根据具体工程的现场监测结果和工程经验，分析围岩及支护结构的稳定状态及周边环境的安全状况，对预先确定的位移允许值进行修正，以确保最终确定的位移控制基准值是安全、经济、合理的。

2.5.4　明挖基坑工程变形控制基准的确定

基坑工程变形控制基准值就是设定一个变形值，在其容许的范围之内认为工程是安全的，并对周围环境不产生有害影响，否则认为工程施工将对周围环境产生有害影响。因此，建立合理的基坑工程变形控制基准值十分重要，变形控制基准值的确定应遵循下列原则。

（1）满足现行的相关规范、规程的要求，大多是位移或变形控制值。

（2）对于围护结构和支撑内力、锚杆拉力等，不能超出设计允许值。

（3）满足工程管理部门的相关要求。

（4）在满足工程结构和周边环境安全的前提下，综合考虑工程规模、工程地质和水文地质条件、施工方案、工程质量、施工进度和工程造价等因素。

变形控制基准值的确定主要参照现行的相关规范和规程、经验类比及结合工程特性的设计计算值。随着基坑工程经验的积累，各地区的工程管理部门陆续以地区规范、规程等形式对基坑工程变形控制基准值做了规定，其中，大多以最大允许位移或变形值为控制对象。上海市和深圳市基坑设计规程规定将基坑工程按破坏后果和工程复杂程度分为三个等级，各级基坑变形的设计值和监控值见表 2-33，确定变形控制基准值时，还应考虑变形的时空效应、变形的变化速率等，通常一级基坑工程变化速率宜控制在 2 mm/d 之内，二级基坑工程宜控制在 3 mm/d 之内。当变化速率突然增加或连续保持高速率时，应及时分析原因，采取相应对策。

表 2-33　基坑工程等级划分及变形控制基准值

项目		一级		二级		三级
		很严重		严重		不严重
基坑深度/m		>14		9~14		<9
地下水埋深/m		<2		2~5		>5
软土层厚度/m		>5		2~5		<2
基坑边缘与邻近已有建筑物浅基础或重要管线边缘净距/m		<0.5H		(0.5~1.0)H		>1.0H
		监控值	设计值	监控值	设计值	
上海市	墙顶位移/mm	30	50	60	100	宜按二级基坑的标准控制，当环境条件许可时可适当放宽
	墙体最大位移/mm	60	80	90	120	
	地表最大沉降/mm	30	50	60	100	
	最大差异沉降/mm	6/1 000		12/1 000		

续表

项目			一级	二级	三级
			很严重	严重	不严重
深圳市	墙体最大水平位移/m	排桩、地下连续墙、土钉墙	0.002 5H	0.005 0H	0.010 0H
		钢板桩、深层搅拌桩	—	0.010 0H	0.020 0H

注：H 为基坑开挖的深度。

深圳市建设局还对深圳地区建筑深基坑的地下连续墙制定了安全性判别标准，见表 2-34。表 2-34 给出的判别标准有两个特点：①首先是各物理量的控制值均为相对量，如实测变位与开挖深度的几何比值 F_2 等，采用无量纲数值，不仅易记，同时也不会搞错；②其次是给出了安全、注意、危险三种指标，利于现场施工工程技术人员操作。

表 2-34 深圳地区建筑深基坑地下连续墙安全性判别标准

监测项目	安全或危险的判别内容	安全性判别			
		判别标准	危险	注意	安全
侧压力（水土压力）	设计所采用侧压力	$F_1 = \dfrac{设计水土压力}{实测水土压力}$	$F_1 \leqslant 0.8$	$0.8 \leqslant F_1 \leqslant 1.2$	$F_1 > 1.2$
墙体变形	墙体变形与开挖深度之比	$F_2 = \dfrac{实测变位}{开挖深度}$	$F_2 > 1.2\%$ $F_2 > 0.7\%$	$0.4\% \leqslant F_2 \leqslant 1.2\%$ $0.2\% \leqslant F_2 \leqslant 0.7\%$	$F_2 < 0.4\%$ $F_2 < 0.2\%$
墙体应力	钢筋拉应力	$F_3 = \dfrac{钢筋抗拉强度}{实测拉应力}$	$F_3 \leqslant 0.8$	$0.8 \leqslant F_3 \leqslant 1.0$	$F_3 > 1.0$
	墙体弯矩	$F_4 = \dfrac{墙体容许弯矩}{实测弯矩}$	$F_4 \leqslant 0.8$	$0.8 \leqslant F_4 \leqslant 1.0$	$F_4 > 1.0$
支撑轴力	容许轴力	$F_5 = \dfrac{容许轴力}{实测轴力}$	$F_5 \leqslant 0.8$	$0.8 \leqslant F_5 \leqslant 1.0$	$F_5 > 1.0$
基底隆起	隆起量与开挖深度之比	$F_6 = \dfrac{实测隆起值}{开挖深度}$	$F_6 > 1.0\%$ $F_6 > 0.5\%$ $F_6 > 0.2\%$	$0.4\% \leqslant F_6 \leqslant 1.0\%$ $0.2\% \leqslant F_6 \leqslant 0.5\%$ $0.04\% \leqslant F_6 \leqslant 0.2\%$	$F_6 < 0.4\%$ $F_6 < 0.2\%$ $F_6 < 0.04\%$
沉降量	沉降值与开挖深度之比	$F_7 = \dfrac{实测沉降值}{开挖深度}$	$F_7 > 1.2\%$ $F_7 > 0.7\%$ $F_7 > 0.2\%$	$0.4\% \leqslant F_7 \leqslant 1.2\%$ $0.2\% \leqslant F_7 \leqslant 0.7\%$ $0.04\% \leqslant F_7 \leqslant 0.2\%$	$F_7 > 0.4\%$ $F_7 > 0.2\%$ $F_7 > 0.04\%$

注：（1）F_2 上行适用于基坑旁无建筑物或地下管线，下行适用于基坑近旁有建筑物和地下管线。
（2）F_6 与 F_7 上、中行与 F_2 同，下行适用于对变形有特别严格的情况。

国家建设行业标准《建筑基坑支护技术规程》（JGJ 120—2012）确定了重力式挡墙最大水平位移控制值，见表 2-35。

表 2 - 35　重力式挡墙最大水平位移控制值

墙的纵向长度/mm		< 30	30 ~ 50	> 50
地层条件	良好地基	$(0.005 \sim 0.010)\ H$	$(0.010 \sim 0.015)\ H$	$> 0.015H$
	一般地基	$(0.015 \sim 0.020)\ H$	$(0.020 \sim 0.050)\ H$	$> 0.050H$
	软弱地基	$(0.025 \sim 0.035)\ H$	$(0.035 \sim 0.045)\ H$	$> 0.045H$

注：H 为墙高。

相邻建筑物的安全与正常使用判别标准应参照国家或地区的建筑物监测标准确定，表 2 - 36 所示为上海地区相邻建筑物地基变形控制基准值和实测变形值，表 2 - 37 所示为日本浅埋隧道地面建（构）筑物沉降变形控制基准，可以在工程中参考采用。地下管线的允许沉降和水平位移值由管线主管单位根据管线的性质和使用情况确定。

表 2 - 36　上海地区相邻建筑物地基变形控制基准值和实测变形值

建筑结构和地基基础类型			变形控制基准值			实测变形值			建筑物说明
			按乙类计算的建筑物地基或基础心沉降/mm	沉降差或相对倾斜		沉降值/mm	相对倾斜	局部倾斜	—
				纵向	横向		纵向	横向	
砖承重结构	天然地基条形基础		25 ~ 30	20 ~ 40		0.007 ~ 0.030；相对弯曲 0.000 3 ~ 0.000 8			6 层及 6 层以下房屋一般有圈梁
			15 ~ 20	10 ~ 20					
单层排架框架，柱距 6 m	天然地基		20 ~ 30	桥式吊车轨面 0.003		20 ~ 50	0.004 ~ 0.008	0.003 ~ 0.006	天然地基压力（包括上覆土重）70 ~ 110 kPa
	桩基		—	—		10 ~ 30	0.001 ~ 0.004	0.000 5 ~ 0.003	桩长 21 ~ 40 m，桩台总压力包括上覆土重 100 ~ 250 kPa
露天跨柱基			0.003			10 ~ 20	0.008 ~ 0.015		地表堆载 50 kPa
多层框架结构	天然基础	现浇结构	独立基础或条形基础	20 ~ 30	—		15 ~ 30	0.004 ~ 0.005	0.001 ~ 0.002	3 ~ 6 层工业建筑，无吊车。基础总压力 90 ~ 130 kPa
			筏板基础	20 ~ 30	—		10 ~ 20	0.001 ~ 0.003	0.000 5 ~ 0.003	2 ~ 5 层民用或工业建筑，无吊车。基础总压力 60 ~ 70 kPa
			箱形基础	25 ~ 30	0.003 ~ 0.004		16 ~ 42	—		5 ~ 10 层民用或工业建筑，无吊车。基础总压力 60 ~ 80 kPa
		装配结构	独立基础或条形基础	15 ~ 25	—		—	—		2 ~ 6 层工业建筑，无吊车。基础总压力 60 ~ 80 kPa

建筑结构和地基基础类型		变形控制基准值			实测变形值			建筑物说明
		按乙类计算的建筑物地基或基础心沉降/mm	沉降差或相对倾斜		沉降值/mm	相对倾斜	局部倾斜	—
			纵向	横向		纵向	横向	
多层和高层建筑	桩基	15~25	—		5~35	相对倾斜0.001~0.002；基础底板相对弯曲0.0001~0.0004		6~26层民用或工业建筑，框架，剪力墙结构，钢筋混凝土预制桩、钢筋混凝土管桩、钢管桩、桩长8~50 m，基础总压力60~80 kPa

表 2-37　日本浅埋隧道地面建（构）筑物沉降变形控制基准

既有建筑物			允许值	管理值	施工管理标准
用途	单位	形式			
铁路	国铁、大阪市交通局、名古屋市交通局	新干线高架桥 新干线高架桥 高架桥 桥台、桥脚 轨道 地下铁 地中建筑物 地下铁 地中建筑物	相对垂直变位：5 mm 水平变位：3 mm 垂直：3 mm 柱下沉量：3 mm 柱相对下沉量：2.3 mm 下沉：10 mm 倾斜：3'20" 铅直变位：8.7 mm 下沉：10 mm 隆起：10 mm 下沉：9 mm	±3~5 mm ±20 mm 倾斜1° 下沉、隆起±20 mm/d 垂直9 mm/d、5 mm/d 水平7 mm/d、4 mm/d 倾斜：86' 下沉：5 mm 倾斜：180'	拱顶下沉10 mm以内，收敛值20 mm以内正常 拱顶下沉10~20 mm，收敛20~40 mm，增加量测次数，注意 拱顶下沉20~30 mm，收敛40~60 mm，加强、喷厚等 拱顶下沉30 mm以上，收敛60 mm以上，加强量测，变更设计
道路	建设省	立交桥 立交桥基础 桥脚 不均匀下沉 桥台 桥脚	水平变位：10 mm 垂直变位：30 mm 垂直变位：13 mm 水平变位：±50 mm 垂直：±37 mm 倾斜：±160" 下沉：±17 mm 变位：±50 mm	±15 mm、±120"、±20 mm	
建筑物	—	钢筋混凝土 Rc 板式基础 Rc 板式基础 Rc，3F、4F 货物 Rc，8F 房屋 管道	下沉：5 mm 下沉：5 mm 拐角：1/500~1/300 倾斜：±160" 标准值：15 mm 最大：30 mm 绝对值：20~30 mm 相对下沉值：25 mm 变形：(1~2)×10⁻³ rad 水管垂直：±20~-40 mm 污水管下沉：20 mm	±120"	

【项目小结】

在学习本项目时应注意区分不同施工方法监测项目的差别，学习监测控制基准确定的基本原则，掌握支护结构位移控制基准及基坑工程变形控制基准的确定方法。

【复习思考题】

1. 监测控制基准确定的基本原则是什么？
2. 盾构法施工监测的内容有哪些？
3. 明挖法工程监测频率确定的影响因素有哪些？
4. 周边环境监测的主要内容包含什么？
5. 盾构法施工监测什么情况下需加大监测频率？
6. 矿山法工程监测的应测项目有哪些？
7. 桥梁监测的测点布设有什么要求？

项目3　地下工程监测项目的实施方法

【项目描述】

施工不可避免扰动地层，引起的地层变形会导致地表建筑和既有的管线设施破坏。因此，地铁隧道施工要考虑对城市环境的影响。隧道施工引起的地层变形，特别是在地面建筑设施密集、交通繁忙、地下水丰富的城市中进行地铁隧道施工，对于地铁开挖过程引起地层的力学响应在时间和空间上的规律，不同施工方法的不同力学响应可以通过施工监测实现，并及时预测地层变形的发展，反馈施工，控制地下工程施工对环境的影响程度。

【拟实现的教学目标】

1. 能力目标
(1) 能够参与进行地表沉降监测；
(2) 能够参与进行围护结构顶部位移、水平位移、钢筋应力监测；
(3) 能够参与进行支撑结构轴力监测；
(4) 能够参与进行拱顶沉降、净空收敛监测；
(5) 能够参与进行土压力、深层土体位移监测；
(6) 能够参与进行孔隙水压力、地下水位监测；
(7) 能够参与进行地下管线监测。

2. 知识目标
(1) 掌握地铁常规项目监测原理和监测方法；
(2) 掌握地下工程远程监测系统原理及应用；
(3) 掌握光纤传感系统基本原理及应用。

3. 素质目标
(1) 培养学生独立自主分析问题、解决问题的能力；
(2) 培养学生积极思考、勇于创新的能力；

（3）培养学生吃苦耐劳的优良品质；

（4）培养学生质量第一、安全第一、企业第一的工作作风。

典型工作任务 3.1　常规项目的监测方法

3.1.1　地表沉降监测

地表沉降监测是地下工程监测中最主要的监测项目之一。基坑开挖、浅埋隧道开挖、盾构法施工的隧道工程等均需要进行地表沉降监测。地表沉降监测可以间接反映基坑工程施工扰动引起的周围岩土体及水体的变化、支护结构的变化及二者复杂的作用关系。在浅埋隧道开挖中，地表沉降监测可以反映隧道开挖过程中围岩变形的全过程。尤其是附近有建筑物时就必须对地表沉降情况进行严格的监测和控制，保证施工安全。在盾构法施工中通过动态监测数据指导施工调整盾构开挖的推力、土压、掘进速度、注浆量、出土量等参数，了解盾构施工开挖对地层扰动的控制程度，判断周围岩土体是否有空洞产生，以便采取措施保证工程安全及周边环境对象的安全。同时取得盾构设备在特定地层下的变形规律，为设计提供参考依据。

1. 水准点的设置

地表沉降监测是根据监测施工对象周围水准点的高程而进行的。可以利用城市中的永久水准点或工程施工时使用的临时水准点作为基准点或工作基点。如果施工区域没有水准点，则应根据现场的具体条件和地表沉降监测的时间要求埋设专用水准点。水准点的形式和埋设可参照三等、四等水准点的要求进行，地表水准点的埋设方法如图 3-1 所示。

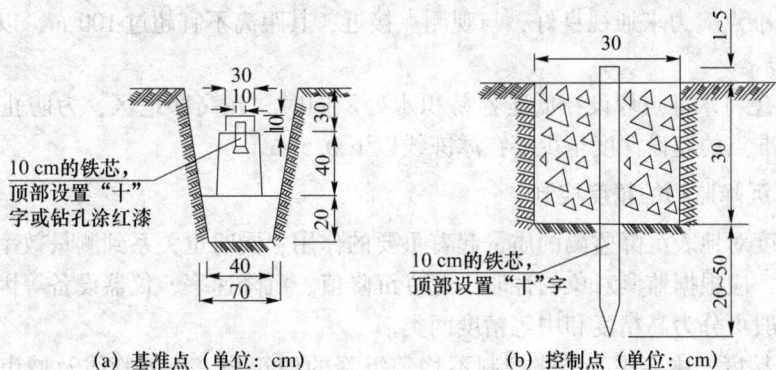

(a) 基准点（单位：cm）　　　　(b) 控制点（单位：cm）

图 3-1　地表水准点的埋设方法

地表和地中沉降观测点应布置在地下结构轴线上部的地表或钻孔中，在横断面上也应布置必要的监测点，如图 3-2 所示。

地表水准点的数目应不少于 3 个，以便组成水准控制网，对水准点定期进行校核，防止其本身发生变化，以保证地表沉降监测结果的正确性。水准点应在地表沉降监测前一个月埋设。当工程中出现意外情况，需对突发的急剧沉降目标进行监测时，若来不及设置上述水准点，可在已有房屋或建筑物上设置标志作为临时水准点，但这些建筑物的沉降必须已趋于稳定。埋设水准点应考虑下列因素。

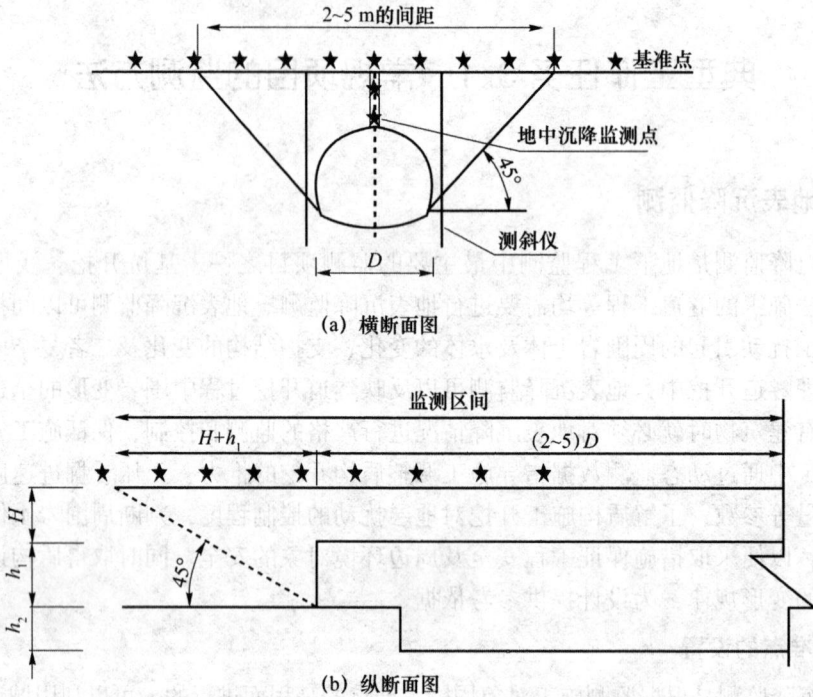

(a) 横断面图

(b) 纵断面图

图 3-2　地表下沉测量范围及地中沉降测点布置

（1）水准点应布设在监测对象的沉降影响范围以外，保证其坚固稳定。

（2）水准点应尽量远离道路、铁路、空压机房等，以防受到碾压和振动的影响。

（3）水准点应力求通视良好，与观测点接近，其距离不宜超过 100 m，以保证监测精度。

（4）避免将水准点埋设在低洼容易积水处。同时，在高寒地区，为防止土层冻胀的影响，水准点的埋设深度至少要在冰冻线以下 0.5 m。

2. 地表沉降监测的精度控制

测量精度对地表沉降监测的质量起着重要的作用，同时也关系到测量效率、工作量及监测费，应根据监测对象的性质、允许沉降值、沉降速率、仪器设备等因素进行综合确定。一般可分为高精度和中等精度两类。

（1）高精度。主要用于严格控制不均匀沉降的建筑物、地下管线及城市中的深大基坑监测。使用的精密水准仪通常带有光学测微器，放大倍率不小于 40 倍，如苏光 DS6、WILD N3 和 Leica NA3000 等仪器。仪器使用时，i 角控制在 $\pm 15''$，视线长度不大于 50 m，闭合差应小于 ± 0.5 mm，测量数据保留至 0.1 mm，水准尺均需要采用线条式铟钢尺。

（2）中等精度。用于对不均匀沉降一般性控制的建筑物、地下管线及周边条件良好的基坑监测。所使用的水准仪精度等级应不低于国产 S3 水平，最好带有倾斜螺旋和符合水准器，放大率在 30 倍左右，如国产的 NS3 – 1 型、DZ2 型（带测微器）、WILD N2 和 Leica NA3000 等。仪器使用时，i 角控制在 ±20″，视线长度不大于 75 m，闭合差应小于 ±1.0 mm，测量数据保留至 1.0 mm，水准尺必须用带圆水准器的红、黑双面木尺。

3. 地表沉降监测点布置要求

（1）沿平行基坑周边边线布设时不宜少于 2 排地表沉降监测点，排距宜为 3 ~ 8 m，每排监测点间距宜为 10 ~ 20 m，第一排监测点距基坑边缘不宜大于 2 m。

（2）应根据基坑规模和周边环境条件选择有代表性的部位，垂直于基坑周边布设沉降监测断面，每个监测断面上监测点的数量和布设位置应满足对基坑工程主要影响区和次要影响区范围的控制，监测点数量不宜少于 10 个。

（3）浅埋暗挖法周边地表沉降监测点应沿每个隧道或分部开挖施工导洞的轴线上方地表布设，监测等级为二级时，监测点间距宜为 5 ~ 10 m；监测等级为三级时，监测点间距宜为 10 ~ 15 m。

（4）浅埋暗挖法周边地表沉降监测断面应根据周边环境和地质条件布设垂直于隧道轴线的横向监测断面，监测断面数量为：车站不应少于 3 个，区间不应少 5 个。

（5）浅埋暗挖法横向监测断面的监测点布设范围和间距应根据影响区划分确定，监测点数量为：车站不应少于 11 个，区间不应少于 7 个，周边环境条件复杂时应适当加密监测点。

（6）在车站与区间、车站与附属结构、明暗挖等分界部位，洞口、隧道断面变化、联络通道、施工通道等部位，应布设监测点或横向监测断面。

（7）盾构法地表沉降监测点应沿盾构隧道轴线上方地表布设，监测点间距宜为 10 ~ 30 m；始发和接收端应适当增加监测点。

（8）盾构法地表沉降监测点应布设垂直于隧道轴线的横向监测断面，监测断面间距宜为 30 ~ 100 m，横向监测断面的监测点数量宜为 7 ~ 11 个。

4. 应提供的监测资料

（1）包括水准控制网和监测点平面布置图的地表沉降监测方案。

（2）监测仪器、设备一览表及校验资料。

（3）监测记录及报表。

（4）各种沉降曲线、图表。

（5）对监测结果的计算分析资料。

（6）地表沉降监测报告书。

3.1.2 围护结构顶部水平位移监测

围护结构顶部水平位移是监测基坑桩（墙）顶部围护结构向基坑内、外侧变形的方法，该项目主要的监测目的为：

（1）通过对围护结构顶部水平位移的监测，可以掌握基坑顶部位置支护结构随施工开挖的变化情况，了解开挖稳定情况，为施工开挖支护提供参考。

（2）对于软土地区的基坑监测工作，该项目可为围护结构的水平位移数据和孔口起算数据提供修正依据。

1. 测点布置

围护结构顶部水平位移监测点位置的分布在施工图设计文件中给定，要求其位置与数量满足工程信息化施工数据分析的要求。明挖基坑围护结构顶部水平位移监测点布置的主要原则如下。

（1）监测点应沿基坑周边布设，监测等级为一级、二级时，布设间距宜为 10～20 m；监测等级为三级时，布设间距宜为 20～30 m。

（2）基坑各边中间部位、阳角部位、深度变化部位、邻近建（构）筑物及地下管线等重要环境部位、地质条件异常部位等应布设监测点。

（3）出入口、风井等附属工程的基坑每侧监测点不应少于 1 个。

（4）水平和竖向位移监测点宜为共用点，监测点应布设在围护桩（墙）顶或基坑坡顶上。

2. 监测方法

（1）监测方法及仪器选择。围护结构顶部水平位移的监测方法有多种，常用的有极坐标法、测小角法、视准线法等，应根据基坑工程现场条件选用适当的方法。测小角法及视准线法适合基坑边长度适中，沿基坑边通视条件较好且受作业干扰小的情况。而基坑工程场地条件一般比较复杂时，采用导线测量进行平面控制，再采用极坐标法监测点位坐标。

（2）基准点及测点埋设。平面基准点选设于基坑开挖影响范围外的稳定地段，并根据基坑位置、场地布置围挡条件合理分布，一般每个基坑不少于 4 个，能够满足组成合理观测网引测至基坑场地的条件。

围护结构顶部水平位移监测点标志可根据全站仪观测要求设置强制对中标志，为便于观测可设置固定观测棱镜，如图 3－3 所示。

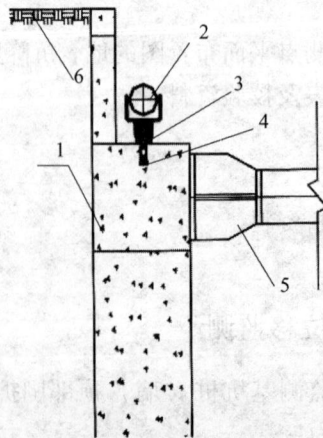

图 3－3　围护结构顶部水平位移监测点标志
1—冠梁；2—测量装置；3—连接杆件；4—固定螺栓；5—支撑；6—地面

（3）观测方法。围护结构顶部水平位移监测基准网（见图 3 - 4）一般采用导线网，平面基准点以地铁工程施工平面坐标系统为基准建立，采用附合或闭合导线形式，将场地附近用于观测监测点的设站点纳入其中，测点监测采用极坐标法。

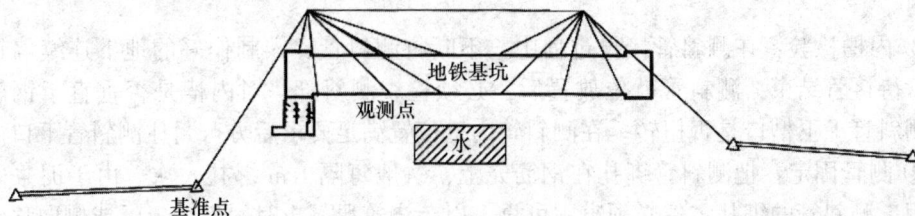

图 3 - 4 监测基准网形式

3.1.3 围护结构水平位移监测

通过测试围护结构深层水平侧向位移，了解随基坑开挖支护体系不同深度的水平变形规律，并与设计计算进行比对，验证设计围护设计参数的取值，在必要时进行设计调整。一般在地下连续墙、混凝土灌注桩、型钢水泥土复合搅拌桩、水泥土搅拌桩等围护形式上进行。该项目为支护体系的重要监测项目。

1. 监测点布置

围护结构水平位移监测点一般布置在基坑平面上挠曲计算值最大的位置，如悬臂式结构的长边中心。基坑周围有重点监护对象（如建（构）筑物、地下管线）、基坑局部挖深加大或基坑开挖时围护结构暴露最早、得到监测结果后可指导后继施工的区段宜重点布置，同时其分布应有一定的密度覆盖，一般布设应符合下列要求。

（1）监测点应沿基坑周边桩（墙）体布设，监测等级为一级、二级时，布设间距宜为 20 ~ 40 m；监测等级为三级时，布设间距宜为 40 ~ 50 m。

（2）在基坑各边中间部位、阳角部位或其他代表性部位的桩（墙）体应布设监测点。

（3）监测点的布设位置宜与围护桩（墙）顶部水平位移和竖向位移监测点处于同一监测断面。

2. 监测方法

1）监测方法及仪器选择

地铁工程围护桩（墙）顶部水平位移在围护结构内埋设测斜管，使用测斜仪观测，测斜仪的精度应不低于 4 mm/15 m。软土地区因围护结构嵌固深度范围不稳定，应对孔口坐标加以修正。

2）测点埋设方法

测斜管安装步骤如下。

（1）地下连续墙内测斜管安装。地下连续墙内测斜管的位置应避开导管，具体安装步骤如下。

① 连接：将 4 m（或 2 m）一节的测斜管用束节逐节连接在一起，接管时注意对齐内外槽口。管与管连接时先在测斜管外侧涂上 PVC 胶水，然后将测斜管插入束节，在

束节四个方向用自攻螺丝或铝铆钉紧固束节与测斜管。注意胶水不要涂得过多,以免挤入内槽口结硬后影响后续测试。自攻螺丝或铝铆钉位置要避开内槽口且不宜过长。

② 接头防水:在每个束节接头两端用防水胶布包扎,防止水泥浆从接头中渗入测斜管内。

③ 内槽检验:在测斜管接长过程中,不断将测斜管穿入制作好的地下连续墙钢筋笼内,待接管结束,测斜管就位放置后,必须检查测斜管一对内槽是否垂直于钢筋笼面,测斜管上下槽口是否扭转。在测斜管内槽位置满足要求后方可封住测斜管下口。

④ 测管固定:把测斜管绑扎在钢筋笼上,一般每隔 1 m 绑扎一次。由于泥浆的浮力作用,测斜管的绑扎定位必须牢固可靠,以免浇筑混凝土时,发生上浮或侧向移动。

⑤ 端口保护:在测斜管上端口,外套钢管或硬质 PVC 管,外套管长度应满足以后浮浆混凝土凿除后管子仍插入混凝土内 50 cm 的要求。

⑥ 吊装下笼:现在一副地下连续墙钢筋笼一般都可全笼起吊,绑扎在钢筋笼上的测斜管随钢筋笼一起放入地槽内,待钢筋笼就位后,在测斜管内注满清水,然后封上测斜管的上口。在钢筋笼起吊放入地槽过程中要有专人看护,以防测斜管意外受损。如遇钢筋笼入槽失败,应及时检查测斜管是否破损,必要时须重新安装。

⑦ 圈梁施工:圈梁施工阶段是测斜管最容易受到损坏的阶段,因此在地下连续墙凿除上部混凝土及绑扎圈梁钢筋时,必须与施工单位协调好,派专人看护好测斜管,以防被破坏。同时应根据圈梁高度重新调整测斜管管口位置。一般需接长测斜管,此时除外槽对齐外,还要检查内槽是否对齐。

⑧ 最后检验:在圈梁混凝土浇筑前,应对测斜管做一次检验,检验测斜管是否有滑槽和堵管现象,管长是否满足要求。如有滑槽现象,要判断是否在最后一次接管位置。如果是,要在圈梁混凝土浇筑前及时进行整改。如有堵管现象要做好记录,待圈梁混凝土浇好后及时进行疏通。

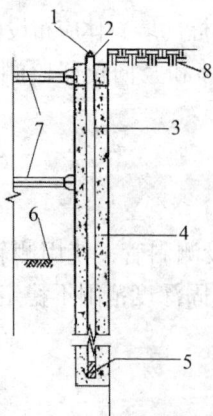

图 3-5 测斜管埋设形式
1—测斜管保护盖;2—钢套管;3—测斜管;
4—支护桩(墙)体;5—测斜管底封堵端;
6—基坑底部;7—支撑;8—地面

测斜管埋设形式如图 3-5 所示。

(2)混凝土灌注桩内测斜管安装。基本步骤同上,需注意因围护桩钢筋笼一般需要分节吊装,测斜管安装过程中,上段测斜管要有一定的自由度,可以与下段测斜管对接。接头对接时,槽口要对齐,不能使束节破损,一旦破损必须换掉。接头处要使用胶水,并用螺丝固定连接,胶带密封。每节钢筋笼放入时,应该在测斜管内注入清水。测斜管的内槽口,一边要垂直于围护边线,并采取措施避免原对好的槽口发生扭转。

(3)型钢水泥土复合搅拌桩内测斜管安装。型钢水泥土复合搅拌桩由多头搅拌桩内插 H 型钢组成。型钢水泥土复合搅拌桩(SMW 工法桩)围护形式的测斜管安装方法有两种:第一种——安装在 H 型钢上,随型钢一起插入搅拌桩内;第二种——在搅拌桩内钻孔埋设。在此仅介绍第一种方法。

① 连接：将 4 m（或 2 m）一节的测斜管用束节逐节连接在一起，接管时注意对齐内外槽口。管与管连接时先在测斜管外侧涂上 PVC 胶水，然后将测斜管插入束节，在束节四个方向用自攻螺丝或铝铆钉固紧束节与测斜管。注意胶水不要涂得过多，以免挤入内槽结硬后引起测斜仪在测试过程中滑槽。自攻螺丝或铝铆钉位置要避开内槽口且不宜过长，以免影响测斜仪在槽内移动。

② 接头防水：在每个束节接头两端用防水胶布包扎，防止水泥浆从接头中渗入测斜管内。

③ 内槽检验：接管结束后，必须检查测斜管内槽是否扭转。

④ 测管固定：将测斜管靠在 H 型钢的一个内角，测斜管一对内槽须垂直 H 型钢翼板，间隔一定距离，在束节处焊接短钢筋，把测斜管固定在 H 型钢上。固定测斜管时要使一对内槽始终垂直于 H 型钢翼板。

⑤ 端口保护：因测斜管固定在 H 型钢内，一般不需在测斜管上端口外套钢管或硬质 PVC 管，只要在上端口用管盖密封即可。

⑥ 型钢插入：在型钢插入施工过程中要有专人看护，以防测斜管意外受损。如遇测斜管固定不牢在型钢插入过程中上浮，表明安装失败，应重新安装。

⑦ 圈梁施工：圈梁施工阶段是测斜管最容易受到损坏的阶段，如果保护不当，将前功尽弃。因此必须与施工单位协调好，派专人看护好测斜管，以防被破坏。

⑧ 最后检验：在圈梁混凝土浇筑前，应对测斜管做一次检验，检验测斜管是否有滑槽和堵管现象，管长是否满足要求。如有堵管现象要做好记录，待圈梁混凝土浇好后及时进行疏通。

（4）水泥土搅拌桩内测斜管安装。水泥土搅拌桩内测斜管采用钻孔法安装，步骤如下。

① 钻孔孔深大于所测围护结构的深度 5 ~ 10 m，孔径比所选的测斜管大 5 ~ 10 cm，在土质较差地层钻孔时应用泥浆护壁。

② 接管：钻孔作业的同时，在地表将测斜管用专用束节连接好，并对接缝处进行密封处理。

③ 下管：钻孔结束后马上将测斜管沉入孔中，然后在管内充满清水，以克服浮力。下管时一定要对好槽口。

④ 封孔：测斜管沉放到位后，在测斜管与钻孔空隙内填入细砂或水泥和膨润土拌和的灰浆，其配合比取决于土层的物理力学性能和地质情况。刚埋设完几天内充填物会固结下沉，因此要及时补充保持其高出孔口。

⑤ 保护：圈梁施工阶段是测斜管最容易受到损坏的阶段，因此必须与施工单位协调好，派专人看护测斜管，以防被破坏。测斜管管口一般高出圈梁面 20 cm 左右，周围砌设保护井，以免遭受损坏。

3）作业方法

测斜管应在工程开挖前 15 ~ 30 天埋设完毕，在开挖前的 3 ~ 5 天内复测 2 ~ 3 次。待判明测斜管已处于稳定状态后，取其平均值作为初始值，开始正式测试工作。每次监测时，将探头导轮对准与所测位移方向一致的槽口，缓缓放至管底，待探头与管内温度基本一致、显示仪读数稳定后开始监测。一般以管口作为确定测点位置的基准点，每次测试时管口基准点必须是同一位置，按探头电缆上的刻度分划，均速提升。每隔500 mm读数一次，并做记录。待探头提升至管口处之后将仪器旋转180°，再按上述方法测量，以消除测斜仪自身的误差。注意事项如下。

① 因测斜仪的探头在管内每隔0.5 m测读一次，故对测斜管的接口位置要精确计算，避免接口设在探头滑轮停留处。

② 测斜管中有一对槽口应自上而下始终垂直于基坑边线，若因施工原因致使槽口转向而不垂直于基坑边线，则须对两对槽口进行测试，然后在同一深度取矢量和。

③ 测点间距应为0.5 m，以使导轮位置能自始至终重合相连，而不宜取1.0 m作为测点间距，以防导致测试结果偏离。

在实际计算时，因读数仪显示的数值一般已经是经计算转化而成的水平量，因此只需按仪器使用说明书中的计算式计算即可，不同厂家生产的测斜仪，其计算公式各不相同。要注意的是，读数仪显示的数值一般取 $l = 500$ mm作为计算长度。

3.1.4 围护结构钢筋应力监测

对于明挖基坑，围护结构在支护体系中属于受弯构件。由于受土压力和集中荷载支撑反力的共同作用，围护结构可近似看作连续梁，在无支撑围护结构中则可近似看作悬臂梁。作为梁构件，其抗弯能力的大小决定了围护体系的稳定和安全。而对围护结构的弯矩进行监测则可随时掌握结构在施工过程中的最大弯矩是否超过设计值，以便必要时能及时采取措施。对于钢筋混凝土围护结构，如地下连续墙、灌注桩等可通过钢筋计的应力计算来监测其内部弯矩的变化。而对于搅拌桩、钢板桩一类的围护结构，则可通过监测其挠曲来计算弯矩的变化。对于暗挖隧道工程，通过测量初期支护钢拱架或二次衬砌钢筋的应力，可计算其所受轴力和弯矩值，并可检验衬砌结构的安全性和合理性。

1. 钢筋计埋设

监测断面应选在围护结构中出现弯矩极值的部位。在平面上，可选择围护结构位于两支撑的跨中部位、开挖深度较大及水土压力或地表超载较大的部位。在立面上，可选择支撑处和每层支撑的中间，此处往往发生较大的正、负弯矩。若能取得围护结构弯矩设计值，则可参考最不利工况下的最不利截面位置进行布设。当钢筋笼绑扎完毕后，将钢筋计串联焊接到受力主筋的预留位置上，并将导线编号后绑扎在钢筋笼上顺主筋导至地表，从钢筋计引出的测量导线应留有足够的长度，中间不宜有接头。在特殊情况下采用接头时，应采取有效的防水措施。钢筋笼下沉前应对所有钢筋计进行测定，核查焊接位置及编号无误后方可施工。对于桩内的环形钢筋笼，要保证焊有钢筋计的主筋位于开挖时的最大受力位置，即一对钢筋计的水平连线与基坑边线垂直，并保持下沉过程中不发生扭曲。钢筋笼焊接时，要用湿麻袋对测量电缆进行遮盖保护。浇筑混凝土的导管应与钢筋计错开，以免导管上下时损伤钢筋计和电缆。电缆露出围护结构时应套上钢管，以免在凿除浮渣时损坏电缆。混凝土浇筑完毕后，应立即复测钢筋计，核对编号，并将同一立面上的钢筋计导线接在同一块接线板不同编号的接线柱上，以便日后监测。

钢筋计主要有钢弦式和电阻应变式两种。钢弦式钢筋计应与支撑主筋串联焊接，而电阻应变式钢筋计可与主筋串接，也可与主筋平行。平行设置时需要绑扎或点焊在箍筋上，要求钢筋计两边的钢筋长度应不小于 $35d$（d 为钢筋计钢筋的直径），保证钢筋计有足够的锚固长度来传递黏结应力。钢筋计一般在绑扎钢筋笼的同时进行焊接，焊接时应采取降温措施，避免焊接钢筋时高温引起钢筋计技术参数的变化。在浇筑混凝土前应对钢筋笼上的钢筋计逐一进行检测，并对同一断面的钢筋计进行位置核定和编号，最好对不同位置钢筋计选用不同颜色的导线，以便在日后施工中损坏导线后还可根据其颜色来判断导线的位置。

2. 钢筋应力计算

1）钢筋计的监测应力计算

钢弦式钢筋计的监测应力为

$$\sigma_i = K_{1i}\sqrt{f_i^2 - f_0^2} \tag{3-1}$$

电阻应变式钢筋计的监测应力为

$$\sigma_i = K_{2i}\sqrt{\varepsilon_i^2 - \varepsilon_0^2} \tag{3-2}$$

式中 σ_i——第 i 个钢筋计的监测应力；

　　K_{1i}——钢弦式钢筋计的标定系数；

　　K_{2i}——电阻应变式钢筋计的标定系数；

　　f_0——钢筋计埋设后的初始自振频率；

　　f_i——第 i 个钢筋计的监测自振频率；

　　ε_0——钢筋计埋设后的初始应变值；

　　ε_i——第 i 个钢筋计的监测应变值。

2）换算成弯矩

根据监测应力按式（3-3）近似计算构件的弯矩。

$$M_c = \frac{E_c}{E_s}\left(\frac{\sigma_1 - \sigma_2}{d}\right)I \tag{3-3}$$

式中 M_c——围护或支护结构监测断面处的计算弯矩，连续墙或暗挖隧道衬砌以每延米计，灌注桩以单桩计；

　　d——每对钢筋计之间的中心距离；

　　σ_1、σ_2——每对钢筋计的应力计算值，以拉为正、压为负；

　　E_c、E_s——混凝土和钢筋的弹性模量；

　　I——监测断面的惯性矩。

3）换算成轴力

一般按式（3-4）计算构件的轴力。

$$N_c = \sigma_s\left(\frac{E_c}{E_s}A_c + A_s\right) \tag{3-4}$$

式中 N_c——围护或支护结构监测断面处的计算轴力，连续墙或暗挖隧道衬砌以每延米计，灌注桩以单桩计；

σ_s——每对钢筋计的平均应力值；

A_c、A_s——支撑结构混凝土面积和钢筋的截面面积。

3. 安全判别条件

1）弯矩安全判别条件

弯矩安全判别公式为

$$\sigma_i \leqslant f_y \cdot f_y' \tag{3-5}$$

$$M_c \leqslant [M] \tag{3-6}$$

式中　f_y、f_y'——钢筋的抗拉、抗压强度设计值；

　　　$[M]$——结构的弯矩设计值。

2）轴力安全判别条件

轴力安全判别公式为

$$\sigma_i \leqslant f_y \cdot f_y' \tag{3-7}$$

$$N_c \leqslant [N] \tag{3-8}$$

式中　f_y、f_y'——钢筋的抗拉、抗压强度设计值；

　　　$[N]$——结构的轴力设计值。

4. 监测注意事项

（1）无论采用哪一种钢筋计，在埋设前都应进行严格标定，并观察其从埋设后至开挖前的稳定性，一般以开挖前的监测值作为初始值。

（2）连接监测传感器的电缆线需用金属屏蔽线，减少外界因素对信号的干扰。

（3）由于地下工程的特殊性，选择监测传感器的量程时应比最大设计值大 50%~100%。

（4）直接根据监测数据计算出来的轴力值和弯矩值，有时不能完全反映实际支护结构的受力状态，应对计算公式中未能考虑的结构温度变化、混凝土的收缩和徐变等因素进行综合分析。

3.1.5　支护结构混凝土应变监测

1. 混凝土应变计的布置

一般选用混凝土应变计进行支护结构混凝土应变值的监测。混凝土应变计主要有埋入式和表面式两种类型。埋入式应变计是在支护结构混凝土浇筑时埋设，应保证其有一定厚度的混凝土保护层，应变计应与支护结构的轴线平行。为避免混凝土振捣时应变计转向和位移，一般可在埋设断面附近的工段混凝土振捣完毕后，及时进行手工埋设。表面式应变计主要设置在混凝土结构的表面，用于测量混凝土的表面应变。当结构施工未及时安装或新增监测断面时，可在设计的监测断面上设置预埋件，待围岩或基坑开挖前进行安装。未设置预埋件的，可用冲击钻及时安装基座，再布设应变计。由于表面式应变计完全暴露在外，极易受到损坏。因此，在设置表面式应变计的部位应设置醒目的标志，并采取一定的保护措施。当机械在附近施工时，应安排专人在现场维护。对于无特殊要求的基坑工程，一般应选用埋入式应变计。

2. 应变值计算

应变值计算公式为

$$\varepsilon_i = K_i \sqrt{f_i^2 - f_0^2} \qquad (3-9)$$

式中　ε_i——第 i 个应变计监测的应变；

　　　K_i——第 i 个应变计的标定系数；

　　　f_0——应变计埋设后的初始自振频率；

　　　f_i——第 i 个应变计的监测自振频率。

3. 轴力计算

可按式（3-10）计算支护结构的轴力，即

$$N_c = \varepsilon(E_c A_c + E_s A_s) \qquad (3-10)$$

式中　N_c——支护结构监测断面处的计算轴力，连续墙以每延米计，灌注桩以单桩计；

　　　ε——应变计的平均应变值；

　　　E_c、E_s——混凝土和钢筋的弹性模量；

　　　A_c、A_s——支护结构混凝土面积和钢筋的截面面积。

3.1.6 支撑轴力监测

支撑轴力监测的目的在于及时掌握基坑施工过程中，支撑的内力（如弯矩、轴力）的变化情况。当内力超出设计最大值时，应及时采取有效措施，以避免支撑因内力超过极限强度而引起局部支护系统的失稳乃至整个支护系统的失败。

1. 监测方法

根据支撑杆件采用的材料不同，所采用的监测传感器和方法也有所不同。对于钢筋混凝土支撑杆件，目前主要采用钢筋计监测钢筋的应力或采用混凝土应变计监测混凝土的应变，然后通过钢筋与混凝土共同工作、变形协调条件来反算支撑轴力。对于钢结构支撑杆件，目前较普遍的是采用轴力计和表面应变计。

2. 传感器布置

1）钢筋混凝土支撑内力（轴力）传感器布置

对于钢筋混凝土支撑杆件，主要采用钢筋计监测钢筋的应力，然后通过钢筋与混凝土共同工作、变形协调条件来反算支撑轴力。当监测断面选定后监测传感器应布置在该断面的四个角上或四条边上以便必要时计算轴力的偏心距，且在求取平均值时更可靠，但应考虑个别传感器埋设失败或遭施工破坏等情况。当为了使监测投资更为经济或同一工程中的监测断面较多，每次监测工作时间有限时，也可在各监测断面上下对称、左右对称或在对角线方向布置两个监测传感器。

钢筋计与受力主筋一般通过连杆电焊的方式连接。因电焊容易产生高温，会对钢筋计产生不利影响。在实际操作时有两种处理方法：其一，有条件时应先将连杆与受力钢筋碰焊对接（或碰焊），然后再旋上钢筋计；其二，在安装钢筋计的位置上先截下一段不小于传感器长度的主筋，然后将连上连杆的钢筋计焊接在被测主筋上。

钢筋计连杆应有足够的长度，以满足规范对搭接焊缝长度的要求。在焊接时，为避免钢筋计受热损坏，要在钢筋计上包上湿布并不断浇冷水，直到焊接完毕后钢筋冷却到一定温度为止。在焊接过程中还应不断测试钢筋计，看看钢筋计是否处于正常状态。

钢筋计电缆一般为一次成型，不宜在现场加长。如需接长，应在接线完成后检查钢筋计的绝缘电阻和频率初值是否正常。要求电缆接头焊接可靠，稳定且防水性能达到规定的耐水压要求，做好钢筋计的编号工作。

2）钢支撑内力（轴力）传感器布置

对于钢结构支撑杆件，目前较普遍的是采用轴力计（也称反力计）和表面应变计两种形式。轴力计可直接监测支撑轴力，表面应变计则是通过量测应变再计算支撑轴力。

轴力计安装：将轴力计圆形钢筒安装架上没有开槽的一端面与支撑固定头断面钢板焊接牢固，电焊时安装架必须与钢支撑中心轴线与安装中心点对齐，待冷却后，把轴力计推入焊好的安装架圆形钢筒内，并用圆形钢筒上的 4 个 M10 螺丝把轴力计牢固地固定在安装架内，然后把轴力计的电缆妥善地绑在安装架的两翅膀内侧，确保支撑吊装时，轴力计和电缆不会掉下来。起吊前，测量一下轴力计的初始频率，其是否与出厂时的初始频率相符合（在 ±20 Hz 范围内）。支撑吊装到位后，在轴力计与墙体钢板间插入一块 250 mm ×250 mm ×25 mm 钢板，防止支撑受力后轴力计陷入墙体内，造成测值不准等情况发生。在施加支撑预应力前，把轴力计的电缆引至方便正常测量位置，测试轴力计初始频率，在施加支撑预应力的同时测试轴力计，看其是否正常工作。待支撑预应力施加结束后，测试轴力计的轴力，检验轴力计所测轴力与施加在支撑上的预应力是否一致。

表面应变计安装：在支撑同一截面两侧分别焊上表面应变计，其应与支撑轴线保持平行或在同一平面上。焊接前先将安装杆固定在钢支座上，确定好钢支座的位置，然后将钢支座焊接在支撑上。待冷却后将安装杆从钢支座取出，装上表面应变计。调试好初始频率后将其牢牢固定在钢支座上。需要注意的是，表面应变计必须在钢支撑施加预应力之前安装完毕。

3. 轴力计算

采用轴力计直接监测支撑轴力。轴力计算公式为

$$N = K_i \sqrt{f_i^2 - f_0^2} \tag{3-11}$$

式中　N——支撑杆件的监测轴力；

　　　K_i——钢弦式轴力计的标定系数；

　　　f_0——轴力计埋设后的初始自振频率；

　　　f_i——轴力计的监测自振频率。

3.1.7　拱顶沉降监测

拱顶沉降监测值是反映地下工程结构安全和稳定的重要数据，是围岩与支护结构力

学形态的最直接、最明显的反映。

1. 沉降点埋设

（1）沉降点的埋设应能反映结构的受力状态和变形，并尽量与地表沉降监测点相对应，以利于对比分析。

（2）拱顶（下沉）的水准点可布设在洞内或洞外，应固定牢靠，易于测量。

（3）拱顶（下沉）测点一般用 $\phi6$ 钢筋弯成三角形，固定在待测面上的拱顶部位。根据隧道或地下开挖洞室的高度准备钢卷尺。其一段接上挂钩，监测时将钢卷尺用挂钩挂在拱顶测点上。对测点在地下工程施工期间采取措施，防止测点损坏，确保监测数据不中断。

2. 监测方法

测量应在水准仪及挂尺检验合格后进行，如果在测点和挂尺附近有振动等其他作业时暂停监测，待周围环境对测量无影响时再进行监测工作。观测时将水准仪安放在标准高程点和拱顶测点之间，铟钢尺底端抵在标准高程点上，并将铟钢尺调整到水平位置，然后通过水准仪后视铟钢尺记下读数 H_1，再前视钢卷尺记下读数 H_2，若标准高程点的高程为 H_0，则本次测试拱顶测点的高程为 $H_0 + H_1 + H_2$，两次不同测试的拱顶高程差即为两次间隔时间内的拱顶沉降，拱顶沉降监测方法示意图如图 3 - 6 所示。

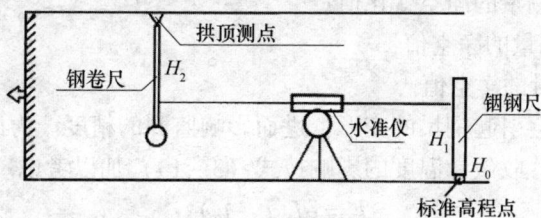

图 3 - 6　拱顶沉降监测方法示意图

3.1.8　净空收敛监测

地下工程开挖后，其洞室内部的净空收敛也是反映围岩与支护结构力学形态变化最直接、最明显的参数。通过监测可了解围岩和支护结构的稳定状态。

1. 测点布设原则

净空收敛的测点应与拱顶（下沉）测点布置在同一个断面上。在同一断面内，收敛基线的布设应根据开挖断面大小选择不同的布置形式，通常情况下可以采用图 3 - 7 所示的布设形式。

具体可按照地下工程所采用的开挖方法和断面大小加以确定。安装测点时，在被测结构断面的岩壁或土体上用钻机或冲击钻钻成孔，孔径为 40 ~ 80 mm，孔深 20 mm。在孔中填塞水泥砂浆后插入收敛预埋件，尽量使两个预埋件的轴线在基线方向上，待孔内的砂浆凝固后即可进行监测。

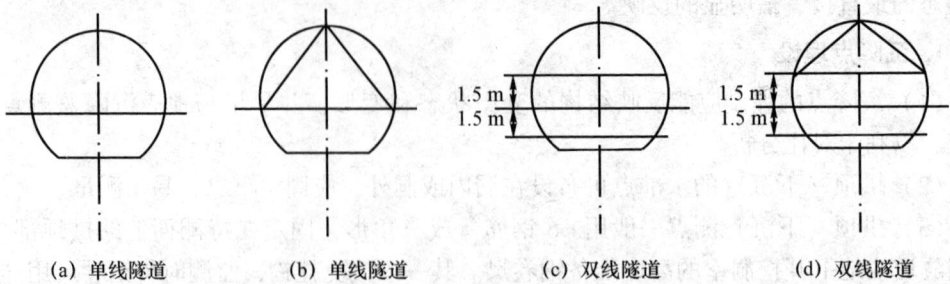

| (a) 单线隧道 | (b) 单线隧道 | (c) 双线隧道 | (d) 双线隧道 |

图 3 – 7　地下隧道收敛基线布设形式

2. 监测与数据处理

每次测量时取下测杆保护帽，将收敛计用销子连接于基线两端的测杆上，张紧钢尺读数，重复三次，读数误差应在 ±0.05 mm 之内。初次测量时，在钢尺上选择一个适当孔位，将钢尺套在支架的固定螺杆上。孔位的选择应能使钢尺张紧，此时收敛计百分表或数显表顶端读数为 0 ~ 25mm。拧紧钢尺压紧螺帽，并记下钢尺孔位读数。再次测量时，按前次钢尺孔位，将钢尺放在支架的固定螺杆上，按上述相同程序操作，得到测量值。按式（3 – 12）计算洞室的净空变化值。

$$\Delta l_i = L_i - L_0 \tag{3 – 12}$$

式中　Δl_i——第 i 次测量的净空变化值；

L_i——第 i 次测量的净空值；

L_0——初始测量的净空值。

洞内外温度变化会引起钢尺的变形，进而影响监测的精度。为此在监测的同时应考虑温度对变形的影响，收敛计温度的影响按式（3 – 13）加以考虑。

$$l_{it} = \alpha L(t_i - t_0) \tag{3 – 13}$$

式中　l_{it}——第 i 次测量的温度修正值；

α——钢尺的线膨胀系数，$\alpha = 12 \times 10^{-6}/℃$；

L——测量基线的长度，m；

t_i——第 i 次测量时测点的温度，℃；

t_0——初始测量时测点的温度，℃。

为了提高监测精度，每次测量时应尽可能使支架和销子处于某一固定方向。此外，在测量时还需要注意以下事项。到达测试地点后取出收敛计，并拉出其钢尺，钢尺长度稍长于测量基线，停放约 20 min，以使环境温度与钢尺温度达到相同，并使收敛计百分表或数显表归零。

当收敛计百分表或数显表读数大于 25 mm 时，钢尺需另换一个孔位与支架连接。为了消除换孔间距的误差，换孔前先测读一次并计算净空变化值，换孔后再测读一次。以后计算净空变化值时以后一次读数为准，再加上换尺时的净空变化值。

3.1.9　土压力监测

地下结构承受的压力是直接作用在支护体系上的荷载，是支护结构设计的依据。此外，地下工程的施工（如基坑开挖、隧道开挖、盾构掘进和打桩等）都会引起周围地层水土压力的变化和地层变形。目前，计算地下水土压力的方法很多，但各种方法都有其特定的条件，加上地质条件和施工方法的多变性，要精确计算作用于支护结构上的水土压力及地下工程施工所引起的地层变形是十分困难的。所以，对于重要的地下工程，在较完善的理论计算基础上，对施工期间水土压力和变形进行监测，对于确保地下工程的经济、合理与安全至关重要。本节主要介绍土压力监测。

1. 土压力的监测

通过对地层土压力监测，一方面可分析支护结构在各种施工工况下的受力状况，以便及时采取相应的措施，确保施工安全。另一方面也可寻求地下工程施工引起的不同开挖工况下地层压力的变化规律，为验证结构设计、理论计算提供依据。一般采用压力盒进行监测。

在进行土压力监测前，需要分析和收集以下基础资料。

（1）地下结构的平面和剖面图。

（2）周围地层的工程地质勘探报告。

（3）地下工程施工方法。

（4）地层压力计算的基本模式、挡土结构的强度安全系数、稳定安全系数和允许变形值等。

（5）土压力监测传感器及仪表的技术指标和说明书。

2. 压力盒埋设

在平面上，压力盒应紧贴监测对象布置，如挡土结构的表面、被保护建筑的基础、地下工程支护的接触面。若有其他监测项目（如测斜、支护内力等）时应布置在与之相近的部位，以便进行综合分析和对比。在立面上，应考虑计算土压力的模式。监测挡土结构接触面土压力时，可选择在支撑处和围檩的中点及水平位移最大处。暗挖隧道初期支护压力盒布置应使压力盒的受压面朝向围岩。

当监测围岩施加给喷射混凝土层的径向压力时，先用水泥砂浆或石膏将压力盒固定在岩面上，再谨慎施作喷射混凝土层。不要使喷射混凝土与压力盒之间存在间隙，压力膜应与所测土压力的方向对应。采用钻孔法监测土压力时，应向孔内回填细砂堆至孔口。由于回填砂需要一定的固结时间，因而，采用钻孔法监测土压力时，前期监测的数据偏小，只有当回填材料充分固结后才能较为准确地反映实际土压力，所以，采用钻孔法时需要提前 30 天进行埋设。另外，考虑到钻孔位置与桩（墙）本身存在一定的距离，因而测读到的数据与桩（墙）实际所受到的土压力有一定的近似性。一般认为，测读到的主动土压力值偏大，被动土压力值偏小，因此在整理成果资料时应予以注意。

当监测基底反力或地下室侧墙的回填土压力时可用埋置法进行。在结构物基底埋置压力盒时，可先将其埋设在预制的混凝土块内，整平地表，然后放置预制混凝土块，并将预制块浇筑在基底内。在结构物侧面安装土压力盒时，应在混凝土浇筑到预定高程处，将压力盒固定到测量位置上，压力膜必须与结构外表面平齐。采用埋置法施工时，应尽量减少对原有土体的扰动。压力盒周围回填土的性状要与附近土体一致，以免引起地层应力的重分布。

3. 监测注意事项

1）压力盒的量程

压力盒的量程应满足式（3－14）或式（3－15）的要求。

$$P = P_0 + P_g + P_s \tag{3－14}$$

$$P = P_0 + P_p + P_s \tag{3－15}$$

式中　P——选择的压力盒量程；

　　　P_0——计算的静止土压力；

　　　P_g——打（压）入或夯土填实引起的挤压压力；

　　　P_p——挡土结构位移引起的被动土压力增量；

　　　P_s——施工工艺引起的附加应力增量。

2）压力盒的选用

选用构造合理的压力盒，即受压板直径 D 与板中心变形 S 之比要大，以减小应力集中的影响。根据研究，D/S 的下限，对土中压力盒为 2 000，对接触式土压力盒为 1 000。

监测土体的压力应采用直径与厚度之比较大的双膜土压力盒，而监测接触面土压力时，可采用直径与厚度之比较小的单膜土压力盒。

3）压力膜的保护

为避免颗粒粗、硬度高的回填材料直接冲击压力膜，且使压力膜均匀受压，常用沥青囊间接传力结构加以保护。沥青囊大小视挡土结构的形式、回填材料及回填工艺而定。当压力盒承压膜直径 D 为 100 mm 时，采用 $(4\sim5)D$ 的边长。当宽度不足时，如板桩的宽度可取与最大承受面相当的宽度。对于降水基坑，间接传力膜的设置也可采用细颗粒材料。无论采用哪种材料的间接传力介质，都必须密实，在使用过程中不允许挤出或流失。

3.1.10　深层土体位移监测

地下工程施工所引起的地表沉降很多是由深层土体位移造成的。打桩、围岩注浆、基坑开挖时围护结构底部位移或基坑坍塌、隧道塌方及盾构推进过程中在地层中形成的空隙等都是引起深层土体位移的重要原因。地下工程开挖引起的深层土体位移对地表的影响存在时间上的滞后现象。因此，如果能及时掌握深层土体的位移，在必要时采取适当的控制措施，对保障地下工程施工和周围环境安全具有重要的作用。开展深层土体位移监测的目的就在于此。

深层土体位移可分为水平位移和垂直位移。深层土体水平位移的监测可通过在土体中埋设测斜管的方式，使用测斜仪进行，详见 3.1.3 节。而深层土体垂直位移的监测可通过在土体中埋设分层沉降标的方式进行。

1. 深层土体水平位移监测

1）测斜管埋设

测斜管埋设示意图如图 3－8 所示。首先在地层中钻孔，孔径略大于所选用的测斜管外径，然后将测斜管封好底盖逐节放入孔内，并同时在测斜管内灌满清水，直至放到预定的高程。随后在测斜管与钻孔之间的孔隙内回填细砂或水泥与黏土拌和料以固定测斜管，其配合比应与地层的物理力学性质相匹配。在埋设过程中应避免测斜管发生纵向旋转。测斜管管节之间的滑槽应相互对准，防止导槽堵塞。埋设就位时必须使测斜管的一对导槽与测量位移的方向一致。测斜管埋设完毕后应测量测斜管导槽的方向、管口位置及高程，并做好保护工作。在测斜管上部设置金属保护套，在管口处浇注混凝土窨井，并加保护盖。

2）监测方法

监测方法见 3.1.3 节。

3）应提交的监测资料

（1）水平位移测点平面图、剖面图。

（2）水平位移监测成果表。

（3）水平位移、深度、时间（$S-Z-t$）曲线。

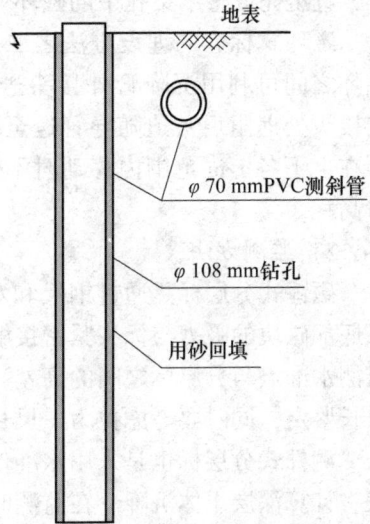

图 3-8 测斜管埋设示意图

2. 深层土体垂直位移监测

1）分层沉降标埋设

深层土体垂直位移的监测即分层沉降监测，可采用分层沉降标进行监测。分层沉降标可分为磁锤式（或测杆式）和磁环式。前者埋设时为一孔一标；后者埋设时为一孔多标。磁环数量可视地层分布而定，也可等间距设置。磁锤式（或测杆式）标志的埋设方法为：用钻机在预定位置钻孔至预测土层的高程后，将护筒放入孔内，以防孔壁坍塌，再将标头放入孔底，压入土层内。采用测杆式时放入测杆，并使其底面与标志顶部紧密接触，使上部的水准气泡居中，最后用三个定位螺丝将测杆在护筒中定位。磁锤式标志埋设示意图如图 3-9 所示。

磁环式标志的埋设方法之一是用钻机在预定孔位上钻孔，孔深由沉降管长度而定，孔径要大于磁环，然后放入沉降管。沉降管连接时要用内接头或套接式螺纹，使外壳光滑而不影响磁环的上下移动。在沉降管和孔壁之间用膨润土球充填并捣实至底部第一个磁环的高程，再用专用工具将磁环套在沉降管外送至填充的黏土面上，施加一定压力使磁环上的三个铁爪插入土层，然后再用膨润土球充填并捣实至第二个磁环的高程，按上述方法安装第二个磁

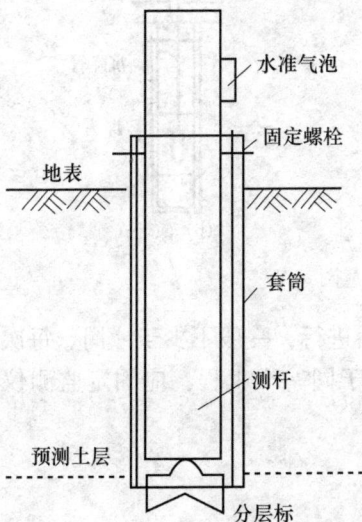

图 3-9 磁锤式标志埋设示意图

环，直至完成整个钻孔中的磁环埋设。

磁环式标志的埋设方法之二是在沉降管下孔前将磁环按设计距离埋设在导管上，磁环之间可利用沉降管外接头进行隔离，成孔后将带磁环的沉降管插入孔内，磁环在接头处遇阻后被迫随导管送至设计高程，然后将沉降管向上拔起 1 m，这样可使磁环在上下各 1 m 范围内移动时不受阻，然后用细砂在导管和孔壁之间的孔隙填充至管口高程。

2）监测方法

磁锤式分层标是通过钢尺和水准仪进行监测的，如图 3 - 10（a）所示。孔内重锤靠底部磁块的吸力与标头紧密接触，孔外重锤利用自重通过滑轮将钢尺拉直，用水准仪监测水准点与分层标之间的高差，计算出深层土体的沉降值，所用钢尺在监测前应进行尺长鉴定，同时要考虑拉力、尺长、温度变化的影响。

测杆式分层标也是采用水准仪进行监测的，在测杆上竖立水准尺，用水准仪监测高程，计算深层土体沉降。在监测时测杆应保持垂直，水准气泡居中。

磁环式分层标监测时应先用水准仪测出沉降管的管口高程，然后将分层沉降仪的探头缓缓放入沉降管，当接收仪发生蜂鸣或指针偏转最大时，就是磁环的位置，自上而下依次逐点测出孔内各磁环至管口的距离，换算出各点的高程，如图 3 - 10（b）所示。

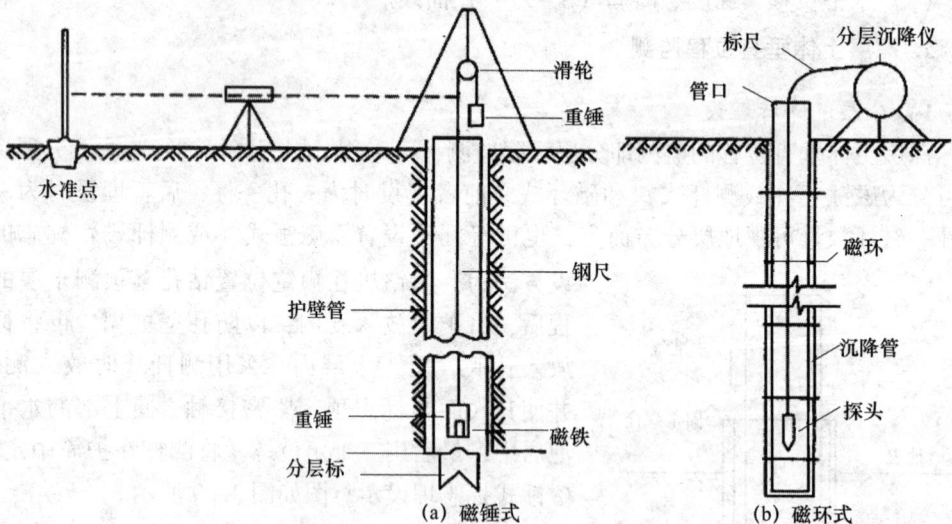

图 3 - 10　磁锤式分层测量示意图

深层土体垂直位移的初始值应在分层标埋设稳定后进行，一般不少于一周。每次监测应重复进行两次，两次误差值不大于 ±1.0 mm。对于同一个工程，应固定监测仪器和人员，以保证监测精度。

3）应提交的监测资料

（1）分层沉降标埋设平面图与剖面图。

（2）分层沉降监测成果表。

（3）沉降值、深度、时间曲线。

3.1.11　孔隙水压力监测

1. 监测目的

地下工程如隧道开挖引起的地表沉降、明挖基坑的变形、地层注浆加固引起的隆起等都与岩土体中孔隙水压力的变化有关。饱和土受荷载后首先产生的是孔隙水压力的变化或迁移，随后才是颗粒的固结变形。孔隙水压力的变化是土体运动的前兆。通过监测孔隙水压力在施工过程中的变化状况，可为控制隧道掘进速度、注浆压力和固结沉降等提供可靠的依据，从而达到为施工服务的目的。同时结合土压力监测，可以进行土体的有效应力分析，作为土体稳定计算的依据。

2. 孔隙水压力计埋设

孔隙水压力监测一般采用孔隙水压力计进行，其埋设方法与压力盒基本相同，可采用挂布法、顶入法、弹入法、埋置法、压入法和钻孔法。下面就其与压力盒埋设的不同之处进行介绍。

（1）在确定孔隙水压力计量程时，除了按孔深计算孔隙水压力的变化幅度外，还要考虑大气降水、井点降水等影响因素，以免造成超出孔隙水压力计量程或者量程选用过大而影响测量精度。

（2）采用钻孔法施工时，原则上不得采用泥浆护壁工艺成孔。如因地质条件差，确实需采用泥浆护壁时，在钻孔完成之后，需要用清水洗孔，直至泥浆全部清除。此后在孔底填入部分净砂，将孔隙水压力计送至设计高程，再在其周围填上约 0.5 m 高的净砂作为滤水层。

（3）封口是影响孔隙水压力计埋设质量好坏的关键工序。封口材料宜使用直径为 1~2 cm、塑性指数 I_p 不小于 17 的干燥黏土球，最好采用膨润土球。封口时应从滤层顶封至孔口，如在同一钻孔中埋设多个孔隙水压力计，则封至上一个孔隙水压力计的深度。一般来说，为保证封口质量，孔隙水压力计之间的间距应大于 1 m，以免水压力贯通。在地层分界处埋设孔隙水压力计时，滤层不得穿过隔水层，避免上下层水相互贯通。

（4）如果所测地层土质较软，则可用压入法进行埋设。用外力将孔隙水压力计缓缓压入土中至设计高程。如土质稍硬，则可先用钻孔法钻入一定深度后，再用压入法将孔隙水压力计送至设计高程。此法的优点在于节省钻孔的时间和费用。

（5）无论采用哪种方法埋设，都要扰动地层，使初始孔隙水压力发生改变。为减少对初始孔隙水压力的影响，一般应在正式监测前 30 天进行埋设。

3. 孔隙水压力计算

目前采用的孔隙水压力监测方法有电测法、液压法和气压法。由于各自的监测原理不同，故计算公式也不尽相同。

1）电测法

电测法计算孔隙水压力的公式为

$$P_p = K(f_i^2 - f_0^2) \tag{3-16}$$

式中 P_p——监测的孔隙水压力；

$\quad\quad K$——传感器标定系数；

$\quad\quad f_0$、f_i——分别为初始和监测的自振频率。

2）液压法

液压法计算孔隙水压力的公式为

$$P_p = p + \rho_w h \tag{3-17}$$

式中 P_p——监测的孔隙水压力；

$\quad\quad p$——压力表的读数；

$\quad\quad h$——探头至压力表基准面的距离或高度；

$\quad\quad \rho_w$——水的密度。

3）气压法

气压法计算孔隙水压力的公式为

$$P_p = \alpha + \beta P_a \tag{3-18}$$

式中 P_p——监测的孔隙水压力；

$\quad\quad \alpha$、β——标定常数；

$\quad\quad P_a$——气压值，用压力表测量。

3.1.12 地下水位监测

1. 影响地下水位变化的因素

（1）自然气候条件的变化，如降雨量大小和持续时间、季节变化。

（2）江河湖泊中水位的涨落。

（3）人工降水，如井点管的深度、真空度等。

（4）地下工程开挖引起地下水流失。

（5）围护结构的抗渗漏能力。

2. 地下水位监测的作用

（1）检验降水方案实施的效果，如降水速率和降水深度等。

（2）控制地下工程施工降水对周围地下水的影响。

（3）防止地下工程施工中的水土流失。

3. 水位孔布设

检验降水方案实施效果的水位孔应布置在降水区内。采用轻型井点降水时可布置在总管的两侧，采用深井降水时应布置在两孔深井之间，水位孔的深度应在最低设计水位以下。保护周围环境的水位孔应围绕围护结构和被保护对象（如建筑物、地下管线等）或在两者之间进行布置，其深度应在允许最低地下水位以下或根据不透水层的位置而定。

水位孔一般用小型钻机成孔，孔径应略大于水位管的直径。孔径过小会导致下管困难，孔径过大会使观测产生一定的滞后效应。成孔至设计高程后应放入裹有滤网的水位管，管壁与孔壁之间用净砂回填至离地表 0.5 m 处，再用黏土进行封填，防止地表水流入。

4. 水位管构造

水位管选用直径 50 mm 左右的钢管或硬质塑料管，管底加盖密封，防止泥沙进入。下部留出长度为 0.5~1.0 m 的沉淀段，其上不钻孔，用来沉积滤水段带入的少量泥沙。中部管壁周围钻出 6~8 列直径为 6 mm 左右的滤水孔，纵向孔距为 50~100 mm。相邻两列的滤水孔交错排列，呈梅花状布置。管壁外部包扎过滤层，过滤层可选用马尾、土工织物或网纱。上部再留出 0.5~1 m 作为管口段，也不打孔以保证封口质量。

5. 监测注意事项

（1）由于地下水位的变化除受地下工程施工影响外，还受自然气候等诸多因素的影响。为了排除非工程因素的干扰，可在工程施工影响范围之外再布置 1~2 个水位孔，以便进行对比分析。

（2）在监测一段时间后，应对水位孔逐个进行抽水或灌水试验，检查其恢复至原水位所需的时间，以判断其工作的可靠性。

（3）当地层渗透系数大于 1×10^{-6} m/s 时，水位孔的监测效果良好；当地层渗透系数为 $10^{-8} \sim 10^{-6}$ m/s 时，水位孔的监测效果具有滞后现象；当地层渗透系数小于 10^{-8} m/s 时，水位孔的监测数据仅能作为参考。

（4）水位管的管口应高出地表，并加盖保护，以防止雨水和杂物进入管内。同时监测的水位管处应有醒目的标志，防止损坏监测孔。

3.1.13 地下管线监测

地下管线是城市的生命线。一旦遭到破坏将会给城市居民生产、生活带来严重的影响，甚至造成严重的经济损失和社会事件。由于地下工程施工不可避免地要对地层岩土体产生扰动，因而埋设在地层中的地下管线将随岩土体变形并产生垂直位移和水平位移。地下管线监测的目的在于掌握地下管线的变形量和变化速率，及时调整施工方案，采取有效措施加以保护。

1. 地下管线调查

在制定测点布置方案和确定监测方法及频率前，首先应调查与地下管线监测有关的基础资料，其内容如下。

（1）地下管线的用途、材料和规格，以便选择重要管线进行监测。

（2）地下管线的平面位置、埋深和埋设年代。

（3）地下管线的接头形式、对位移的敏感程度，以便确定位移控制基准值。

（4）地下管线所在道路的交通状况，以便确定测点埋设方式。

（5）采用土力学与地基基础有关的公式估算地下管线最大位移值。

（6）城市管理部门对地下管线的沉降允许值。

获取上述资料的途径主要是通过工程建设单位向有关地下管线管理或产权单位进行调研，收集地下管线分布图和现状。在缺乏图纸资料时，可采用管线探测仪进行现场勘查，也可向附近的管线用户进行询查。

2. 测点埋设

目前地下管线测点主要有三种监测方法：抱箍式、直接式和模拟式。

1）抱箍式

由扁铁做成直径稍大于管线的抱箍固定在管线上，抱箍上焊一测杆，测杆顶端不应高出地表，路面处布置窨井，既用于测点保护，又便于地面交通通行。抱箍式测点具有监测精度高的特点，能如实反映管线的变形情况，但埋设时必须进行开挖，且要挖至管底，对交通繁忙的路段影响较大。抱箍式测点主要用于一些次干道和十分重要的地下管线，如高压煤气管、压力水管等，如图 3-11 所示。

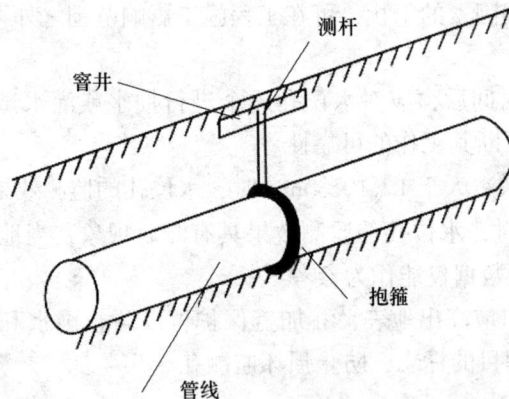

图 3-11 抱箍式埋设示意图

2）直接式

用敞开式开挖和钻孔取土的方法挖至管线顶面，露出管线接头或闸门开关，利用凸出部位涂上红漆或粘贴金属物（如螺帽等）作为测点。直接式测点主要用于沉降监测，其特点是开挖量小，施工便捷。但地下管线埋深较大时容易受地下水或地表积水的影响，立尺困难，影响测量精度。直接式测点适用于埋深浅、管径较大的地下管线。

3）模拟式

对于地下管线排列密集且管底高程相差不大或因种种原因无法开挖的情况，可采用模拟式测点。方法是选有代表性的地下管线，在其邻近施作 ϕ100 mm 的钻孔。孔深至管底高程，取出浮土后用砂铺平孔底，先放入不小于钻孔面积的一片钢板，以增大接触面积，然后放入 ϕ200 mm 的一根钢筋作为测杆，周围用净砂填实。模拟式测点的特点是简便易行，避免了道路开挖对交通的影响。但因测得的是管底地层的变形，因此模拟性差，精度较低。

上述三种形式的测点均可用于垂直位移的监测。抱箍式和直接式也可用于水平位移的监测，但应注意抱箍式测点的测杆周围不得回填，否则会引起监测误差。

3. 监测注意事项

（1）在管线监测中，由于允许变形量小，一般在 10~30 mm。故应使用精度较高的仪器和监测方法，如采用精密水准仪和铟钢尺测量垂直位移，测量水平位移用的经纬仪应有光学对中装置。

(2) 计算位移值时应精确至 0.1 mm，同时应计算同一点上的垂直位移值和水平位移值的矢量和，求出最大值，然后与允许值进行比较。

(3) 当最大位移值超出控制值时应及时报警，并会同有关部门研究对策，同时加密监测频率，防止意外突发事故，直至采取有效措施。

典型工作任务3.2 地下工程的远程监测系统

3.2.1 近景摄影测量系统

用于监测地下结构变形的近景摄影测量摄影机有两种类型：①带有框标和定向设备的测量相机，即摄影经纬仪；②没有框标和定向设备的非测量相机，即普通照相机。

近景摄影测量地下工程位移的实质就是测算出目标点的空间坐标，测算出相应点空间坐标的变化，即相应的三维位移矢量。近景摄影测量已从模拟法发展到解析法。

根据摄影测量的基本原理，按照测定已知元素的不同，近景摄影测量的方法有四种：①测定地表控制点的方法；②测定摄影外方位元素的方法；③直接线性变换的方法；④手持相机监测地下工程位移的近景摄影测量新技术。

其中前3种方法由于监测设备购置费用高、监测时间长及在监测期间对施工和运营的干扰严重而难以推广。第4种方法的基本原理是：在地下工程整个监测断面上布置若干个变形测点，并放置1~2把基尺，利用普通照相机对监测断面内的不同部位进行拍照，并将照片扫描成数字图形输入计算机，在输入若干个参数后，计算机会自动计算出各变形点的物理空间坐标。监测时不设固定的监测摄影站，各次监测摄影站和基尺位置可任意选择，但各变形点的编号不能变更。计算机能自动识别未产生位移的标志点，并使其各坐标系统一致，计算出各变形点的三维位移矢量。

由于地下工程施工环境条件多变且工艺复杂，近景摄影测量技术不易实施，而且其测量的精度难以达到要求。因此，尚需要开展进一步的研究工作。

下面对三维隧道影像扫描仪（简称 DIBIT 系统）做一简要介绍。DIBIT 系统为可携带式隧道影像记录器，是由奥地利 ILF 与 Tunei Conslt 公司合作研制的测量系统，曾应用于德国、奥地利境内高速铁路隧道的施工监测。采用三维隧道影像扫描仪不仅可全面、精确地摄录隧道开挖面的地质与支撑施作状况，改善传统施工方法中有关监测或记录方法的缺点，而且还可以提供隧道开挖的高精度资料，建立施工质量的资料库，有助于提升隧道施工的质量控制与工程管理效率。

1. DIBIT 系统

1）系统外观

DIBIT 系统外观如图 3-12 所示。其主要元件及功能如下。

(1) 使用高解析度、配备数码耦合件（CCD）的相机，即数码相机。

(2) 玻璃棱镜可配合自动定位经纬仪（self targeting servo-theodolite）进行坐标位置

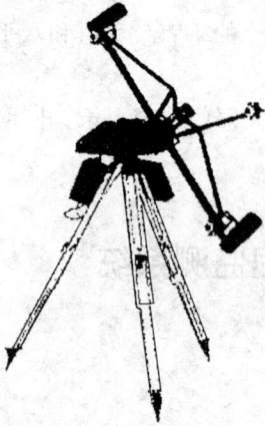

图 3 – 12　DIBIT 系统外观

的确认。

（3）工业型计算机进行资料的搜集、记录与储存，配备触控式屏幕，简化及加快操作程序。

（4）配备有高阶影像处理软件，可进行影像资料分析与储存。

2）DIBIT 系统特性

（1）现场扫描时间短，资料涵盖范围广。

（2）可由一般技术人员在现场单人操作。

（3）配合隧道施工掘进，扫描开挖面。

（4）隧道半径约为 10 m 时，其资料解析度一般可达 1 cm，隧道越小，解析度越高。

（5）影像资料处理流程全自动化，无须人为处理。

（6）影像资料的储存、搜寻及调阅方便且快速。

（7）影像资料的评估简易快捷。

（8）影像结果表达方式明确且易于了解。

2. DIBIT 系统操作

1）影像资料记录

DIBIT 系统使用固定于相机架上的两台数码相机与三组玻璃棱镜组成主机上的主要元件，如图 3 – 13 所示。

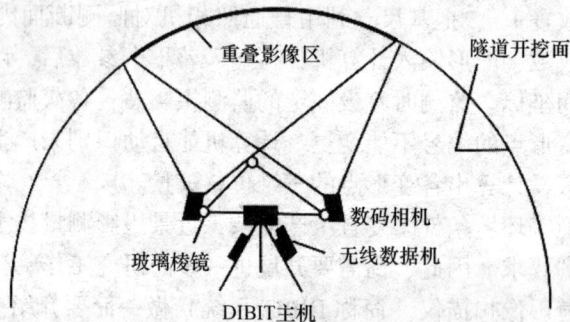

图 3 – 13　DIBIT 主机

两台数码相机模拟航空摄影的原理，对相同目标摄取重叠影像，借以取得隧道表面的影像素（pixel）立体坐标。玻璃棱镜用于仪器本身的定位，透过置于主机附近的自动定位经纬仪完成。主机与自动定位经纬仪之间的数据传输利用内置无线数据机，进行自动化信息交换与指令操控，将定位资料同步储存至相关影像资料中。对一般山岭隧道而言，大约需要划分为五段进行断面扫描，分别摄取重叠影像，进而组合成全断面影像。

现场影像资料的搜集、记录与储存由工业型计算机控制。DIBIT 系统总质量约为 18 kg，携带方便且可单人操作。为使影像有较高的品质，通常在现场拍摄时附加卤素灯以增强照度。若使用自备电池，主机拍摄时间可维持约 40 min，也可接外部电源。在摄取隧道开挖面重叠影像时，将 DIBIT 主机大致置于隧道开挖面中心，输入隧道拍摄里程、高度与拍摄角度等资料，即可启动记录器逐段进行开挖面扫描与空间定位，每段扫描所需时间约为 40 s。

2）资料整理

将现场所摄录的地质资料，通过 MO 磁碟机输入室内主机即可进行资料的处理与分析。各段的数码原始影像资料经处理软件分析后可得正交影像，影像中的每一像素均具有三维绝对空间坐标，其资料解析度可达 1 cm。处理的结果可以列表的方式显示，以便进行分析、展示、储存或其他应用。对隧道施工管理而言，DIBIT 系统不仅可以取得施工过程的完整实况录像，如开挖面地质、喷射混凝土与二次衬砌混凝土等表面的影像，也可通过三维坐标的几何分析获得工程量相关资料，包括隧道超挖与欠挖量、喷射混凝土厚度、隧道收敛变形量、超挖或欠挖体积、喷射混凝土体积、喷射与回弹量等。此外，分析开挖面地质影像，可取得层面与不连续面的产状和构造状况，以便进行地质资料的统计与分析。

3.2.2　多通道无线遥测系统

利用无线遥测系统可以对地下工程施工期间的隧道围岩位移变化进行监测。经过机械传动使装在无线遥测数据采集发射装置中的容栅式位移传感器输出的信号发生变化，同时输出两路不同的信号：数据信号和同步信号。而用无线方式同时传输这两路信号是极为困难的，因此，先将这两路信号送入单片计算机，经过转换得到一路标准的异步串行通信信号。为了实现无线数据的传输，在发送前将数字信号变成模拟信号，在接收端再把模拟信号转化成数字信号。该系统使用专门设计的单片小型调制解调电路，便携式遥测主机电路图如图 3 - 14 所示。

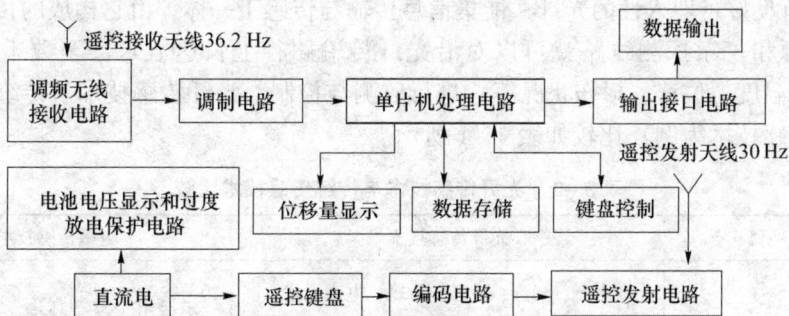

图 3 - 14　便携式遥测主机电路图

无线遥测系统具有以下特点。

（1）整个系统的信号传输全部采用数字化传输，因此抗干扰能力强，监测结果准确。

（2）使用电容式（容栅式）新型位移传感器。

（3）使用单片专用小型调制解调器。

（4）设计了功能齐全、操作简单的便携式遥测主机。其内部工作用单片机（8031）

控制，内装遥测接收机、遥控发射机、遥控键盘和 LED 数码显示，工作电源为可充电电池。它的主要功能包括：

① 根据使用者需要，发出一串特定编码脉冲指令，启动所指定的遥测发射电路工作，实现单点和多点测量。

② 接收位移传感器上的发射机发来的数据信号，进行处理，恢复成数据，进行显示，并可根据使用者的指令，选择重测或确认，一旦确认，存入内存。

③ 对测量数据进行检索，方便查询。

④ 有 RS-232 接口，可方便地和计算机联机。

⑤ 适应恶劣的工作环境。该机防尘、防水、抗爆、体积小、成本低、便于携带、操作方便，并设有电池电压显示和过度放电保护电路。

为了实现多通道数据遥测，在系统中设计了无线遥控发射接收电路，带有数码编码、解码和延时开关功能，用于准确控制多个无线遥测数据采集发射装置。无线遥测数据采集发射装置中有遥控接收电路，此电路和容栅式位移传感器一直工作，随时准备接收遥控指令。当收到装在便携式遥测主机上遥控发射电路发出的编码指令，并且确认解码正确后，无线遥测数据采集发射装置自动开启遥测发射电源，开始发射信号。由于延时开关电路的作用，2 s 后自动断电停止工作。每个无线数据采集发射装置均有不同的编码，监测人员可以使用便携式遥测主机上的键盘，非常方便地启动对应的发射电路，实现多通道逐点监测。多通道无线遥测系统的研制成功为隧道围岩位移监测提供了一种精确、可靠、便捷的方法。

3.2.3 光纤监测系统

利用外界因素使光在光纤中传输时的光强、相位、偏振态及波长（或频率）等特征量发生变化，从而对外界因素进行监测和信号传输的技术称为光纤监测技术。轻细、柔韧并具有良好可埋入性的光纤，能集信息传输与传感于一体，由它构成的传感器，只需一个光源和一条探测线路就可以对沿光纤传输路径上长达数米甚至数千米的信息（如应力、温度、位移、损伤状况等）进行监测与控制。光纤传感技术与传统传感技术（以电磁传感技术为例）比较如表 3-1 所示。

表 3-1　光纤传感技术与传统传感技术比较

比较项目	光纤传感技术	电磁传感技术
监测环境	在水下、潮湿、易燃、易爆、电磁干扰、高能辐射等环境中无须采取任何防护措施即可进行长期监测	不适用于复杂环境，如作特殊防护可进行短期监测
灵敏度	位移达到 $10^{-4} \sim 10^{-2}$ 量级，压力 0.001 ~ 0.01 MPa 量级	位移达到 $10^{-4} \sim 10^{-2}$ 量级，压力 0.001 ~ 0.01 MPa 量级
连接成网	需要进行无源连接，连接器件价格高，维修困难	易于连接和维修，费用低

续表

比较项目	光纤传感技术	电磁传感技术
智能化	易于实现	易于实现
施工干扰	需要进行防护，但体积小易于隐蔽，元件维修困难	需要防护，故障易排除，设备占用空间较多
服务年限	>10 年	1~2 年
监测费用	在同一精度与测试量测内，仅为电磁法的 1/3~1/2	费用较高

从表 3-1 可以看出，光纤传感技术与传统传感技术相比，拥有明显的优越性和巨大的发展潜力。

3.2.4　自动全站仪非接触监测系统

自动全站仪非接触监测系统采用先进的全自动全站仪，具有自动目标识别、自动跟踪、无棱镜测距的功能。通过数据线与远处控制室连接，通过控制室计算机发出指令控制全站仪对目标进行监测。该系统具有获取信息及时、监测精度高、监测与施工测量可共用一套仪器的优势。

1. 系统构成

为满足地下工程监测的需要，全站仪的测角精度应达到 ±1″，分辨率应达到 0.1″，而测距精度为 1 mm + 1 ppm［±（1 mm 实测距离的百万分之一）的简写形式，下同］，分辨率为 0.1 mm。这样对于几十米长的隧道范围内的观测点而言，其定位精度用 1~2 个测回可达毫米级。也可采用测角精度为 ±2″，测距精度为 2 mm + 2 ppm 的全站仪，但要达到 1 mm 的定位精度，必须增加测回数。

与全站仪配合使用的反射片是一种具有回复反射性能的反射膜片。该反射膜片由丙烯酸酯制成，厚度为 0.28 mm，呈银灰色，大小可根据测距加以选择。监测中常使用的反射片技术参数如表 3-2 所示。

表 3-2　反射片技术参数

反射片大小/(mm × mm)	测量范围/m	精度/mm
20 × 20	2~40	1.0
40 × 40	20~100	1.0
60 × 60	60~180	1.0

反射片最大测距可达 180 m，而且当视线与反射片垂直时，不会降低测距精度。当反射片 45°放置，监测精度为 ±1.0 mm 时，在两个位置监测，精度还会提高。

2. 测量原理

1）自由测站方法原理

全站仪自由测站三维测量是指从任一测站上观测若干已知基准点的方向与距离，通过坐标变换或按最小二乘法算出该测站上仪器中心的坐标及正北方向，然后以此测出其他监测点的坐标。

自由测站方法原理图如图 3-15 所示。全站仪随机载有自由测站程序，该程序最多可利用 10 个后视基准点的测量值来推求测站点的三维坐标及正北方向，给出其精度并能将定向值和测站坐标设置在仪器中，然后可进一步测量其他变形点相对测站中心的极坐标，经坐标变换得监测点在直角坐标系中的三维坐标。如图 3-15 所示，A 是任意一监测点，假设仪器中心点 O 的坐标为 (x_0, y_0, z_0)。设全站仪测得距 A 点的平距为 S_A、方位角为 α_A、高差为 ΔH，则 A 的空间三维坐标为

$$\begin{cases} x_A = x_0 + S_A\sin\alpha_A \\ y = y_0 + S_A\cos x_A \\ z_A = z_0 + \Delta H \end{cases} \tag{3-19}$$

这种方法的优点是可任意放置仪器，仪器操作比较方便，但测站点的定位精度不易保证，从而影响最终监测点的测量精度，且多个后视基准点在隧道这种狭长的空间中比较难以确定。

2）固定测站法原理

如图 3-16 所示，A 是任意一监测点。假设仪器架设在固定点 O，O 点为坐标原点 $(0, 0, 0)$，仪器高为 H；以 O 点和基准点连线为 y 轴建立局部坐标系。并设全站仪测得距 A 点的平距为 S_A、方位角为 α_A、高差为 ΔH。A 点的空间三维坐标为

$$\begin{cases} x_A = S_A\sin\alpha_A \\ y_A = S_A\cos x_A \\ z_A = H + \Delta H \end{cases} \tag{3-20}$$

这种方法的优点是后视基准点只需要一点，定向比较准确和方便。但每次监测时需要将仪器对中并测量仪器高度，其精度直接影响监测点精度，而且固定点需要加以保护。

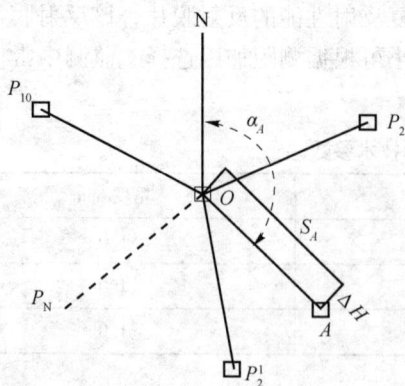

图 3-15　自由测站方法原理图　　　　图 3-16　固定测站法原理图

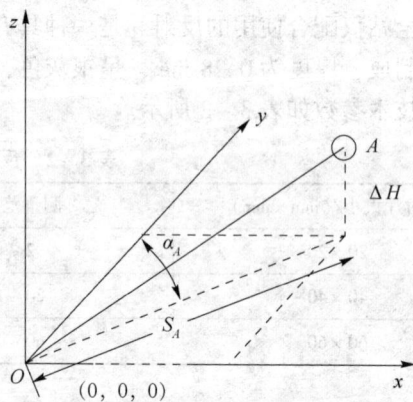

3.2.5　巴赛特结构收敛系统

巴赛特（Bassett）结构收敛系统可以进行隧道断面变形的连续监测，可安装在隧道

典型断面上，用于监测因结构变形而引起的变形破坏，如图 3 – 17 所示。该系统能够适应隧道中的防震、水流、温度变化及电磁辐射环境。

图 3 – 17　巴赛特结构收敛系统

3.2.6　轨道沉降监测系统

轨道沉降监测系统专门用于监测铁路轨道的沉降和扭转，维护铁路和路基的安全，如图 3 – 18 所示。该系统采用数据记录仪进行远程读数。

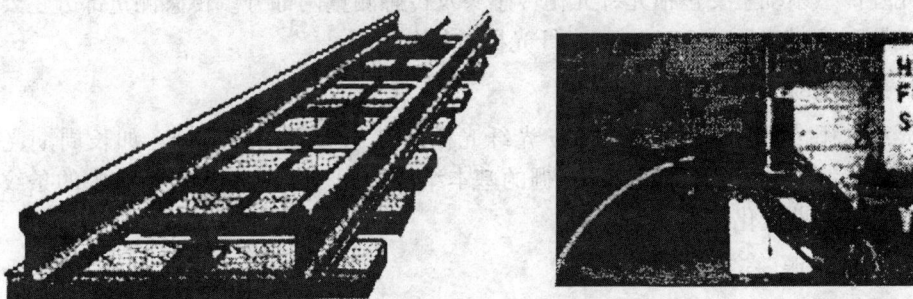

图 3 – 18　轨道沉降监测系统

1. 仪器性能

EL 电解质式轨道沉降监测传感器，量程 40 min，SINCO96806350 分辨率 1 s（0.005 mm），测试精度 0.015 mm。

2. 系统性能指标

（1）实时性。24 h 全天候实时监测，完全可以实现无人值守测量。

（2）实用性。系统可靠、稳定、适应性强，可以在列车正常运行的环境及潮湿环境中稳定监测。

（3）自动化程度和效率高。对于经常性的、工作量较大的作业，可选批处理功能自动完成，提高工作效率。

（4）功能齐全。该系统可实现与在线监控系统之间数据的自动转换。

典型工作任务 3.3　光纤传感系统

光纤光栅传感器是目前正在研发的新型传感器，与传统传感器相比，其集信息感应和传输于一体，具有防爆、抗电磁干扰、抗腐蚀、耐高温、体积小、质量轻、灵活方便的特点，克服了电阻应变片易受电磁干扰、容易损坏、寿命短和不能重复使用的缺点，特别适合在恶劣环境中使用。

光纤光栅传感器与传统传感器的不同之处在于它是波长编码，因此其测量精度不受光源起伏、光纤弯曲、连接损耗和探测器老化等因素的影响。目前美国、加拿大、瑞士、德国、英国等已将光纤光栅传感技术成功地应用在隧道、桥梁、大坝、电站、高层建筑等基础设施的安全检测中，美国和日本甚至将此项技术列为 21 世纪先导性的战略产品。目前光纤光栅传感器已被公认为结构安全检测中最有前途、最理想的检测手段。通过利用光纤光栅传感器技术可准确地将地震、不均匀沉降、动荷载等对建筑结构产生的不利影响进行实时、长期、直观地监控。

3.3.1　光纤传感系统组成

光纤传感系统主要包括光纤光栅传感头及传感测量两都分。传感测量部分主要包括探测光源（宽带光源或 LED）和光纤光栅波长分析器。

1. 光纤光栅传感头

光纤光栅传感头主要采用 Bragg 光纤光栅或其他类型光纤光栅，如长周期光纤光栅、啁啾光纤光栅等。Bragg 光纤光栅的基本结构如图 3 – 19 所示。纤芯中的条纹代表折射率的周期性变化。

2. 探测光源

探测光源即宽带光源或 LED，图 3 – 20 所示的宽带光源可实现大功率稳定输出，满足大型传感网络光源的需要，具有双冷却系统和特殊设计的散热封装，可满足长期稳定运行的要求。

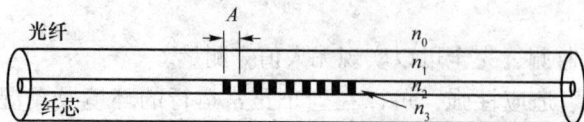

图 3 – 19　Bragg 光纤光栅的基本结构

图 3 – 20　宽带光源

3. 光纤光栅波长分析器

光纤光栅波长分析器完成光纤光栅波长和光强的光电接收放大、数据处理、网络控制和传输、计算机显示、输出及储存。

光纤传感系统可以把数百个甚至上万个光纤光栅传感头组成网络而进行远程在线实时监测。为提高系统的可靠性，利用柔性、模块化及网络化计算机的电控系统。系统采用了 CAN（controller area network，控制器区域网络）总线网络技术连接各传感器的子系统，构成一个分布式的网络控制系统，其网络结构如图 3-21 所示。图中每个传感器含有多个传感头。各种传感器由具有 CAN 总线网络接口功能的传感器组成，可按需要加以扩展。该系统可实现现场组网实地测量。

图 3-21 传感器网络控制系统网络结构

3.3.2 工作原理

1. 光纤白光干涉绝对测量技术

利用一段经过特殊加工的光纤作为传感器，采用光纤白光干涉绝对测量技术，不断监测该光纤段绝对长度的变化，并通过建立建筑物变形而导致的光纤长度变化的相关关系来确定监测量。该方法比较方便，但需要对光纤进行特殊加工。

2. Bragg 光纤光栅技术

将一宽带光源发出的光注入光纤后，只有特定波长的光才被 Bragg 光纤光栅反射。该反射光波长与光栅栅距成正比。当结构受力导致光纤变形时，栅距也将发生改变，从而导致光波长变化。通过光谱仪监测反射光波长移动量就可以求得该处的应变值。Bragg 光纤光栅的应变监测精度可达到纳米级，其监测结果不受光源强度、光纤长度的影响，结果的可靠性高。但光谱仪的价格较高，光栅的刻制成本高。

3. 布里渊散射光时域分析法

光纤的布里渊背向散射频率对光纤所受的应力、应变非常敏感，而且具有较好的线性关系，测试精度高。这种方法的优点是不需要对光纤进行加工，测试费用低，是真正意义上的分布式监测技术，只需要对光纤沿线返回的光信号做出处理即可。但难点在于光纤中的自然布里渊散射光强度很弱，需要对光信号进行放大处理，使整个系统的造价非常昂贵。目前该技术在国内尚处于开发阶段。

光纤光栅传感头主要用 Bragg 光纤光栅。均匀 Bragg 光纤光栅基本结构示意图如图 3-22 所示，纤芯中的条纹代表折射率的周期性变化，所用光纤是一种在纤芯中掺有光敏材料（如锗、硼等）的特殊光纤。紫外曝光会使纤芯的折射率增加。光纤光栅就是利用光敏光纤的这一特性，用位相模板法或全息干涉法，用紫外激光器将光栅从光纤侧面写入纤芯。根据入射光、反射光、透射光和与之相关的能量与动量守恒定律得到 Bragg 反射波长。在一级近似的情况下，Bragg 条件为

$$\lambda_B = 2n_{ef}T \qquad (3-21)$$

129

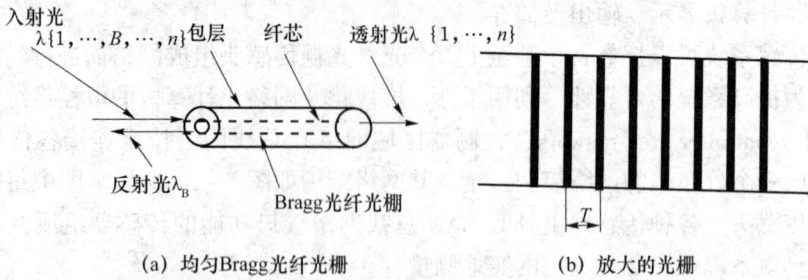

(a) 均匀Bragg光纤光栅　　　　　　　　(b) 放大的光栅

图 3 – 22　均匀 Bragg 光纤光栅基本结构示意图

式中，λ_B 为 Bragg 反射波长，即光栅反射对应于自由空间中的中心波长；T 为光栅周期；n_{ef} 为纤芯的有效折射率。

当入射光满足上面的 Bragg 条件时，它将被反射。对于均匀的 Bragg 光纤光栅，其波长的相对变化量可以写成

$$\frac{\Delta \lambda}{\lambda_B} = (\alpha + \xi)\Delta t + (1 - P)\varepsilon \qquad (3 - 22)$$

式中，α、ξ 分别为光纤的热膨胀系数和热光系数，其值分别为 $\alpha = 0.55 \times 10^{-6}/℃$，$\xi = 8.3 \times 10^{-6}/℃$，故在 λ_B 为 1 550 nm 时，光纤光栅的温度灵敏度大约是 0.013 6 nm/℃；P 为有效光弹系数，大约为 0.22，从而应变灵敏度为 0.001 209 nm/$\mu\varepsilon$，$\mu\varepsilon = 10^{-6}$。

Bragg 反射波长随温度 t 或轴向应变 ε 的变化而变化。温度 t 和轴向应变 ε 可以是很多不同的物理量（如压力、形变、电流、电压、振动、速度、加速度、流量等）的函数，因而测量光栅反射波长的变化就可以计算出相应的待测物理量的变化，所以式（3 – 22）是光栅传感的基本方程。目前光纤光栅传感器有位移、应变、温度和加速度等多种类型，如图 3 – 23 所示。

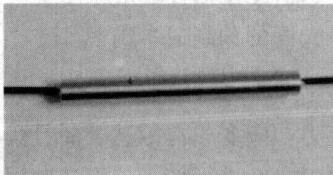

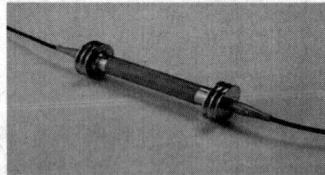

(a) 温度传感器　　　　　　　　　　(b) 应变传感器

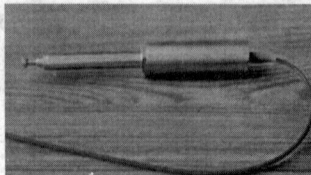

(c) 位移传感器

图 3 – 23　光纤光栅传感器

3.3.3　光纤光栅传感器的埋设

将光纤合理、无损地埋入地下工程进行监测需要考虑和解决以下几个基本问题。

（1）如何将光纤无损伤地埋入地下工程。

（2）光纤如何布置才合理。

（3）当埋入光纤光栅传感器的力学性质与岩土力学性质不一致时，需要考虑和分析光纤监测数据的合理性。

在光纤光栅传感器埋设后，工程结构中的粗骨料、混凝土的振捣和硬化都会对传感器造成损伤。为避免损伤可采取以下方法。

（1）先将光纤埋入一小型预制件中，再将这一小型预制件埋入工程中，预制件材料的力学性质应与工程材料的力学性质一致。

（2）对于钢筋混凝土结构，可将光纤粘贴到钢筋上。一方面钢筋可保护光纤，另一方面钢筋的受力、变形可以反映结构的内部应力、应变状态。

（3）在工程结构中埋入经过特殊保护的光纤。

（4）先用小导管保护，在黏结剂固化之前将导管拔出。

为了合理埋设光纤光栅传感器，事先应对工程结构进行力学分析，找出其受力与变形的关键点和关键段。一般而言，光纤的物理力学性质不同于岩土介质，如材料弹性模量的不同会导致光纤光栅传感器所在处的混凝土产生应力集中。当温度膨胀系数不同时，温度变化会导致热应力差。以往的研究表明，当光纤直径较小时，这些影响是可以忽略的。特别是将光纤光栅粘贴在混凝土结构中的钢筋上时，其测试效果较好。此外，也可以先将光纤粘贴或埋设于与工程介质物理力学性质相似的构件中，然后再埋置于工程中。

现以实例加以说明。北京地铁某站采用暗挖法施工，车站下穿地铁二号线区间隧道。新建车站与既有区间隧道结构底板仅为 1.9 m。为了确保既有线的运营安全，采用 $\phi600$ mm 管棚进行超前支护。为了了解施工过程中管棚的变形状况，采用光纤光栅传感器对管棚的应力进行监测。依据监测要求，在管棚中的三根钢管上设置 54 个监测点。

将光纤光栅传感器直接粘贴到钢管上，外面采用 10 号槽钢进行防护。第一个光纤光栅距钢管端口 1 m 处粘贴，其他光栅的间隔为 2 m。一根钢管共铺设 18 个光栅测点。为避免将槽钢焊接到钢管时产生的高温破坏光纤光栅，采用先焊接防护槽钢后粘贴光纤光栅的方法。具体要求如下。

1. 槽钢的焊接

在焊接前截断槽钢，第一段长度为 92.5 cm，其后每间隔 185 cm 截下长 15 cm 的一段槽钢，并配备同样大小的槽钢作为防护盖，顶部焊接 80 cm 长的钢筋，如图 3 – 24 所示，在光栅光纤粘贴工作结束后用电焊在钢筋两端进行点焊，槽钢端面及槽钢与钢管的连接处采用防水密封胶进行密封固定。

2. 光纤光栅的粘贴

单根钢管的光纤光栅粘贴工作应在钢管顶进前完成，并做好光纤光栅的连接，同时

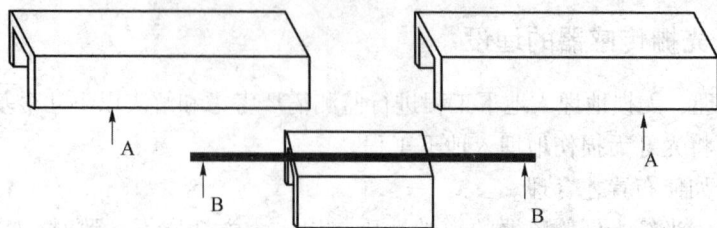

图 3 - 24　光纤安装示意图

A—槽钢，长 15 cm；B—钢筋，长 80 cm

完成预留光纤的连接。在光纤光栅粘贴前应对钢管表面使用手砂轮、砂布等进行处理，然后采用 353 胶进行粘贴。同时应对包层、涂敷层、护套进行粘贴或使用卡子固定。此外对光栅进行测量，同时做好标记和记录。

3. 光纤光栅的连接

对所监测的三根钢管的光纤光栅连接工作应在钢管顶进时同步进行。在焊接时钢管与钢管之间所产生的高温会对邻近的光栅产生损伤，因此必须采取降温措施。例如，使用石棉布或其他吸水耐高温材料在距焊口两端 0.4 m 处各缠绕数圈，并浇水加以冷却，确保光纤光栅处的温度不超过 150 ℃。在钢管焊接完成并冷却后，采用熔接法连接光纤，并检测光栅。如果发生意外事故，如光纤折断、光栅损伤等，应停止作业，分析原因并采取补救措施；如果在钢管推进前已发现光栅损坏，则应立即更换光栅。测量用钢管完全推进后测试整路光栅，如果发生光栅损坏，则应立即进行修复，一旦无法修复，应在下一根钢管上重新布设备用光栅，其作业方法同上。

4. 光纤引出处的固定

槽钢的尾部可用 0.5 cm 厚的钢板加以焊接密封。在钢板的中部，可打两个 $\phi5$ mm 的孔，在圆孔上安装 SC 橡胶尾套固定光纤，使用乳胶加以密封，如图 3 - 25 所示。

待管棚顶进完成后，可进行光源、测试设备的安装，并做整体调试，完成第一次监测。监测采用光纤光栅应变传感测试仪（见图 3 - 26）进行数据采集。由宽带光源、光纤光栅传感头、光纤光栅波长解调系统、数据处理、显示系统和相应的软件组成完整的光纤光栅智能应变监测系统。

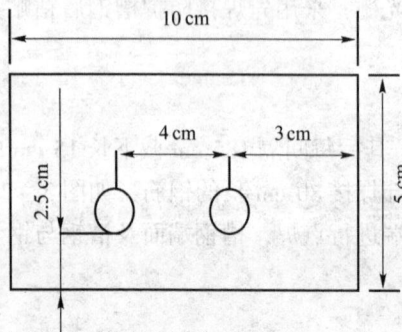

图 3 - 25　槽钢尾部防护板

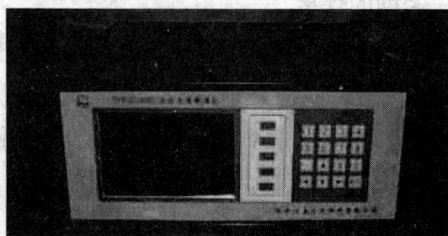

图 3 - 26　光纤光栅应变传感测试仪

通过光纤光栅应变传感测试仪得到的应变值与光纤光栅改变量之间的关系，可以得到管棚的挠度变化状况，现场监测结果如表 3-3 所示。

表 3-3　现场监测结果

序号	位置	初值	测试值	应变
1	1	1 539.13	1 538.334	-0.138
2	3	1 544.93	1 543.882	-0.182
3	5	1 547.73	1 547.309	-0.159
4	7	1 551.33	1 550.349	0.041
5	9	1 553.43	1 553.013	0.511
6	11.8	1 557.47	1 555.763	0.386
7	13.8	1 544.06	1 543.059	-0.284
8	15.8	1 552.03	1 552.552	-0.258

【项目小结】

地下工程监测对象主要有明挖、暗挖及盾构工程结构与周围岩土体、工程周边环境对象等，施工监测内容主要包括上述对象的变形、内力等，施工监测方法及仪器的选择需要根据工程结构设计要求、环境对象安全保护要求、监测对象实际状况、现场监测条件、现有监测技术与仪器条件、工程管理等要求综合确定。要求监测方法及监测系统满足监测目的、监测精度、监测频率等要求，保证可靠性好，经济合理，能够适应所监测的环境。

【复习思考题】

1. 地下工程监测项目有哪些？
2. 地表沉降监测中埋设水准点应考虑哪些因素？
3. 围护结构监测项目有哪些？监测方法是什么？
4. 支撑轴力监测方法是什么？
5. 拱顶沉降监测沉降点埋设要点是什么？
6. 压力盒埋设要点是什么？
7. 孔隙水压力监测方法是什么？
8. 地下管线监测方法是什么？
9. 地下工程的远程监测系统主要有哪些？
10. 简述光纤传感系统工作原理及其应用。

项目4 地下工程的无损检测技术

【项目描述】

地下工程的最大特点就是结构物建造在岩土介质当中，结构物所处的地质条件直接决定了地下工程的设计与施工，同时将影响工程的长期使用。无损检测技术的特点就是在不扰动介质性状、不损害材料承载能力的条件下实现对相邻土层分布和性质的测定，如对滑坡面的确定和地下工程掘进工作面前方岩土性质的预测等。

与一般土建工程一样，施筑完成后的地下工程，其质量验收大都采用无损检测技术，所不同的是地下工程的质量检测在时间上有一定的限制。地下工程施筑于地表以下，属隐蔽工程，施筑完成后，通常要被岩土材料或地面建筑所覆盖，如钻孔灌注桩桩基、地下连续墙等都是直接在土层中浇筑的，因而必须在后道工序开始之前将已施筑结构的质量检测完成。相邻岩土介质的存在，使得地下工程的无损检测更为复杂和困难，需要在检测结果中消除介质边界的影响，提高检测精度和准确度。

【拟实现的教学目标】

1. 能力目标
(1) 能够对地下工程进行无损检测。
(2) 能够对检测仪器进行熟练使用。
2. 知识目标
(1) 掌握地下工程无损检测的技术及方法。
(2) 掌握各种检测仪器的使用。
3. 素质目标
(1) 养成严谨务实的工作作风。
(2) 具备团队合作精神。
(3) 具备一定的协调、组织能力。

相关案例

地下工程和深基坑安全监测监管预警系统

2013 年 3 月，广州市城乡建设委员会组织召开了《广州市地下工程和深基坑安全监测监管预警系统》专家评审会。专家组听取了项目组的汇报，审阅了相关材料，经认真讨论，一致同意通过评审，认为：地下工程和深基坑安全监测监管预警系统实现了对全市地下工程及基坑工程的信息管理，实现了对基坑的支护结构及周边环境监测数据的自动采集、实时传输、自动预警，保证了监测数据的真实性、完整性、及时性；政府主管部门、安全监督机构、监测单位、各责任主体单位，通过该系统能够及时查询辖区内在建工程基坑现场的监测数据，实时掌握工程监测情况，实现动态监管目的，有利于相关责任人员及时采取应急措施，保证地下工程及基坑工程施工安全；地下工程和深基坑安全监测监管预警系统的推广应用，将有助于加强行业管理，规范监测作业，提高监管效能，具有较好的社会效益。

典型工作任务 4.1　回弹法检测

回弹法检测是指以在结构或构件混凝土上测得的回弹值和碳化深度来评定结构或构件混凝土强度的方法。通常在对试块试验有疑问时，可作为混凝土强度检验的依据之一。采用回弹法检测不会影响结构与构件的力学性质和承载能力，因而被广泛应用于工程验收的质量检测中。

结合回弹法在工程结构无损检测中的应用，我国于 2011 年修订了《回弹法检测混凝土抗压强度技术规程》（JGJ/T 23—2011）。

4.1.1　回弹仪

回弹法检测需要的仪器就是回弹仪。图 4.1 所示为常用的指针直读式混凝土回弹仪，其工作原理为：将弹击杆 1 顶住混凝土的表面，轻压仪器，使按钮 18 松开，弹击杆缓慢伸出，使挂钩 16 挂上弹击重锤 20，使回弹仪对混凝土表面缓慢均匀施压，待弹击重锤脱钩，冲击弹击杆后，弹击重锤即带动指针向后移动直至到达一定位置时，指针块 7 的刻度线即在刻度尺 5 上指示某一回弹值。使回弹仪继续顶住混凝土表面，进行读数并记录回弹值，如果条件不利于读数，可按下按钮，锁住机芯，将回弹仪移至其他处读数。逐渐对回弹仪减压，使弹击杆自外壳 19 内伸出，挂钩挂上弹击重锤，待下一次使用。回弹仪必须经过有关检定单位检定并获得检定合格证后在检定有效期（一年内）使用。

每次现场测试前后，回弹仪须在洛氏硬度 $H_{RC} = 60 \pm 2$ 的标准钢砧上标定。标定时，钢砧应稳固平放在刚度大的混凝土地坪上，回弹仪向下弹击，弹击杆分四次旋转，每次旋转 90°，弹击三次后计算平均回弹值。每旋转一次标定的平均回弹值应在 80 ± 2 范围内，否则需送检定单位重新检定。累计弹击次数超过 6 000 次或回弹仪的主要零件被更换后，应送检定单位重新检定。

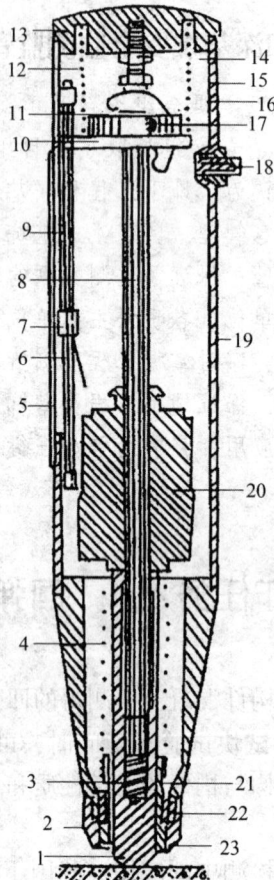

图 4 - 1 指针直读式混凝土回弹仪

1—弹击杆；2—盖帽；3—缓冲压簧；4—弹击拉簧；5—刻度尺；6—指针片；7—指针块；
8—中心导杆；9—指针轴；10—导向法兰；11—挂钩压簧；12—压簧；13—尾盖；
14—紧固螺母；15—调零螺丝；16—挂钩；17—挂钩销子；18—按钮；19—外壳；
20—弹击重锤；21—拉簧座；22—卡环；23—密封毡圈；

4.1.2 回弹值测量

1. 试样、测区、测面和测点

被测试构件和测试部位应具有代表性，试样的抽样原则为：当推定单个结构或构件的混凝土强度时，可根据混凝土质量的实际情况测定数量。当用抽样法推定整个结构或成批构件的混凝土强度时，随机抽取的试样数量不少于结构或构件总数的30%。

测点布置采用测区和测面的概念。在每个试样上均匀布置测区，测区数不少于 10 个，相邻测区的间距不宜大于 2 m。每个测区宜分为两个测面，通常布置在结构或构件的两相对浇筑侧面上，如果不能满足这一要求时，一个测区允许只有一个测面，测区的大小以能容纳 16 个回弹测点为宜，一般取为 400 cm²。

混凝土的回弹表面应清洁、平整、干燥，不应有裂缝、接缝、饰面层、粉刷层、浮浆、油垢及蜂窝、麻面等，必要时可用砂轮打磨清除表面上的杂物和不平整处，测面上不应有残留的粉末或碎屑。结构或构件的试样、测区均应标有清晰的编号，测区在试样上的位置和外观质量均应进行详细记录。

2. 测读回弹值

在测试时，应使回弹仪的轴向与测面垂直，每一个测区弹击 16 点。当一个测区有两个测面时，则每一个测面弹击 8 点。测点应在测面上均匀分布，避开外露的石子和气孔，相邻测点间距不小于 3 cm。测点距离构件边缘或外露钢筋、铁件的距离一般不小于 5 cm，同一个测点只允许弹击一次。

3. 整理回弹值

当测完一个测区的 16 个测点后，将其中 3 个最大值和 3 个最小值的回弹值剔除，然后按式（4-1）计算测区内的平均回弹值。

$$R_m = \frac{1}{10}\sum_{i=1}^{10} R_i \tag{4-1}$$

式中，R_m 为测区平均回弹值，精确到 0.1；R_i 为第 i 个测点的回弹值。

当回弹仪非水平方向测试混凝土表面时，根据回弹仪轴线与水平方向的夹角 α，应将测区平均回弹值加上角度修正值 ΔR_α，即按式（4-2）换算为水平方向测试时的测区平均回弹值。

$$R_m = R_{m\alpha} + \Delta R_\alpha \tag{4-2}$$

式中，$R_{m\alpha}$ 为回弹仪与水平方向成 α 角测试时测区的平均回弹值，按式（4-1）进行计算；ΔR_α 为按表 4-1 查出的不同测试角度的回弹修正值。具体的修正要求可按照《回弹法检测混凝土抗压强度技术规程》（JGJ/T 23—2011）中的规定进行。

表 4-1　不同测试角度 α 的回弹修正值 ΔR_α

ΔR_α	测试角度 α							
	向上				向下			
	+90°	+60°	+45°	+30°	-30°	-45°	-60°	-90°
20	-6.0	-5.0	-4.0	-3.0	+2.5	+3.0	+3.5	+4.0
30	-5.0	-4.0	-3.5	-2.5	+2.0	+2.5	+3.0	+3.5
40	-4.0	-3.5	-3.0	-2.0	+1.5	+2.0	+2.5	+3.0
50	-3.5	-3.0	-2.5	-1.5	+1.0	+1.5	+2.0	+2.5

4.1.3　碳化深度值测量

回弹值测量完毕后，用凿子等工具在测点内凿出直径约为 15 mm、深度约为6 mm 的孔洞，除去孔洞中的粉末和碎屑，建议不用水冲洗孔洞。然后先用浓度为 1% ~2% 的酚酞酒精溶液滴在孔洞内壁的边缘处，再用碳化深度测量仪测量自混凝土表面至未碳化混凝土的距离，即已呈紫红色部分的垂直深度 d，测量精确至 0.25 mm，平均碳化深度值小于 0.4 mm 时，取 $d=0$，即按无碳化考虑。平均碳化深度值大于 6 mm 时，取 $d=6$ mm。

测区的平均碳化深度值 d_m 为

$$d_m = \frac{\sum_{i=1}^{n} d_i}{n} \tag{4-3}$$

式中，d_i 为第 i 次测量的碳化深度值，mm；n 为测区的碳化深度测量次数。

4.1.4 混凝土强度评定

1. 测强基准曲线与测区混凝土强度值

回弹值与混凝土抗压强度的相关关系称为测强基准曲线，为了使用方便，通常以测区混凝土强度值换算表的形式给出，即按测区平均回弹值 R_m 及平均碳化深度值 d_m 查换算表得出测区混凝土强度值 R_n。国家住房和城乡建设部给出的非泵送混凝土的全国通用测强基准曲线为

$$R_n = 0.025 R_m^{2.0108} \times 10^{-0.035 d_m} \tag{4-4}$$

式中，R_m 和 d_m 分别按照式（4-1）和式（4-3）计算。

而对于泵送混凝土，其测强基准曲线采用幂指数的表达式，具体为

$$R_n = 0.034488 R_m^{1.9400} \times 10^{-0.0173 d_m} \tag{4-5}$$

根据测区的平均回弹值 R_m 和平均碳化深度值 d_m，由《回弹法检测混凝土抗压强度技术规程》（JGJ/T 23—2011）查得测区混凝土强度值 R_n。

2. 混凝土试样强度评定

混凝土试样强度平均值 $\bar{R}_n$ 按式（4-6）进行计算。

$$\bar{R}_n = \frac{\sum_{i=1}^{n} R_{ni}}{n} \tag{4-6}$$

式中，R_{ni} 为第 i 测区的混凝土强度值；n 为测区数，对于单个评定的结构或构件，取一个试样的测区数，对于抽样评定的结构或构件，取各个抽检试样测区之和。

混凝土试样强度第一条件值 R_{n1} 和第二条件值 R_{n2} 按式（4-7）和式（4-8）分别进行计算。

$$R_{n1} = 1.18(\bar{R}_n - KS_n) \tag{4-7}$$

$$R_{n2} = 1.18(R_{ni})_{min} \tag{4-8}$$

式中，$\bar{R}_n$ 为混凝土试样强度平均值，按式（4-6）计算；K 为合格判定系数值，按表4-2取值；S_n 为混凝土试样强度标准差，按式（4-9）计算，精确至两位小数；$(R_{ni})_{min}$ 为各测区混凝土强度值中的最小值。

$$S_n = \sqrt{\frac{\sum_{i=1}^{n} (R_{ni}^2) - n(\bar{R}_n)^2}{n-1}} \tag{4-9}$$

表 4 – 2　合格判定系数值 *K*

n	10 ~ 14	15 ~ 24	≥25
K	1.70	1.65	1.60

结构或构件混凝土强度的评定应按以下规定进行。

（1）对于单个评定的结构或构件，取第一条件值和第二条件值中较低值。

（2）对于抽样评定的结构或构件，在各抽检试样中取第一条件值和第二条件值中较低值。

4.1.5　评定报告和有关表格

回弹法检测最终以评定报告的形式提交检测结果，评定报告应包括以下内容。

（1）建设单位名称。

（2）单位工程名称。

（3）施工日期。

（4）检测原因。

（5）试样抽检范围及试样名称编号。如果有必要，列出测区的位置及其强度值。

（6）出具报告的单位名称、测试负责人、报告审定人。

（7）测试及出具报告的日期。

（8）其他需要说明的事项。

评定报告应包括回弹法测试原始记录表和结构或构件混凝土强度计算表，分别如表 4 – 3 和表 4 – 4 所示。

表 4 – 3　回弹法测试原始记录表

建设单位名称：　　　　　　　　　　　　　　　　　　　　编号：

单位工程名称：　　　　　　　　　　　　　　　　　　　　第　页共　页

编号		回弹值 *R_i*																	平均碳化深度值/mm
构件	测区	1	2	3	4	5	6	7	8	9	10	11	12	13	14	15	16	*R_m*	*d_m*
	1																		
	2																		
	3																		
	4																		
	5																		
	6																		
	7																		
	8																		
测面状况	潮湿、光滑、粗糙、风干									回弹仪	型号					备注			
测试角度 *α*	水平、向上、向下										编号								
												标定值							

测试：　　　　　　记录：　　　　　　计算：　　　　　　测试日期：　年　月　日

表 4 – 4　结构或构件混凝土强度计算表

建设单位名称：　　　　　　　　　　　　　　　　　　　　　　　　　　　编号：

单位工程名称：　　　　　　　　结构或构件名称及编号　　　　　　　　第　页共　页

项目		测区号									
		1	2	3	4	5	6	7	8	9	10
回弹值 R_i	测区平均值										
	角度修正值										
	角度修正后										
	浇筑面修正值										
	浇筑面修正后										
平均碳化深度值 d_m											
测区混凝土强度值 R_{ni}/MPa											
计算值/MPa $n = \quad K =$		$R_n = \dfrac{1}{n}\sum_{i=1}^{n} R_{ni} =$ $R_{n1} = 1.18(\bar{R}_n - KS_n) =$					$S_n = \sqrt{\dfrac{\sum\limits_{i=1}^{n}(R_{ni}^2) - n(\bar{R}_n)^2}{n-1}} =$ $R_{n2} = 1.18(R_{ni})_{min} =$					
强度评定制											
使用换算表名称		规程		地区		专用		备注			

测试：　　　　　　记录：　　　　　　计算：　　　　　　测试日期：　年　月　日

典型工作任务4.2　超声波检测

4.2.1　超声波检测仪

超声波在混凝土中传播时，其纵波速度的平方与混凝土的弹性模量成正比，与混凝土的密度成反比。超声波振幅随其传播距离的增大而减弱；超声波遇到空洞、裂缝时，界面产生波的折射、反射，边缘产生波的绕射，使接收的声波振幅减小，传播时间加长，产生畸形波等。据此特征可以判断混凝土的强度和质量。

超声波检测系统包括超声波检测仪和发射、接收换能器（探头及耦合剂）等，如图4 – 2所示。工程中常用的超声波检测仪为汕头超声波仪器厂生产的 CTS – 25 型非金属超声波检测仪，声时范围0.5～9 999 μs，测读精度0.1 μs，电压220 V，发射、接收换能器频率50～100 kHz。常用耦合剂为黄油。

在进行超声波测试前，应了解设计施工情况，包括构件尺寸、配筋、混凝土组成、施工方法和混凝土龄期等。还应选择探头频率，如采用500KC探头并将仪器置"自振"工作频率一挡，已能满足要求。测试应选择在配筋少、表面干燥、平整及有代表性的部位上，将发射与接收探头监测点互相对应画在检测构件两侧，编号并涂黄油，即可测试。测试时，要注意零读数和掌握超声波传播时间精确读法：测定超声波在混凝土内的传播时间时，将仪器中"增益"调节到最大，容易取得较精确的时间读数。另外还需在平时凭借衰减器熟悉不同振幅下第一个接收波讯号起点的位置，这样在测定低强度等级或厚度较大的混凝土时，就能对振幅小的波形读出较精确的读数。

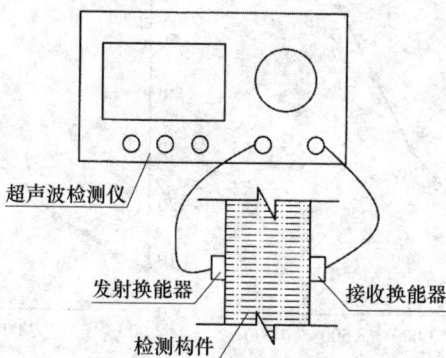

图 4 – 2   超声波检测系统

4.2.2   超声波传播时间（声时值）的测量

超声波检测的现场准备及测区布置与回弹法检测相同。在每个测区相对的两侧面选择相对的呈梅花状的五个监测点。对测时，要求两探头的中心置于一条轴线上。涂于探头与混凝土测面之间的黄油是为了保证两者之间具有可靠的声耦合。测试前，应将仪器预热 10 min，并用标准棒调节首波幅度至 30 ~ 40 mm 后测读声时值作为初读数。实测中，应将探头置于监测点并压紧，将接收信号扣除初读数后即为各监测点的实际声时值。

4.2.3   测区声速值计算

取各测区五个声时值中三个中间值的算术平均值作为测区声时值的测试值 t_m（μs），则测区声速值 v 为

$$v = \frac{L}{t_m} \qquad (4 - 10)$$

式中，L 为超声波的传播距离，可用钢尺直接在构件上测量，mm。

4.2.4   混凝土强度评定

根据混凝土材料强度 R 与声速值 v 的标定曲线，可以按检测所得的声速值查得测区混凝土强度值，进而推断结构或构件的混凝土强度。图 4 – 3 和图 4 – 4 分别为卵石混凝土和碎石混凝土的 $R - v$ 标定曲线，以供实际检测参考。

标定曲线的制作是一项十分重要又相当繁重的工作，需要通过大量不同配合比和不同龄期混凝土试件的超声波测试与抗压试验，由数理统计方式对测试数据进行回归、整理和分析后才能得到。由于受材料性质离散性的影响，标定曲线具有一定的误差，同时

还受到检测仪器种类的限制。一般检测人员应尽可能参照与检测对象和条件较为一致的标定曲线，同时还应结合其他检测手段，如试块强度测试、回弹法检测等综合判定。我国现在尚未颁布超声波检测混凝土强度的全国标准，但江苏、上海等省市已编制了地区规范，有关资料可以参照采用。

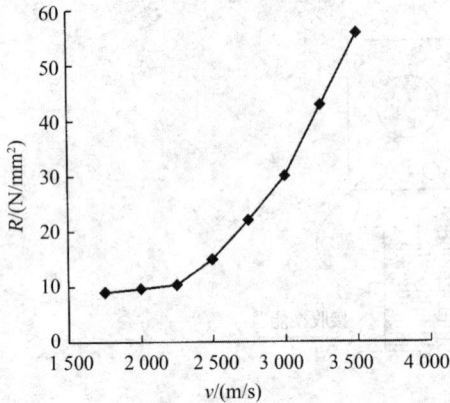

图 4 – 3　卵石混凝土的 $R–v$ 标定曲线　　图 4 – 4　碎石混凝土的 $R–v$ 标定曲线

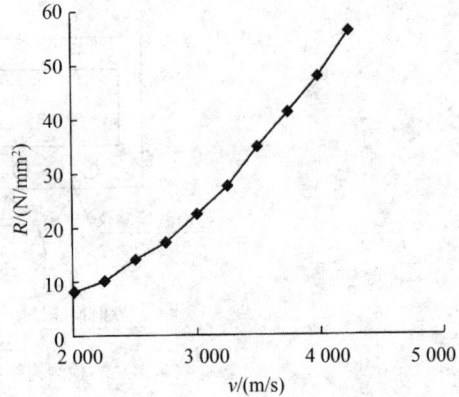

典型工作任务 4.3　超声回弹综合法检测

从工程检测的实例可以看出，同一结构采用回弹法检测和超声波检测所得到的混凝土强度值相差较多。究其原因，回弹法检测反映的主要是构件表面或浅层的强度状况，回弹值受构件表面影响较大。超声波检测反映的是构件内部的强度状况，但声速值受骨料粒径、砂浆等影响较大。由此认为，基于这两种检测方法的超声回弹综合法检测，建立在声速值和回弹值基础上，综合反映混凝土抗压强度，对于反映材料强度更为全面和真实，同时具有相当高的测量精度。与单一方法相比，超声回弹综合法检测的优点是精度高，适应范围广，对混凝土工程无任何破坏，故在我国混凝土工程中已被广泛使用。目前国内已正式颁布有关超声回弹综合法检测混凝土强度的地方标准。

4.3.1　测试仪器

超声回弹综合法检测的测试仪器及现场准备分别与超声波检测和回弹法检测的要求相同。超声波测点布置在回弹测试的同一测区内，先进行回弹测量，后进行超声测量。测区数量及抽样的要求与回弹法检测相同。

4.3.2　回弹值的测量与计算

在测区内混凝土回弹值的测量、计算及其修正均与回弹法检测相同。

4.3.3　声时值的测量与计算

测区声时值的测量及计算方法与超声波检测完全相同。当在混凝土结构的顶面和底

面测试时，测区声速值的修正公式为

$$v_x = \beta v \qquad (4-11)$$

式中，v 为测区声速值，km/s；v_x 为修正后的测区声速值，km/s；β 为超声测试面修正系数。在混凝土结构顶面和底面测试时，$\beta = 1.034$；在混凝土结构侧面测试时，$\beta = 1$。

4.3.4　测区混凝土强度换算值

根据测区的混凝土强度值 R_{ai}（回弹法检测中用 R_{ni} 表示）、测区超声波声速值 v_{ai}，优先采用专用或地区的综合法测强基准曲线推定测区混凝土强度换算值。

当无该类测强基准曲线时，计算公式为

$$f_{cu,i}^c = \begin{cases} 0.003\,8(v_{ai})^{1.23}(R_{ai})^{1.95} & \text{粗骨料为卵石} \\ 0.000\,8(v_{ai})^{1.72}(R_{ai})^{1.57} & \text{粗骨料为碎石} \end{cases} \qquad (4-12)$$

式中，$f_{cu,i}^c$ 为第 i 个测区混凝土强度换算值，MPa；v_{ai} 为第 i 个测区修正后的超声波声速值，km/s；R_{ai} 为第 i 个测区修正后的混凝土强度值。

4.3.5　结构或构件的混凝土强度推定值

当按单个结构或构件检测时，取该构件各测区中最小的混凝土强度换算值作为构件混凝土强度推定值；当按批抽样检测时，该批结构或构件的混凝土强度推定值按式（4-13）和式（4-14）计算，并取两者中较大值作为该批结构或构件的混凝土强度推定值。

$$f_{cu,\theta} = mf_{cu}^c - 1.645 sf_{cu}^c \qquad (4-13)$$

$$mf_{cu,min}^c = \frac{1}{m}\sum_{j=1}^m f_{cu,min,j}^c \qquad (4-14)$$

式中，mf_{cu}^c 为所有测区混凝土强度换算值的平均值；sf_{cu}^c 为所有测区混凝土强度换算值的标准差；$f_{cu,min,j}^c$ 为第 j 个结构或构件中的最小测区混凝土强度换算值；n 为抽取结构或构件的测区总数；m 为抽取的结构或构件数。

其中

$$mf_{cu}^c = \frac{1}{n}\sum_{i=1}^n f_{cu,i}^c \qquad (4-15)$$

$$sf_{cu}^c = \sqrt{\frac{\sum_{i=1}^n (f_{cu,i}^c)^2 - n(mf_{cu}^c)^2}{n-1}} \qquad (4-16)$$

典型工作任务 4.4　地质雷达监测技术

地质雷达是近年来发展得非常迅速的一项探测新技术，以高分辨率和高工作效率正逐渐成为地下隐蔽工程调查的一种有力工具。随着信号处理技术和电子技术的发展及实践操作经验的丰富积累，地质雷达监测技术也不断发展。地质雷达仪器不断更新，应用范围也不断扩大，现已广泛应用于工程地质勘察、建筑结构调查、无损检测、水文地质调查、生态环境等众多领域。

4.4.1　地质雷达探测原理及特点

地质雷达（ground probing/penetrating radar，GPR）是一种对地下或物体内不可见目标体或界面进行定位的电磁技术。其工作原理如下：高频电磁波以宽频带脉冲形式，通过发射天线被定向送入地下或目标体，经存在电性差异的地下地层或目标体反射后返回地面，由接收天线所接收。高频电磁波在介质中传播时，其路径、电磁场强度与波形将随所通过介质的电性特征及几何形态发生变化。故通过对时域波形的采集、处理和分析，可确定地下界面或地质体的空间位置及结构。地质雷达探测原理如图 4－5 所示。

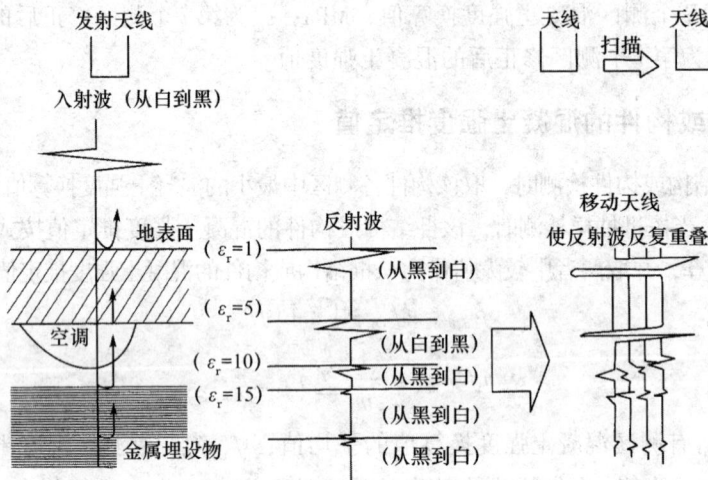

图 4－5　地质雷达探测原理

地质雷达的特点主要表现在以下几方面。

（1）高分辨率。地质雷达的工作频率可高达 5 000 MHz，分辨率可达数厘米。

（2）无损性。地质雷达是一种非破损性的探测技术。它通过从地表向地下或目标体发射高频电磁波，处理分析回波信号来达到探测目的，对地表和目标体没有任何损伤与破坏。

（3）高效率。地质雷达仪器轻便，从数据采集到成像处理一体化，人员少，因而效率高。

（4）抗干扰能力强。地质雷达可在各种环境下工作。

但是，高频电磁波在介质中的高衰减性，使得地质雷达的探测深度受到一定的限制。

4.4.2　地质雷达仪器及其发展

地质雷达与探空或通信技术相类似，但它是从地表向地下发射电磁波来实现探测，故称之为地质雷达。它的产生和发展经历了将近一个世纪。由 Hulgmeyer（1904 年）首先使用电磁信号来确定地下金属目标体的存在。Leimbach 和 Lowy（1910 年）在一项德国专利中第一次描述了用电磁波来定位埋藏的物体。Hulsenbeck 第一次使用脉冲技术确定地下物体的结构，他指出：地表下任何介电常数的变化将导致电磁波的反射，他的这一结论成了目前地质雷达工作的物理基础。但鉴于地下介质具有较强的电磁波衰减特性，加之地质情况的复杂多样，很长时间以来，地质雷达仅作为冰、淡水、盐层、沙漠地带的应用工具。在 20 世纪 60 年代末期，阿波罗登月计划的实施及研究月球表面岩性地质构造的需要给地质雷达技术的发展带来了新的动力。20 世纪 80 年代以来，A. P. Annan 等许多学者先后做了大量的理论研究及实验工作，为这项技术的进步奠定了基础。仪器的发展导致地质雷达实践应用不断扩大，尤其是在工程地质探测、工程无损检测及生态环境保护等方面取得了较大的进展，而且地质雷达的应用又有力地推动了地质雷达设备的更新和完善。现在市场上有多种商用地质雷达，如加拿大探头与软件公司（SSI）的 Pulse EKKO 系列、美国地球物理公司（GSSI）的 SIR 系列、瑞典地质公司（SGAB）的 RAMAC 系列等。这些雷达使用的中心频率为 25～1 000 MHz，时窗范围为 0～2 000 ns，雷达脉冲宽度为 0.5～10 ns，脉冲间隔为 1×10^4～5×10^4 ns，脉冲幅值达 100～150 V。目前，地质雷达仪器又有了长足的发展，如变频天线的雷达系统、多道地质雷达系统和步进频率信号雷达系统。

国内地质雷达仪器发展较慢，主要有中国电子科技集团公司第二十二研究所的 LTD－3 型地质雷达、北京爱迪尔国际探测技术有限公司的 CBS－9000 型地质雷达。

4.4.3 地质雷达数据采集的最优化分析

地质雷达数据的采集是地质雷达应用的首要工作，它直接影响到图像的质量，有时甚至决定了地质雷达应用的成败。地质雷达的探测距离与分辨率是应用中的两个重要参数，直接受天线中心频率的影响。而地质雷达应用中最常用的测量方式为单次覆盖剖面法采集，因此正确选择天线频率与设置天线发射—接收分离距是双天线地质雷达采集中最重要的问题。其最优化分析包括在高噪声的环境中获得最佳信号及增大深部弱信号两个方面。

1. 地质雷达的技术参数

地质雷达的技术参数包括地质雷达的探测距离和地质雷达的分辨率。它们是由地质雷达方程决定的。

1）地质雷达方程

在衰减介质中地质雷达方程为

$$P_R = \frac{P_T G_R G_T \lambda^2 g e^{-2\alpha R}}{(4\pi)^3 R^4} \tag{4-17}$$

式中，P_R、P_T 分别为接收天线与发射天线的功率；G_R、G_T 分别为接收天线与发射天线的增益，一般 $G_R = G_T$；λ 为雷达子波在介质中的波长；g 为目标体的雷达波散射截面面积；α 为介质的衰减系数；R 为天线到目标体的距离。

系统的信噪比为

$$\frac{s}{N} = \frac{P_R}{N_0/2} = 2\frac{P_T G_R G_T \lambda^2 g e^{-2\alpha R}}{(4\pi)^3 R^4 N_0} \tag{4-18}$$

式中，$N_0/2$ 为背景噪声的功率谱密度。

功率谱密度依赖于雷达接收天线的系统噪声，定义为

$$\frac{N_0}{2} = kT_0 F_N \tag{4-19}$$

式中，k 为玻耳兹曼常量，1.38×10^{13} J/K；T_0 为系统温度，290 K；F_N 为系统噪声系数。

如果接收天线不完全匹配，耦合系数 $C_M < 1$。如果接收天线完全匹配，耦合系数 $C_M = 1$，则信噪比可表示为

$$\frac{s}{N} = \frac{P_T C_M}{kT_0 F_N} \cdot \frac{\lambda^2 g e^{-2\alpha R}}{(4\pi)^3 R^4} = A \cdot B \tag{4-20}$$

式中，A、B 分别与雷达系统、介质性质有关。

2）地质雷达的探测距离

地质雷达所能探测到的目标体的深度称为地质雷达的探测距离，当 $s/N = 11$ 时为最大探测距离。由式（4-20）可知，当一个地质雷达系统选定后，因子 A 也就随之确定了。因此地质雷达波在介质中传播的距离 R，主要由波长 λ、目标体的雷达波散射截面面积 g 和介质的衰减系数 α 决定。下面定性地分析同一目标体在衰减介质中传播的距离。

在均匀的衰减介质中，λ 与 α 为

$$\lambda = \frac{v}{f} = \frac{c}{f\sqrt{u_r \varepsilon_r}} \tag{4-21}$$

$$\alpha = \frac{\sigma z_0}{2\omega R \varepsilon_r} \tag{4-22}$$

式中，v 为电磁波在介质中传播的速度；f 为电磁波的频率；c 为电磁波在自由空间中传播的速度；u_r 为介质的相对磁导率；ε_r 为介质的相对介电常数；σ 为电导率；z_0 为自由空间的波阻抗；ω 为能量衰减系数。

由式（4-20）、式（4-21）和式（4-22）可知，地质雷达的传播距离仅与相对介电常数、磁导率、电导率及电磁波的频率有关。

相关试验表明，地质雷达磁导率的影响可忽略，电磁波在介质中的传播距离实际仅由相对介电常数、电导率与雷达波的频率决定。可由能量衰减系数 ω 表示为

$$\omega = 2\pi f \varepsilon_r \sigma \tag{4-23}$$

当电磁波的频率越高，它在介质中衰减越快，传播距离越短。当电磁波的频率一定，介质的相对介电常数较大，电导率较大时，地质雷达波会很快衰减，传播距离短，地质雷达探测的深度浅。介质的相对介电常数较小，电导率也较小时，地质雷达波衰减慢，传播距离远，地质雷达探测的深度较深。表 4-5 列出了一些常见介质的相对介电常数 ε_r、电导率 σ、电磁波在介质中的传播速度 v 与吸收系数 β。据此可知地质雷达波在金属中传播会很快衰减，而在空气中几乎不会衰减。

表4-5　介质的相对介电常数 ε_r、电导率 c、电磁波
在电介质中的传播速度 v 与吸收系数 β

介质	ε_r	$\sigma/$ (ns/m)	$v/$ (m/ns)	$\beta/$ (dB/m)
空气	1	0	0.3	0
淡水	80	0.5	0.033	0.1
海水	80	3×10^4	0.01	1 000
干砂	3 ~ 5	0.01	0.15	0.01
饱和砂	20 ~ 30	0.1 ~ 1.0	0.06	0.03 ~ 0.3
石灰岩	4 ~ 8	0.5 ~ 2.0	0.12	0.4 ~ 1.0
泥岩	5 ~ 15	1 ~ 100	0.09	1 ~ 100
粉砂	5 ~ 30	1 ~ 100	0.07	1 ~ 100
黏土	5 ~ 40	2 ~ 1 000	0.06	1 ~ 300
花岗岩	4 ~ 6	0.01 ~ 1.0	0.13	0.01 ~ 1.0
盐岩	5 ~ 6	0.01 ~ 1.0	0.13	0.01 ~ 1.0
冰	3 ~ 4	0.01	0.16	0.01
金属	300	10^{10}	0.017	10^8
PVC 塑料	3.3	1.34	0.16	0.14

3）地质雷达的分辨率

分辨率是分辨最小异常体的能力，分辨率可分为垂向分辨率与横向分辨率。垂向分辨率是指地质雷达剖面上所能够区分一个以上反射界面的能力。一般把地层厚度 $b = \lambda/4$ 作为垂向分辨率的下限，当地层厚度 $b < \lambda/4$ 时，复合反射波形变化很小，其振幅正比于地层厚度，这时已无法从时间剖面上确定地层厚度。横向分辨率是指地质雷达在水平方向上所能分辨的最小异常体的尺寸。根据波的干涉原理，横向分辨率 r_r 通常由第一菲涅尔带确定，即

$$r_r = \sqrt{\frac{\lambda h}{2}} \qquad (4-24)$$

式中，λ 为雷达子波的波长；h 为异常体的埋藏深度。

地质雷达对于单个异常体的横向分辨率要远小于第一菲涅尔带半径。然而要区分两个水平的相邻异常体所需的最小横向距离要大于第一菲涅尔带半径。在噪声较强的场地环境中，地质雷达分辨率将减小。

2. 地质雷达的信号采集方案分析

地质雷达的信号采集方案涉及场地环境分析、探测方式分析及测量参数的优选。

1）场地环境分析

每接受一个地质雷达测量任务都要对目标体特征与所处环境进行分析，以确定地质雷达测量能否取得预期效果。目标体的电性（如相对介电常数与电导率等）必须明确，地质雷达应用的成功与否取决于目标介质是否有足够的反射与散射能量为系统所识别。当围岩与目标体相对介电常数分别为 ε_h 与 ε_t 时，目标体的功率反射系数 P_r 的估算式为

147

$$P_r = \left| \frac{\sqrt{\varepsilon_h} - \sqrt{\varepsilon_t}}{\sqrt{\varepsilon_h} + \sqrt{\varepsilon_t}} \right|^2 \quad (P_r \geqslant -0.01) \qquad (4-25)$$

一般情况下可参考表4-5，特殊应用时应对介质的相对介电常数进行测试。围岩的不均一性尺度必须有别于目标体的尺度，否则目标体的响应将淹没在围岩变化特征之中而无法识别。测区的工作环境必须明确。当测区内存在大范围金属体或无线电射频源时，将对地质雷达的探测产生严重干扰。由于地质雷达信号在介质中以指数衰减，在空气中以几何级数衰减，地面上大的物体（如大石块、树等）会形成较强的散射。此外测区的地形、地貌、温度、湿度等条件也将影响测量能否顺利进行，测试时必须加以考虑或排除。

2）探测方式分析

按研究内容及目的的不同，地质雷达通常可以采取三种方式探测，如图4-6所示。

（1）反射探测方式，其原理与反射地震方法相似。按接收天线相对发射的位置不同可分为平行排列、正交排列等多种组合。

（2）透射探测方式，主要用于对介质进行透射研究。其原理类似于无线电波透视法。由于信号频率高、衰减快，一般只用于古建筑物、桥梁等的状态监测及近距离的孔间透射。

（3）共中心点探测方式，主要用于获取地质雷达波在地下介质中的传播速度。其应用前提是地下介质相对均匀并存在水平的反射界面。

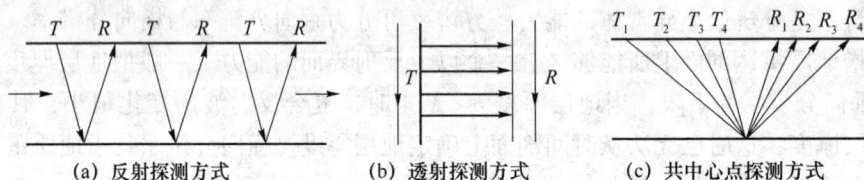

(a) 反射探测方式　　　　(b) 透射探测方式　　　　(c) 共中心点探测方式

图4-6　地质雷达的三种探测方式

从以上各种探测方式定义可知，不同的探测方式有不同的应用目的。然而地质雷达最终目的是提取地下地层结构。因此反射探测方式应用最广。由于介质对电磁波的吸收，来自深部界面的反射波会由于信噪比过小而不易识别，同时由于地面上物体散射的强干扰常掩盖了正常的地面信息，提取地下有用的弱信号是地质雷达需要亟待提高的方面。

多次叠加技术是提高信噪比的有力手段，有助于识别地表散射，所达到的深度是单道采集的2～3倍。在多次叠加技术中影响地质雷达分辨率的主要参数包括：最大反射—接收距、最小发射—接收距、叠加次数。然而，在实践应用中多次叠加技术的低效率常常限制了地质雷达的应用。

3）测量参数的优选

测量参数选择合适与否关系到地质雷达测量的应用效果。选取的测量参数包括：天线中心频率、发射—接收天线间距、时窗、采样率、测点点距等。大量的工程实践表明，选择天线中心频率与发射—接收天线间距是极其重要的。

（1）天线中心频率的选择。

天线中心频率的选择应兼顾目标体深度、最小尺寸及天线尺寸是否符合场地要求。一般而言，在满足分辨率且场地条件又许可时，应该尽量使用中心频率较低的天线。如果要求的空间分辨率为 $x(m)$，围岩相对介电常数为 z，则天线中心频率可由式（4-26）初步选定。

$$f = \frac{150}{x\sqrt{z}} \qquad\qquad (4-26)$$

然后利用式（4-20），可计算出探测深度。如果探测深度小于目标深度，则需降低频率以获得适宜的探测深度。

（2）发射—接收天线间距的选择。

① 偶极子天线辐射方向图。

不同介电常数地表面上的偶极子天线辐射方向图如图 4-7 所示。

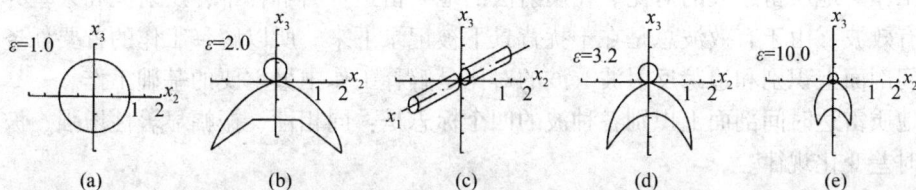

图 4-7 不同介电常数地表面上的偶极子天线辐射方向图

从图 4-7 中可以看出，地下介质的介电常数愈大，偶极子源的辐射功率就愈往地下集中；地下辐射场在临界角方向上的辐射强度最大。

② 发射—接收天线间距。

在设计地质雷达探测方案时，发射—接收天线间距是一个很重要的参数。适当选取发射、接收天线间的距离可使来自目标体的回波信号增强。由图 4-7 可知，在介电折射率随深度增加的情况下，反射振幅系数随入射角度增大而增加，在临界角时达到最大。地质雷达的记录振幅由于几何波前扩散与衰减项增大的影响会趋于减少，故存在一个使反射振幅最大的最优天线间距。在不同地区，由于地层衰减的不同，发射—接收天线间距一般是不同的。

③ 天线的极化方向。

偶极子接收天线对地下目标体散射波的极化方向比较敏感，它依赖于入射电磁波的极化方向。这意味着在设计测量方案、数据处理、地质解释中，极化是一个需考虑的重要因素。天线的取向要保证电场的极化方向平行于目标体的长轴方向或走向方向。在某些情况下，当目标体的长轴方向不明或要提取目标体的方向特性时，最好使用两组正交方向的天线分别进行测量。

4.4.4 地质雷达图像解释

地质雷达应用范围现已覆盖工程地质勘察、建筑物结构的无损检测、水文地质调查、环境调查、考古、军事等众多领域。相对于仪器研制和数据处理，地质雷达图像的解释研究相对落后。目前，绝大部分地质雷达资料仍处于时间剖面的简单运动学特征对比，这限制了地质雷达高分辨率的效果。针对上述问题，通常综合运用地质雷达波的运动学、动力学与物性特征进行地质雷达资料解释，并用该方法分析常见的地质雷达图像特征。

1. 地质雷达图像解释原理

地质雷达图像的地质解释是地质雷达探测的目的，然而地质雷达图像反映的是地下介质的电性分布，要把地下介质的电性分布转化为地下介质体分布，就必须结合已知的资料，如地质、钻探、岩土工程设计参数等，运用地质雷达波的运动学、动力学和物性特征进行综合分析。

1）地质雷达时间剖面的对比原则

在地质雷达记录上利用有效波的运动学特点和动力学特点来识别和追踪同一界面的波的工作叫地质雷达波的对比。在反射法的地质雷达资料解释中，反射波和某些异常波都是有效波。由于有效波总是在干扰背景下被记录下来，所以解释工作的首要任务就是在时间剖面上识别和追踪反射波。波的对比是解释工作中最重要的基础工作。

地质雷达时间剖面上识别各种波的四个标志是：同相性、振幅显著性增强、波形特征和时差变化规律。

（1）同相性。只要在地下介质中存在电性差异，就可以在地质雷达时间剖面中找到相应的反射波与之对应。根据相邻道上反射波的对比，将不同道上同一反射波同相位连接起来的对比线称为同相轴。同一波组的相位特征（波峰、波谷的位置）在时间剖面上几乎无变化。

（2）振幅显著性增强。一个反射波振幅的强弱，还与界面的反射系数（界面两边的电性差异和界面形状等因素）有关，如果沿界面无构造或岩性突变，则波的振幅沿测线应该是渐变的。

（3）波形特征。这是反射波的主要动力学特点，由于雷达主机所发射的是同一雷达子波，同一界面反射波的传播路程相近，传播过程中所经过的地层吸收等因素的影响也相近，所以同一反射波在相邻道上的波形特征（包括主周期、相位数、振幅包络形状等）均是相似的。

（4）时差变化规律。由于地质雷达发射与接收距离非常近，可以看作自激值自收方式。所以在地质雷达时间剖面上，反射波的同相轴是直线，绕射波的同相轴是曲线。这是地质雷达时间剖面识别波类型的重要依据。

在根据波的同相性、振幅显著性增强、波形特征和时差变化规律等标志进行波的对比分析时，还应认识到实际情况的复杂性。由于激发接收条件、干扰波等因素的变化，会使有效波的相位、振幅、波形等发生变化。因此要善于综合分析整个测区的资料，弄清楚记录变化的原因。

2）地质雷达图像物性的解释依据

地质雷达图像的物性解释是把注意力放在单个反射层或一个小的反射层组上，利用各种地质雷达技术（如各种数据处理），提取各种地质雷达波参数（主要是速度、振幅等），并紧密结合地质、工程资料，研究目标体的物性、含水量的变化。

影响地质雷达波速的因素是：弹性常数、密度、孔隙率及含水量等。因此，研究地质雷达波的速度变化，可确定目标体内的含水量等。

影响地质雷达波振幅的因素是：波前扩散、介质吸收、界面的反射系数与界面的反射形态等。因此，研究地质雷达波的振幅变化可识别防空洞等特殊目标体。

3）地质雷达图像解释的具体做法

在进行地质雷达图像解释时，除了掌握地质雷达反射波组的特点，还应掌握下述的一些具体做法。

（1）掌握测区内的地质、钻探、岩土工程资料，识别干扰波。

（2）利用时间剖面的直观性与范围大的特点，纵观整条测线，重点研究强振幅、能长距离连续追踪、波形稳定的特征波，识别剖面的主要特点。

（3）识别地下目标体的反射，进行地质解释。

2. 常见规则干扰波的地质雷达图像特征

识别干扰波及目标体的地质雷达图像特征是进行地质雷达图像解释的核心内容。地质雷达在地质与地表条件理想的情况下，可得到清晰、易于解释的雷达记录，但在条件不好的情况下，地质雷达在接收有效信号的同时，也不可避免地接收到各种干扰信号。引起地质雷达产生干扰信息的原因很多，常见的规则干扰波及其地质雷达图像特征叙述如下。

1）地面上物体产生的规则干扰

地质雷达向地下发射高频电磁波时，由于天线的固有特征，会有一部分能量逸散到空气中，碰到有电性差异的界面会产生反射回波。由于地质雷达信号在地下媒介质中传播时呈指数衰减，而在空气中传播时呈几何级数衰减，因此地面上物体在地质雷达记录上产生极强的回波同相轴，这些干扰信号叠加到从地下返回的有用信号上，混淆了真实的地质情况。

（1）地面上空电线。

地面上空电线的回波同相轴是以电线在地表的投影点为顶点的双曲线，一般延续时间较长，沿测线方向的连续性较好。当电线在测线上方或在测线一侧但可观察到时，其干扰信号较易识别。但当电线不在测线上方而且观察不到时，反射波同相轴为双曲线的一支，很可能被误认为是某一倾斜岩层的反射波。

（2）测线附近的大块金属体。

当地质雷达经过测线附近时，这类的强反射体（如钻机等）会产生高振幅、密集的反射波组，延续多个相位。这种大片反射波的出现随着雷达与障碍物距离的减小而增强，随着与障碍物距离的增大而减弱。这种干扰波对雷达记录的影响和损害较大。

（3）地面上的砾石。

地面上粒径在 10 cm 左右的砾石也会产生干扰。当地质雷达发射天线从砾石上通过时，电磁波在砾石表面产生多次反射，形成局部的强振幅回波。由于天线发射角度的影响，砾石引起的强振幅异常范围一般大于实际砾石大小的数倍，这种多次回波可在整个记录时间内存在。

（4）测绳和皮尺。

有金属芯的测绳和某些特殊材质的皮尺是高频电磁波的良好反射体。它们用作测量标志时会对雷达记录产生影响，在图上出现沿皮尺传播到两端并反射回来的呈"X"形的直达波同相轴。

2）地下异常的多次波

地下物体产生的干扰信号主要是多次波。这种多次波在地质体与地面间来回反射的波叠加在其他雷达信号上，干扰了真实界面的识别。例如，土层中大块砾石的雷达记录，虽然有一块砾石存在，但形成了较强的多次波。对板状体在均匀介质中进行的模型试验与数值模拟的结果说明，独立地质体与周围介质电性差异较大时会形成较强的多次反射波。如砾石表面形状不规则，其异常形态类似于溶洞、土洞产生的异常，并且影响了后续波的识别，降低了勘探深度。

典型工作任务4.5 常见特殊地质体的地质雷达图像特征

4.5.1 潜水面的地质雷达波场特征

（1）出现水平的强振幅反射波。

在地质雷达技术中利用的是相对振幅。振幅的强弱主要与反射系数有关，而反射系数主要由上下层间介电常数差异决定。地层中水在重力作用下，使上部地层与潜水面下地层之间接触面近于水平，因此在潜水面上将产生水平的强振幅反射波。

（2）反射频率下降，脉冲周期变大。

当雷达波穿过潜水面时，其频率要显著降低，并且入射波的频率越高、脉冲周期越大，这种现象越明显。

（3）潜水面下的反射波组较潜水面上的反射波组有较大衰减。

图4-8显示了地质雷达用于寻找潜水面的实例。图4-8（a）是实测的地质雷达剖面，潜水面上的反射是一个连续水平的强振幅反射，频率明显下降，雷达波周期变化大，下部出现较快的衰减。上部是干砂与砾石层的反射，潜水面下部是湿砂与砾石层的反射。图4-8（b）是它的地质解释剖面。

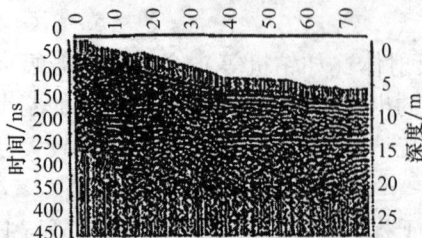

(a) 实测的地质雷达剖面　　　　(b) 地质解释剖面

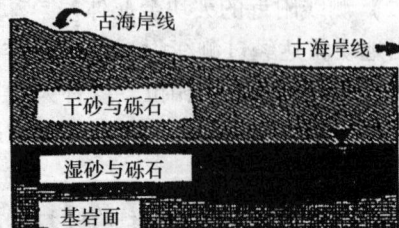

图4-8　潜水面的地质雷达探测图像

4.5.2　不同地层的地质雷达波场特征

杂填土层常由各种垃圾组成，由于所含物质成分、结构不同，其对应的地质雷达波场特征是杂乱的反射波取代了正常地层的特有连续反射波，常出现许多点状反射体特有的双曲线异常。各种黏土层常是在稳定的沉积环境中形成的，对应的雷达波同相轴连续，波组平行。但不同的黏土层之间反射波振幅还是存在差异的，粉质黏土层反射振幅强度中等，淤泥质黏土层中衰减较大，反射振幅强度较弱，极细砂层的地质雷达波场与黏土层相似，反射波同相轴连续，波组平行。中等及粗砂层中的反射波同相轴不连续，有规律地分布有许多分支短的绕射波。整合结构地层产状相同，平行接触，对应的雷达波组同相轴相互平行；不整合结构地层产状不同，倾向各异，不同波组间雷达反射波同相轴斜交。

图 4 – 9 给出不整合接触地层的地质雷达图像，这是在某海岸线上探测的实例，上部砂层与下部砂层沉积方向相反，其内部沉积为平行斜交。

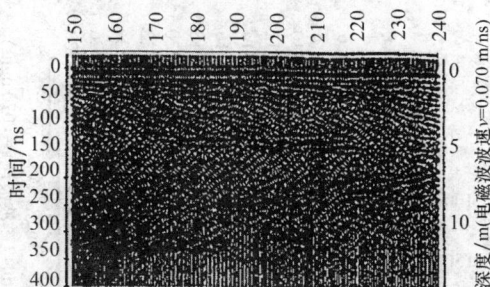

图 4 – 9　不整合接触地层的地质雷达图像

4.5.3　基岩破碎带的地质雷达波场特征

由于受到挤压剪切力的作用，破碎带上岩石结构发生了很大的变化，岩石的内在联系受到破坏，常成糜棱状，破碎带上岩土含水率和矿化度都发生了变化，从而使破碎面上的介电常数与周围地层有较大差异，其在地质雷达波场上的特征如下。

（1）地层反射波的同相轴错断，但在破碎带两侧波组关系仍是相对稳定的。

（2）破碎面上反射波振幅能量明显比两侧基岩信号强。

（3）破碎面上反射波频率衰减，其反射波同相轴连线为破碎带的位置。

图 4 – 10 给出用 900 MHz 的地质雷达探测路面基岩破碎带的实例，在该段剖面上分布 4 条破碎带。

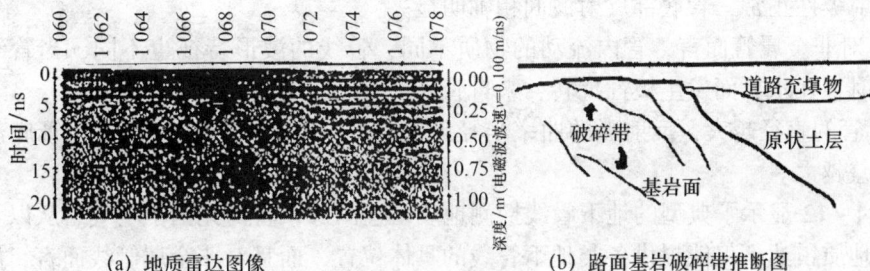

(a) 地质雷达图像　　　　　　　　　(b) 路面基岩破碎带推断图

图 4 – 10　路面基岩破碎带的地质雷达图像

153

4.5.4 暗浜与古河道的地质雷达波场特征

暗浜与古河道是我国南方地区特殊的地质现象。浜填土的成分十分复杂，建筑垃圾、石块、金属体等均存在，内部电性差异大。古河道内沉积的是沙、淤泥等，与正常沉积相似，但其沉积的物理力学性质与正常沉积层有较大差别，尤其是沉积不均匀、孔隙大，也常会含有建筑垃圾（如石块、铁器等杂物），而且古河道边常有木桩等不明障碍物等。暗浜与古河道的性质决定了它们的地质雷达波场相似，差别仅在于古河道分布范围较大。与周围正常沉积的地层相比，它们的地质雷达波场特征为：反射波振幅较大，波形粗黑，同相轴不连续，波形杂乱不规则；在暗浜与古河道的边界，波形发生明显变化，同相轴错动；时间剖面上分布形态为向下的弧形。图 4-11 为暗浜探测的地质雷达图像，其分布的边界较清楚，内部同相轴不连续，波形杂乱、不规则。

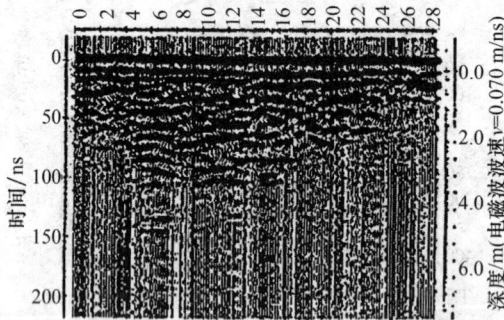

图 4-11 暗浜探测的地质雷达图像

4.5.5 常见地下目标体地质雷达波场特征

（1）地下管线的地质雷达波场特征。

由于地下管线的种类繁多，其波场特征也表现各异，但它们共同的特征是反射波同相轴呈向上凸起的弧形，顶部反射波振幅最强，弧形两端点反射波振幅最弱，它们的差异性表现如下。

① 由于金属管的相对介电常数较大，电导率极强，衰减极大，则金属管顶部反射会出现极性反转，无底部反射。而非金属管的相对介电常数较低，电导率小，衰减小，顶部反射极性正常，管底部反射波同相轴明显。

② 对非金属管而言，管内流动的物质不同，管线的波形特征也不同，当管线内部充满水时，在水界面发生极性反转，来自管底的反射需要较大的旅行时间。

③ 管的直径越大，反射弧的曲率半径越大，对于非金属管，管顶部与管底部反射时间相差越大。

图 4-12 显示了典型的地下管线探测地质雷达图像，管内充满了空气。从以上分析可知，地质雷达不仅能提供各类地下管线的具体位置，而且对非金属管线而言，能提供其内部流体、管线大小等信息，从而可识别各类地下管线。

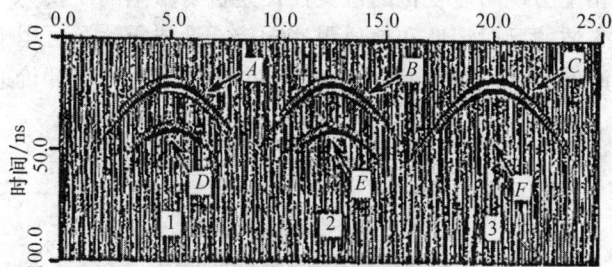

图 4 - 12　典型的地下管线探测地质雷达图像

（2）废弃的防空洞、地下室、合流污水箱涵的地质雷达波场特征。

箱形地下埋设物的结构剖面如图 4 - 13 所示，分析混凝土、空气、水的电性特征可知三者存在明显差异，致使雷达波的振幅、频率、反射极性等动力学特征也发生变化。这类地下埋设物的反射波场特征为：①异常强的反射波振幅；②出现大片空白区，速度引起的陷阱；③反射波极性反转。水的相对介电常数为 80，混凝土的相对介电常数为6.4，计算反射系数，相对上部地质雷达分界面，水与混凝土分界面上的反射系数值为负。由表 4 - 5 可得，水的电磁波波速为 0.033 m/ns，是空气电磁波波速的 1/10，是混凝土电磁波波速的 1/5，则在时间剖面上，水与混凝土分界面上的脉冲体现为相对延迟。

图 4 - 14 所示为箱涵单道地质雷达实测记录，出现极性反转、脉冲延迟。图 4 - 15显示了某地合流污水箱涵的实测地质雷达图像，出现大片空白区。

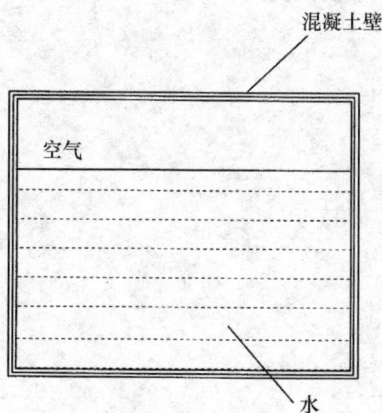

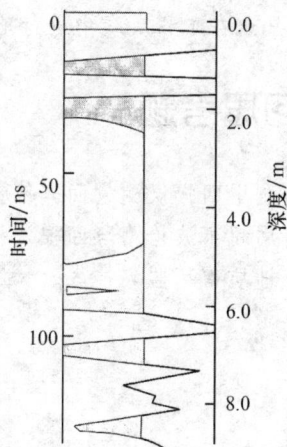

图 4 - 13　箱形地下埋设物的结构剖面　图 4 - 14　箱涵单道地质雷达实测记录

（3）桩体质量的地质雷达波场特征。

完整性好的桩体内部混凝土的密度均匀，从上到下波形的振幅、相位等特征一致。桩体与周围地层在垂直界面两侧的电性存在明显差异，在时间剖面上，桩体两侧反射波同相轴存在明显错断。反射波同相轴断点为桩体的垂直边界，其连线表示桩体的倾斜状况。波形的振幅、相位出现明显变化的位置往往是桩身缺陷的反映。

此外，根据电磁波的反射特性和地质雷达图像，地质雷达还可用于检测隧道与地下工程混凝土衬砌的厚度和其内部钢筋、钢拱架的间距，以便作为评价地下工程施工质量和安全的依据。

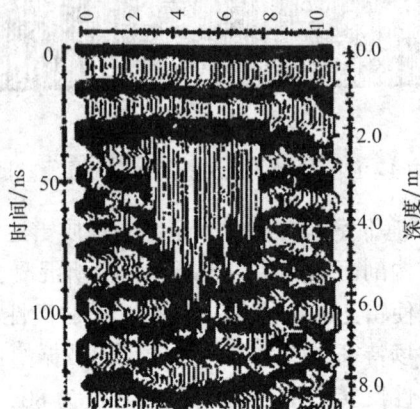

图 4 – 15　合流污水箱涵的实测地质雷达图像

【项目小结】

在学习本项目时应重点掌握地下工程无损检测的技术、监测仪器及使用方法，能熟练应用所学知识在工程实践中进行地下工程无损检测。

【复习思考题】

1. 如何利用回弹仪测量回弹值?
2. 如何用超声波检测与回弹法检测对混凝土强度评定?
3. 阐述地质雷达监测技术。

项目 5　地下工程现场监测的组织与实施

【项目描述】

由于地下工程埋藏在地下一定深处，而这种天然地质体材料中存在节理裂纹、应力和地下水，因此地下工程的兴建比地面工程复杂得多。特别是地下工程开挖之前，其地质条件、岩体形态不易掌握，力学参数难于确定，人们不得不借助现场监测，获取建筑物性状变化的实际信息，并及时反馈到设计和施工中去，直接为工程服务。

【拟实现的教学目标】

1. 能力目标
(1) 能根据项目实际要求编制监测方案；
(2) 能正确对测点进行布置；
(3) 能正确对监测数据进行整理、分析。
2. 知识目标
(1) 了解监测方案的设计原则；
(2) 掌握测值影响因素定性分析法，并能在实际中熟练对监测数据进行整理。
3. 素质目标
(1) 具有良好的职业道德，勤奋学习，勇于进取；
(2) 具有科学严谨的工作作风；
(3) 具有较强的身体素质和良好的心理素质。

典型工作任务 5.1　监测方案的编制

监测方案是指导地下工程现场监测实施的主要技术文件，主要包括监测目的和监测项目、监测仪器及传感器的安装、数据采集方法、数据分析及信息反馈。在地下工程施

157

工前，应组织专业技术人员认真研究建设工程的规模、技术难点、施工监控与保护对象的特点和周边环境条件，并在此基础上编写监测方案。

5.1.1 监测方案的设计原则

监测方案的编制应符合国家、行业现行的有关规范和技术规定。监测方案的设计一般应遵循以下原则。

（1）监测方案应以安全监测为目的，根据特定的工程项目和所采用的施工方法确定监测对象，主要包括基坑、建筑物、地下管线、地下结构等，并针对监测对象安全与稳定的主要指标进行方案设计。

（2）根据监测对象的重要性确定监测的规模和内容，监测项目和测点的布置应能够比较全面地反映监测对象的工作状况。

（3）应尽量采用先进的测试技术，如计算机技术、遥测技术，积极选用或研制效率高、可靠性高的先进仪器和设备，以确保监测的效率与精度。

（4）为确保监测信息的可靠和连续性，各个监测项目之间应能够相互校验。

（5）监测方案在满足监测性能和精度要求的前提下，力求减少监测传感器的数量，减小电缆长度，降低监测频率，以减少监测费用。

（6）监测方案中确定的临时监测项目应与永久监测项目对应衔接。

（7）在满足地下工程安全施工的前提下，确定传感器的布设位置和测量时间，尽量减少监测对工程施工的干扰和影响。

（8）根据设计要求及周边环境条件，确定各监测项目的控制基准值。

（9）按照国家现行的有关规范、规程编制监测方案。

5.1.2 监测项目的确定

在地下工程施工期间，监测项目的选择应考虑以下因素。

（1）地下工程所处区域的工程地质与水文地质条件。

（2）地下工程建设的规模与施工技术难点，包括地下工程的结构设计形式、施工方法等。

（3）地下工程监测对象的周边环境条件，主要包括所处的位置、周边建筑物的结构形式、现状及其与地下工程之间的相互关系。

5.1.3 监测方案的编制步骤

编制地下工程施工监测方案的步骤如下。

（1）收集编制监测方案所需的基础资料。

（2）现场踏勘，了解周围环境。

（3）编制初步监测方案。

（4）会同工程勘察、设计、建设、施工、监理等有关部门对初步监测方案进行审查，确定各类监测项目的控制基准值。

（5）根据审查意见修改和完善监测方案。

（6）将监测方案上报相关单位，审批后实施。

5.1.4 监测方案的主要内容

监测方案是指导监测工作的主要技术文件，其主要内容如下。

1. 工程概况

工程概况要言简意赅，应包括以下内容。

（1）基坑的施作方法、等级，基坑的长度、宽度、深度，以及附属结构的设置。

（2）围护结构的形式、尺寸、入土深度。

（3）支撑的形式种类、尺寸、设置情况。

（4）工程的平面图、剖面图。

（5）其他需特殊补充说明的个性问题等。

2. 建设场地岩土工程条件及基坑周边环境状况

建设场地岩土工程条件主要内容如下。

（1）场区地层自上而下分层及岩性、地质剖面图、基底所在土层。

（2）基坑范围内潜水、承压水的分布情况。

（3）降水井的设置种类、深度，以及所抽水层等。

基坑周边环境状况主要内容如下。

（1）环境基本状况概述及与基坑平面位置关系图。

（2）工程的主要周边环境风险源情况介绍。

3. 监测目的和编制依据

1）监测目的

通过现场监测，掌握基坑地层、地下水、围护结构与支撑体系等的工作状态信息。通过对监测数据的整理和分析，及时采取相应的施工措施确保工程安全和施工工期。具体来说，监测目的分为以下几方面。

（1）通过监测掌握基坑附近地面、围护结构与支撑体系在工作状态时的强度、稳定性及变形的变化动态，将监测数据与设计预估值进行分析对比，对设计方案进行修改、补充和完善，进而优化设计方案，并有利于有针对性地改进施工工艺和施工参数，确保基坑施工安全。

（2）通过对邻近建（构）筑物的监测，根据地表、建（构）筑物、地下管线变形发展趋势，决定是否需要采取保护措施，并为确定经济、合理的保护措施提供依据，有利于对建筑物进行及时、有效的保护，将结构变形严格控制在标准限值内，确保近接建（构）筑物、地下管线正常使用与安全稳定。

（3）掌握和收集地下水位变化动态，观察判断施工降水对周围地层的影响程度，防止地下水资源的流失和施工污染，保护生态环境。

（4）认识各种因素对地表和土体变形等的影响，为有针对性地改进施工工艺和施工参数提供依据。

（5）预测地表变形发展趋势，根据变形发展趋势和周围建筑物情况，决定是否需要采取保护措施，并为确定经济、合理的保护措施提供依据。

（6）建立预警机制，避免结构和环境安全事故造成施工成本的增加。

（7）指导现场施工，保障建（构）筑物及地下管线的安全。

（8）积累资料，为类似工程提供参考。

2）编制依据

（1）《工程测量规范》（GB 50026—2007）；

（2）《建筑变形测量规范》（JGJ 8—2016）；

（3）《国家一、二等水准测量规范》（GB/T 12897—2006）；

（4）《建筑基坑工程监测技术规范》（GB 50497—2009）；

（5）《城市轨道交通工程测量规范》（GB 50308—2008）；

（6）《建筑地基基础工程施工质量验收规范》（GB 50202—2002）；

（7）《建筑地基基础设计规范》（GB 50007—2011）；

（8）《地下铁道工程施工及验收规范（2003年版）》（GB 50299—1999）；

（9）《城市测量规范》（CJJ/T 8—2011）；

（10）《城市地下水动态观测规程》（CJJ 76—2012）；

（11）《建筑基坑支护技术规程》（JGJ 120—2012）；

（12）国家和地方有关管线保护、管理、监督、检查的文件、通知等；

（13）与工程相关的勘察、设计文件和资料及会议精神；

（14）工程的施工设计图纸及合同中相应的规定、标准。

4. 监测项目和测点数量

本项内容是由设计单位给定，按照设计图纸上对监测内容和具体监测项目的规定实施。本项内容主要包括设计图纸概述所监测的对象、具体监测项目、采用的监测仪器、布点原则、各项测点数量等。布点原则依照设计图纸上给定的原则书写；对于可能未在平面图、剖面图上明确的点位，应与设计单位及时沟通，并满足监测规范的要求。

5. 各监测项目的监测周期和频率

明确给出监测工作的开始、结束时间。

监测频率按照设计图纸给定的频率进行书写，如设计图纸未给出具体的监测频率，则按照《建筑基坑工程监测技术规范》的规定书写。另外，对于规范中未详尽列出的部分施工环节的监测频率应按照地铁公司要求进行明示，如地连墙施工期间、拆撑等期间的监测频率。

6. 监测报警及异常情况下的监测措施

应结合预警级别列表说明各监测项目的监测控制值及各级别预警值。监测控制值由设计单位明确给出，按照设计图纸给出的值填写；对于需进行专门评估既有轨道交通、铁路等特殊监测对象，应按照评估单位或产权单位给出的值填写；应由设计单位给出，但其未给定的监测控制值应进行备注，不要私自填写，及时与设计单位沟通、索要。

监测报警应包括巡视报警内容、判断标准、如何报警、如何响应、消警等，需参照相关管理办法进行书写。

异常情况下的监测措施，根据各自在工作过程中可能遇到的异常情况进行书写，内容应包括异常情况下的监测频率、手段、人员设备安排等。

7. 监测仪器、设备及选型

应说明采用仪器的名称、型号、精度、数量、生产厂家、价格等。仪器使用前应进行检定。

8. 监测人员的组成与分工安排

明确实施现场监测的人员名单、职务、分工，基本不在现场或是基本很少参与工程工作的人员不要列举。

9. 其他

此外，还包括测点布置平面图、剖面图，监测项目控制基准值，监测资料的整理与分析，监测报告报送对象和运转的流程与时限，监测注意事项。

5.1.5　编制监测方案的基础资料

与地下工程相关的基础资料和结构设计与施工文件是编制监测方案的主要依据。为了选择最优的监测技术和方案，采用科学的监测方法，必须对基础资料进行详细的分析和总结。在编制监测方案前应熟悉的基础资料主要包括以下内容。

（1）地下工程的设计文件和图纸。

（2）地下工程的地质勘察报告和文件。

（3）地下工程所处区域的地表建筑物分布及其平面图。

（4）地下工程所处区域的地下和地面管线平面图。

（5）地下工程施工影响区域的被保护对象的建筑结构图。

（6）地下工程的主体结构设计图。

（7）地下工程围护结构和主体结构的施工方案。

（8）新型监测设备和传感器的信息。

（9）类似工程取得的监测经验和监测资料。

（10）国家现行的有关规范、规定，以及工程监测合同、协议等。

典型工作任务5.2　监测的组织与实施

地下工程的监测应该作为施工建设的重要工序纳入施工组织设计中，并组织专业技术人员负责监测的组织与实施。

5.2.1 监测的前期准备

1. 技术准备

监测工作实施前应组织监测和施工相关技术负责人对监测方案进行技术交底。组织监测人员熟悉监测方案，明确个人的分工和职责。此外应开展基础资料的调查与分析。需要调查的基础资料包括监测区域的气象、地形、工程地质和水文地质条件、地下管线状况、周围建筑物的现状及邻近地下工程的建（构）筑物等。基础资料的调查分析还应包括类似监测项目在国内外的实施情况、施工单位进行类似工程施工监测所取得的经验和教训、现场水电供应情况、主要监测设备和传感器的生产厂商及供货情况。

2. 设备及物资准备

1）设备及物资准备要求

（1）根据每项工程的特殊要求，购置必要的仪器、设备和传感器，了解和熟悉新购仪器、设备和传感器的使用方法。对原有设备进行保养、标定和维修。

（2）监测传感器及材料的准备：根据监测方案所提供的传感器和材料的规格、数量编制相应的计划，以满足不同施工阶段对传感器和材料的需求。

2）设备及物资准备工作的程序

（1）根据监测方案中确定的仪器、设备、传感器、辅助材料等的规格和数量，编制各种设备、物资需求量的计划，包括规格、数量等。

（2）与相关厂商签订设备及物资供应和租赁的合同，保证所需设备及物资的及时供应。

（3）确定设备与物资进场时间及使用计划。

3. 人员组织与安排

1）组建现场监测机构

根据监测工程的规模、特点和复杂程度，确定现场监测技术人员的数量和结构组成，依据合理分工与密切协作的原则，建立监测经验丰富、工作效率高的现场监测机构。

2）人员培训

为顺利完成监测方案所规定的各项监测任务，应对现场监测与操作人员进行技术方案交底和技术培训。其内容包括传感器埋设计划、现场监测计划、技术标准和质量保证措施、数据整理与分析及监测报告的形式等。

4. 现场准备

1）设立现场监测控制网点

根据监测方案拟定的控制网点，设置区域永久性控制测量基点。完成传感器及辅助材料的订货和加工。

2）做好拟保护建（构）筑物的调查与鉴定工作

对地下工程施工区域及影响范围内的建（构）筑物的现状进行全面调查。如果存在需要重点保护的建（构）筑物，可委托具有资质的相关单位进行技术鉴定。

5.2.2　监测工作的实施

监测工作的实施一般可分三个阶段，即测点布设、监测及监测资料的整理与分析，其中监测资料的整理与分析将在下节单独介绍。

1. 测点的布设原则

（1）测点的位置和数量应结合工程性质、地质条件、设计要求及施工特点等确定。

（2）为验证设计参数而设置的测点应布置在施工中最不利的位置，如预测最大变形、最大内力处。为指导施工而设置的测点应布置在相同工况下的最先施工部位，其目的是及时获得信息并加以反馈，以便修改设计参数和指导施工。

（3）在设置结构或构件表面的变形测点时，既要考虑测点能反映监测对象的变形特征，又要便于观测和保护。

（4）结构内测点（如拱顶下沉、边墙相对位移、钢支撑的内力及测斜管等）的设置不能影响和妨碍结构的正常受力，不能影响结构的变形刚度和强度。

（5）在实施多项测试时，各类测点的布置在时间和空间上应有机结合，力求使同一位置能反映不同的物理量变化，以便找出其内在联系和变化规律。

（6）深层测点（如土体水平位移、土体垂直位移等）应提前埋设，其时间一般不少于 30 天，以便监测工作开始时测点处于稳定的工作状态。

（7）测点在施工过程中若遭到破坏，应尽快在原位或其附近补设测点，以保证该点观测数据的连续性。

2. 传感器的检验与标定

常用的传感器主要有土压力计、钢筋计、混凝土应力计、应变计、轴力计、孔隙水压力计、渗水压力计、水位计、多点位移计等，无论采用何种类型的传感器，在埋设前都应从以下几方面进行检验和标定。

1）外观检验

传感器从出厂至现场安装一般要经过装卸、运输、存放等环节。由于环境条件的变化极易使其性能和稳定性发生改变或损坏，因此在使用前应进行外观检验和检查，包括其几何尺寸是否符合要求、金属外壳是否锈蚀、测量的线缆连接是否牢固、绝缘材料是否破损等。

2）防水性检验

多数传感器在正常工作状态时要承受一定的水压力。因此，其防水性能的高低会直接影响测试性能的发挥。检验传感器防水性能的方法是将传感器置入水压力值是正常工作状态水压力值 1.5 ~ 2.0 倍的压力罐中，经 20 h 后再检查其测试性能，如果其工作正常，则防水性好，否则传感器的防水性差，需要更换或采取措施提高其防水性。

3）压力标定

将传感器放在专门的标定设备上，一般用油压标定，也可用水标或砂标。根据传感器的量程，按 1/20 ~ 1/10 的终值分级进行加载，并按每级加载值的 2 倍跳级卸载，如此反复进行两次加卸载试验，然后绘制出压力与电阻或压力与频率的关系曲线，并利用最小二乘法求出压力标定系数。

4）温度标定

将传感器放在恒温箱内或浸入不同温度的恒温水中，改变箱体内温度或水温，并测定传感器的频率值，根据测定结果绘制温度与电阻或温度与频率的关系曲线，得出温度标定系数。

3. 监测系统的选择、调试和管理

1）监测系统的选择

（1）人工测试系统。

由人工变换时间和地点进行测试或读取信息的系统称为人工测试系统，组成部分如下。

① 传感器。传感器是埋设在地层或结构内部的监测元器件。传感器通过测量被测对象的物理量，并将被测物理量转化为电量参数，如电压、电流或频率，形成便于仪器接收和传输的电信号。

② 采集箱。采集箱是连接传感器与测读仪器之间的装置。利用采集箱的切换开关可以实现多个传感器与一个测读仪器之间的连接。

③ 测读仪器。测读仪器的功能是将传感器传输的电信号转变成可测读的数字符号，便于记录和后处理。被接收的数字称为观测量。运用相应的计算公式，由观测量计算得出的物理量称为观测成果。

④ 计算机。在人工测试系统中，计算机主要用于数据汇总、计算、分析、制表和绘图与打印。

（2）自动测试系统。

自动测试系统各组成部分如下。

① 传感器。其功能与人工测试系统中的相同。

② 遥测采集器。对于自动测试系统，通过计算机或自动测读仪表的自动切换可实现一台自动测读仪表能速读数十个甚至数百个传感器，从而可节约大量传输电缆，提高测读的可靠性和工作效率。

③ 自动测读仪表。其功能与人工测试系统中的测读仪器相似。自动测读仪表能够自动切换测点，定时、定点地测读数据，具有数据的切换、存储和显示功能，并可连接多种外围设备，如打印机、绘图仪等。

④ 计算机系统。计算机系统包括主机、外围设备和软件系统。在自动测试系统中，计算机系统不仅可以实现对整个测试系统的控制，而且能够对测试数据进行实时处理，提高监测数据的处理与分析功效。

2）监测系统的调试和管理

无论是人工测试系统还是自动测试系统，在进入正常工作状态前都应进行系统的调试。系统的调试可分为两个部分。

（1）室内单项和联机多项调试。它包括利用试验室内各种调试手段和设备对测量传感器、仪器仪表及连成后的系统进行模拟试验。

（2）在监测现场安装完毕后的调试。调试目的在于检查系统各部分功能是否正常，重点检查传感器、二次仪表和通信设备等是否正常，采集的数据是否可靠，精度能否达到安全监测控制指标的要求等。

监测系统的管理是指除了严格地按照系统的操作方法进行监测以外，还必须对数据的采集实行现场质量控制。为确保监测信息的可靠性，应定期检查监测系统的工作性能，主要的检查内容如下。

（1）传感器或表面测点是否遭受人为或自然的损坏，性能是否稳定。

（2）各种测试仪表是否按期校验鉴定，以确定功能是否正常。

（3）仪表设备的工作环境是否符合测试条件。

（4）电缆电线是否完好，绝缘性能是否达到设计要求。

（5）对采集获得的数据进行分析，并剔除由仪器本身引起较大误差的数据。

4. 监测仪器和传感器的选用

地下工程的监测是一项长期和连续的工作，监测仪器和传感器选用是否得当是做好监测工作的重要环节。由于监测仪器和传感器的工作环境大多是处在室外或地下，而且埋设后的传感器不能置换。因此，如果监测仪器和传感器选用不当，不仅造成人力、物力的浪费，还会因监测数据的失真而误判支护与围岩受力状态，甚至引起严重的后果。在选择监测仪器和传感器时，需要重点从以下几方面进行考虑。

1）可靠性

可靠性是指监测仪器、传感器在按设计规定的工作条件和工作时间内保持原有技术性能的程度。可靠性包括耐久、坚固和易于检修三方面，它是评价传感器、仪器性能的首要因素。

2）坚固性

坚固性通常是指监测仪器和传感器在运输、埋设过程中承受外荷载作用的能力，包括运输期间的颠簸、搬运冲击等。精密的监测仪器和传感器一经损坏，在现场条件下常难以修复，因此坚固性是选用监测仪器和传感器时需考虑的另外一个重要因素。

3）通用性

监测仪器和传感器必须配套使用。如果在同一个监测项目中使用不同厂商提供的传感器时，必须要配置对应厂家的监测仪器，这样必然会增加监测费用，并给日后的使用和管理带来不便。因此合理的方法是选用通用性较强的监测仪器和传感器。

4）经济性

选用精度高和可靠性好的监测仪器和传感器是实现预期监测目标的首要条件。在保证达到这一条件的前提下，需要进行技术经济比较，选择性价比高的设备。

5）测量原理和方法

对于监测系统，利用简单机械原理的监测仪器进行测试，其测试结果的可靠性要高于电测仪器。同样，简单的直接测量法比复杂的间接测量法有更高的可信度。这是因为，使用间接测量法测量非电量与直接测量法测量非电量相比，前者在测试过程中又增加了将非电量转化成电量的环节，而且在测试过程中，难以完全消除测试系统中温度、湿度、电压、电阻、电容等的变化对测试结果的影响。

6）精度和量程

在选用监测仪器和传感器时，其精度必须满足监测精度的要求，这是进行测试的必要条件，否则，将会导致监测数据的失真，进而会得出错误的结论。但选择过高精度的监测仪器和传感器，不仅要增加监测的费用，而且提供的信息也不会有更高的实用价值。量程和精度是两个相互制约的指标，量程越大，则精度较低，而精度越高则量程越小。因此，通常是优先满足测量对量程的要求。

7）监测控制基准值的确定

监测控制基准值是监测工作实施前，为确保监测对象安全而设定的各项监测指标的最大值，由建设、设计、监理、施工、市政和监测等有关部门共同协商确定。在监测实施过程中，一旦发现监测数据超越控制基准值，监测部门应及时提出预警，并向施工、监理、建设等相关部门进行报告。关于监测项目的控制基准值的制定参见本书项目2的有关内容。

典型工作任务5.3　监测资料的整理与分析

5.3.1　监测资料的种类

1. 监测方案

监测方案是贯彻监测工作始终的指导性文件，因而是重要的监测资料之一。工程竣工后，根据监测方案实际施作情况，对原监测方案进行补充和修改。

2. 监测日志

监测日志记载监测实施阶段每日的气象、完成的测试项目、现场异常情况、文件收发记录等。

3. 监测数据

监测数据是监测资料中最基础、最原始的资料，它是编制监测报表、绘制监测曲线、计算与分析、撰写监测报告的重要依据。

4. 监测报表

每次测试完成后应及时向相关单位报送监测分析的图表，按日期和项目内容进行编排、装订。监测报表包括监测日报表、周表报及月报表。

1）日报表内容

（1）工程名称、工程地址、监测目的、监测依据、监测日期、天气情况。

（2）工程条件、施工进度及工况。

（3）监测项目、监测方法、测试仪器设备、测点布置。

（4）监测结果、监测值的时程变化曲线、指出达到或超过报警值的测点位置。

（5）与监测内容相应的监测结论。

在遇到沉降或其他观测值变化速率加快，或者遇到自然灾害（如暴雨、地震等情况）时，应随时向项目部及各工区报告监测结果。

2）周报表内容

（1）本周监测情况汇总。

（2）被监测对象是否存在安全隐患。

（3）指出达到或超过报警值的测点位置，并初步分析其原因。

（4）本周监测结论。

3）月报表内容

（1）本月监测情况汇总。

（2）被监测对象是否存在安全隐患。

（3）指出达到或超过报警值的测点位置，并初步分析其原因。

（4）本月监测结论。

5. 监测报告

监测报告是指对某一段时间或某一监测项目实施情况的总结，找出监测项目变化的规律，提出指导施工的建议或措施。每一个监测工程都有一个监测总报告，根据工程规模和时间，也可以提出阶段报告或分报告。

6. 监测工程联系单

监测工程联系单是监测部门就监测过程中遇到的技术问题、特殊情况或测试内容、时间的变更等与委托方进行联系或达成协议的书面记载。

7. 监测会议纪要

监测会议纪要包括监测方案评审会、现场监测工作例会、定期或不定期举行的专家评审会、施工协调会等涉及监测内容的会议记录。

由于地下工程自身的复杂性，进行监测资料整理、分析之前，应对观测数据、人工巡视资料和其他有关工程资料进行全面搜集和采集。除上述一般性监测资料外，对地下工程而言，还应特别注意搜集下述资料。

（1）仪器埋设位置附近地质资料，包括地质速描图和钻孔柱状团，岩性、地质构造（如节理、裂隙、断层和褶皱等）的详细描述，地下水状态和变化等。其中，钻孔柱状图对多点位移计和测斜管等监测仪器的资料分析是必不可少的，这也是国际岩石力学学会建议的技术要求，不可因施工方便等原因不认真执行。

（2）监测仪器埋设的详细资料，如施工详图、竣工图、仪器安装埋设记录、钻孔日记、钻孔的回填灌浆、渗压计等仪器端部各层的详细记录等。

（3）监测断面附近爆破、开挖、支护等施工作业的详细记录，如爆破时间、部位、装药量、药室布置、引爆方式、技术要求等。

（4）有关的设计、地质、试验和科研资料，如计算分析、模型试验、室内外试验、前期监测资料报告、相近工程比较详尽的工程类比资料等。这些资料的完整与否，将直接影响监测资料整理、分析和反馈的可靠性、质量和水平。

5.3.2 监测数据的整理

1. 数据采集

监测数据是整个地下工程监测工作进行、分析和判断的基础，因此必须重视数据的采集工作。数据的采集应严格按照监测仪器和传感器的工作原理及确定的监测方案进行，同时应坚持长期、连续、定人、定时、定仪器的原则。监测人员应各负其责，并采用专用表格做好数据的记录和整理，保留原始资料。每次监测数据汇总时，现场测量、记录、审核和整理人员应在记录和汇总表上签名，以提高监测人员的责任心，确保监测数据的真实性与可靠性。在现场监测期间，若发现监测数据异常时，应及时进行复测，增加观测次数和频率，以免误报或漏报施工中可能出现的险情。当人工录入测量数据时，应对录入计算机的数据进行二次校核，确保录入数据的正确性。

2. 监控量测质量保证措施

为高效完成监测工作，确保监控量测的质量和精度，实现信息化施工，拟采取的主要保证措施如下。

（1）项目部领导做到充分重视现场监控量测工作，并做到人员、设备、制度等条件的落实；制订实施性计划，使监测工作按计划、有步骤地进行。

（2）与建设方代表及监理工程师密切配合，及时准确报告情况和问题，并提供有关切实可靠的数据记录。

（3）制定切实可行的监测实施方案和相应的测点埋设保护措施，并将其纳入工程的施工进度控制计划之中。

（4）监测人员持证上岗，建立质量责任制，各自履行其工作职责，确保施工监测质量；骨干成员相对固定，保证数据资料的连续性。

（5）测试元件及监测仪器选择正规厂家的合格产品，生产厂家经过 ISO 9000 质量管理体系认证，测试元件有合格证。

（6）在现场设立仪器检验、率定室，对所有传感器及光（电）缆进行率定、检验；用于检验、率定的仪器设备，经过标准计量单位或国家认可的检验单位检验合格，且检验结果在有效期内。

（7）将检验合格的仪器设备，放在干燥的仓库中妥善保管，对存放时间达到 3 个月而未安装的仪器，在安装时再次检验仪器性能。

（8）仪器设备安装完毕后，会同监理工程师对仪器设备的埋设安装质量进行检查和验收，经监理工程师确认其质量合格后，方进行下道工序的施工，并向监理工程师提交仪器的检验、率定报告。

（9）对所装仪器进行监管和保护，如果所装仪器损坏或丢失，及时安装替换仪器；对建完的观测站、观测墩、保护墩等进行监管和维护，如有损毁、及时修复；监测仪器电缆在埋设引线过程中，复杂（关键）部位以 PVC 管或钢管进行保护，如遇交叉施工，派专人看护电缆，如有损毁、及时按照规范要求进行电缆连接。

（10）观测前对仪器的力学特性、温度特性及防水密封绝缘特性等进行标定检验，确保仪器的稳定可靠性和观测精度。

（11）在施工监测前，采用增加测回数等措施，保证初始值的准确性。

（12）量测数据经现场检查，班组两级复核后上报，且量测数据的存储、计算、管理均用计算机系统进行。

（13）根据施工进度计划安排监测项目的实施计划，各监测项目的实施进度与施工进度相协调，并根据工程的实际进度情况不断进行调整，确保监测项目同主体工程一起，按期达到形象进度目标。

5.3.3 监测资料的分析

地下工程监测资料分析的定性常规方法有比较法、作图法、特征值统计法和测值影响因素定性分析法等，前三种方法与其他工程类同，下面重点说明测值影响因素定性分析法。

1. 仪器因素

据分析，仪器因素对物理量测值造成的不良影响占物理量测值出现非正常情况相当大的比重，一般仪器对物理量测值（简称量测值）的不良影响因素主要包括仪器本身、仪器埋设和仪器使用等因素。

1）仪器本身因素

在仪器本身因素中，仪器质量问题占相当大的比重，如部分振弦式仪器常出现停振或异常跳动、电缆受潮等。一些仪器构造本身的缺欠也是监测资料分析中必须考虑的因素，如滑动式测斜仪的位移积累误差。另外，有的仪器对外界环境不适应而不能正常工作，如斜向有弯度的钻孔中的多点位移计，因孔壁摩擦阻力使量测值产生锯齿式跳动，差动变压器式仪器接头受潮引起量测值异常浮动等。

2）仪器埋设因素

仪器埋设因素，如渗压计各层回填料级配不符合要求，出现堵孔或未能与岩石含水裂隙连通，测不到裂隙水压力等；测缝计或收敛计测桩设置位置不当，未能测到岩层或断层上下盘间滑移、开合变形等；多点位移计和测斜管回填灌浆不密实，测桩或锚固点松动等。这些都会对量测值产生明显的不良影响。

3）仪器使用因素

仪器使用因素对量测值的不利影响主要来自人员、使用条件不当或方法不合理等原因。其中人员原因可能是人员素质偏低出现的使用方法不当，测量不及时或产生较大偶然误差和粗大误差。由于施工干扰或观测条件限制，出现重要时段漏测。仪器物理量转换公式的使用、参数的选取、初始值或基准值选取，以及差动电阻式仪器电缆长度影响的修正等处置不当，亦可对量测值产生不良影响。对于多点位移计和锚索测力计等仪器，在仪器埋设前必须进行现场组装和率定。如现场组装和率定方法不合理，或用厂家率定参数代替，均可对监测物理量产生较大不利影响。

2. 施工因素

在地下工程施工期间，各种施工因素（如开挖、爆破、回填灌浆、支护加固等）

均可对量测值造成不利影响，如不能及时查明和排除，不仅无法正确评价监测物理量和地下洞室围岩的安全稳定性，而且势必将带入运行期，对运行期监测资料的分析造成困难。施工因素具体如下。

1）爆破影响

爆破施工的影响：第一是可引起岩体松动，导致岩体应力降低，并在洞周附近形成松动圈，松动圈范围内岩体破碎，弹性模量明显降低，位移显著加大，松动圈范围可由声波法测定。声波法测量成果及爆破施工引起位移等物理量测值增大情况。第二是可能打坏测桩、测点仪器头部，或造成测桩松动、倾斜及破坏，从而影响成果的可靠性。第三是爆破开挖引起的岩体震动和空间效应，不仅在爆破地点附近，而且对距爆破地点有相当距离的地段（如 20 ~ 30 m）的量测值也会有一定影响，如不能及时正确分析查明，将直接影响监测物理量状况和洞室围岩安全稳定性的正确评价。

2）支护加固措施影响

支护加固措施分为永久支护和临时支护两大类，其中临时支护措施又有喷射混凝土、预应力或非预应力式锚杆、锚喷网联合支护、钢拱架和预应力锚索等多种形式。各种支护加固措施均对量测值有重要影响，其对地下洞室的加固效果也需要通过监测数据和资料进行评定。还应说明的是，对于地下洞室广泛采用的各类锚喷支护的作用机理尚待进一步研究论证，在许多情况下需要配合进行监测工作，将安全监测数据采集同详细的施工记录、施工支护类型、部位、参数、支护时机和技术条件等信息搜集结合起来，通过监测资料评判支护加固措施的效果。

3）支护对量围岩变形的约束

监测资料表明，围岩变形受到支护方式、支护时机和支护参数的制约和控制，喷射混凝土、锚杆、锚索等不同支护形式对围岩变形的抑制作用是不同的，同时，锚喷支护的时机和强度对围岩变形的抑制作用也有显著差别。

4）支护对量测值影响特点

对于混凝土锚板、混凝土拱，接缝、固结和回填灌浆对测值的影响也必须进行认真判别和分析。一般来说，以上加固形式对围岩的作用均有一定滞后，与设置时间不完全对应；另外，受到影响的监测物理量部位也可能与实际加固部位不完全一致。

3. 工程地质因素

（1）工程地质因素对监测量的综合影响。

工程地质因素对量测值的影响是基本的和多方面的。

（2）地质构造对监测量的局部影响。

研究表明，断层或构造较发育的节理对局部相邻围岩的应力场和位移场可产生显著的影响。一般来说，洞室开挖后，围岩在经历应力重分布的过程中，断层破碎带有可能进入塑性受力状态，使附近围岩的位移值增大，继而出现滑移、错动、断裂和较大裂缝开合变形。仪表设置位置与其靠近时，应注意考虑这类因素对位移观测值的影响。地质构造的影响与地质构造的特征、类型、部位、范围等有密切关系，故应对有关地质资料详细搜集。

另外，测点位置与地质构造的关系也是必须查明的。对于多点位移计、测斜仪等较重要监测项目一定要提供钻孔柱状图，并标明测点与地质构造，如断层、裂缝等的相对关系，还应由多点位移计各测点与仪器表头部位的相对变位计算出各测点间相对变位值，并与断层裂隙等地质构造相互对照，查明变形发生的主要部位和各地质构造带变形情况。一些地下工程监测资料表明，围岩开挖施工后的变形和应力调整过程，即使对质量较好的 Ⅰ、Ⅱ 类岩体，仍将持续较长时间。另外，工作面前方的断层等地质构造对其后方位移测值的影响是较微弱的。这类情况只有通过对监测资料进行认真仔细分析才能予以查明。

（3）地下水影响。

不良地质条件中，地下水对量测值的作用和影响也是十分复杂和重要的。地下工程和边坡工程在施工期出现滑坡和塌方，很多情况下是雨季地下水活动造成的。另外，施工用水和其他地下水的处置不当或渗控措施不力也是重要因素。

在地下工程监测资料分析中，监测量如果出现蠕变型时间效应，而未发现其他地质条件（如断层、裂隙、夹泥等）有明显变化，则应首先查明地下水的作用和影响，同时也需仔细分析渗控措施的效能及围岩渗漏条件，如岩体裂隙渗流条件等，才能对监测资料和地下工程安全稳定性做出合理评判。

4. 时空效应因素

1）时空效应的分离

时间效应和空间效应分析是地下工程监测资料定性分析的重要工作之一。在监测资料分析中，应将物理量总监测值曲线分解为时间效应和空间效应曲线，确定两者的量级、变化规律及比例关系，并据此分析洞室围岩的作用机理。必要时，还应引进定量分析方法，给出其统计回归表达式、统计分析、确定性或混合性模型，以评判围岩的安全稳定性，预测未来发展趋势。

2）空间效应分析

空间效应的影响可按地下洞室的开挖作业形式分为全断面开挖和台阶法分步开挖两种情况。其中前者的空间效应曲线，规律较为简单，监测资料分析的重点是由该曲线确定监测物理量的初始丢失值（或称损失量）和空间效应系数。后者为观测断面与工作面重合时监测量丢失系数，一般与初始地应力水平、岩性及围岩地质构造特征等有关。

3）时间效应分析

在地下工程监测资料定性分析中，如果空间效应引起的变形和应力的弹塑性调整，未出现应力（强度）、应变或变形越限，则开挖施工的空间效应对地下洞室安全稳定性没有显著影响。对时间效应的分析则应主要根据变形速率和变化规律，分析岩体流变特性和对安全稳定状态的影响。

如果时间效应的变形速率呈等速或加速增长，则说明围岩已由于等速和加速蠕变而处于不稳定状态。当然，尽管时间效应变形速率判别准则是围岩失稳的充分条件，并为工程实践和理论分析所验证，但它还不是围岩失稳的必要条件。该准则对于非时间效应因素引起的失稳破坏，如弹塑性张拉和压剪破坏、松动坍落等失稳形式，没有任何判别价值。因此，必须全面分析研究监测资料的空间效应和时间效应特性，以便进行综合分析和评判。

地下洞室围岩的时间效应曲线的规律与岩层特性有关。在硬岩地层中开挖隧道时，收敛位移速率可很快降为趋近于零。软岩地层中位移速率下降过程的持续时间则较长。通常情况下，位移速率小于 0.1 mm/d 时，可认为围岩已基本稳定，这时监测断面与开挖面之间的距离为隧道当量直径的 1~2 倍。膨胀性地层中，这一比值增为 3~4 倍。而在土质地层中开挖隧道时，常在形成闭合断面后位移速率才趋近于零。

【项目小结】

在地下工程施工过程中，应对监测数据进行整理与分析。在工程竣工后，应提交监测工作总结报告。对监测数据进行系统分析，分析地下结构、围岩或监测对象在施工期间的变形规律，总结工程施工的经验与教训，为以后类似工程的设计、施工及规范的修订提供参考。

【复习思考题】

1. 监测项目的选择应考虑哪些因素？
2. 简述测点的布设原则。
3. 地下工程监测资料分析的定性常规方法有哪些？
4. 简述监控量测质量保证措施。

参考文献

[1] 周晓军. 地下工程监测和检测理论与技术 [M]. 北京：科学出版社，2015.

[2] 李慧玲，刘冰. 城市轨道交通安全管理 [M]. 北京：人民交通出版社，2011.

[3] 吴从师，阳军生. 隧道施工监控量测与超前地质预报 [M]. 北京：人民交通出版社，2012.

[4] 王艳辉，祝凌曦. 城市轨道交通运营安全管理方法与技术 [M]. 北京交通大学出版社，2011.